Konzepte
der Sprach- und Literaturwissenschaft

3

Hans-Martin Gauger

Wort und Sprache
Sprachwissenschaftliche
Grundfragen

Max Niemeyer Verlag

Tübingen 1970

Redaktion der Reihe: Lothar Rotsch

ISBN 3 484 22001 5

© Max Niemeyer Verlag Tübingen 1970
Alle Rechte vorbehalten · Printed in Germany
Druck: H. Wörner Stuttgart
Einband von Heinr. Koch Tübingen

Inhaltsverzeichnis

Vorbemerkungen VII
   I. Sprachbewußtsein und Sprachwissenschaft 1
  II. Das Wort – Zeichen und Name 45
 III. Der Inhalt des Wortes 65
 IV. Die Form des Wortes 89
       1. Motivation 90
       2. Lautsymbolische Wörter 108
       3. Durchsichtige Wörter 113

Schriftenverzeichnis 129

Namenverzeichnis 135

*... es gilt, die Sprachwissenschaft
im vollen Ernste zur Wissenschaft von der Sprache
als zu einem Teile des Lebens zu machen ...*

Hermann Ammann 1925

Vorbemerkungen

Die Sprachwissenschaft bietet gegenwärtig, verglichen mit der Situation vor zehn oder zwanzig Jahren, ein entschieden erfreulicheres Bild: die vormals starren Fronten haben sich gelockert, vieles Festgefahrene ist in Bewegung geraten, manches Tabu ist zerstoben. Die ungute Kluft zwischen ›traditionellen‹ und ›modernen‹ Richtungen hat sich verringert, die Sprachwissenschaft ist aufgeschlossener, diskussionsfreudiger geworden; sie hat sich auf andere Disziplinen hin geöffnet, und sie ist, auch über Bopp und Humboldt zurück, in einen fruchtbaren Dialog mit ihrer eigenen Geschichte eingetreten. Die Existenz einzelner exklusiver Gruppen, einzelner ›Kapellen‹, kann über die allgemein zu verzeichnende Schleifung der Bastionen, die so begrüßenswerte Öffnungstendenz der gegenwärtigen Sprachwissenschaft nicht hinwegtäuschen.

Bei dieser Lage ist es selbstverständlich, daß eine Arbeit, die vom W o r t handelt, sich nicht ohne weiteres an ihren Gegenstand heranmachen kann. Sie muß die Methode aufzeigen, die sie anwendet, und sie muß diese Methode begründen; zumindest muß sie rechtfertigen, weshalb sie sich dieser oder jener Schule angeschlossen hat. Es ist unstatthaft, weil dem Prinzip des Wissenschaftlichen selbst zuwiderlaufend, daß eine bestimmte Methode und deren Begrifflichkeit fraglos übernommen und mechanisch angewendet wird.

Eine sprachwissenschaftliche Methode muß ihrem Gegenstand angemessen sein: sie muß ihrem Gegenstand, der schon vor jeder wissenschaftlichen Untersuchung so und so ist und von dem sie schon immer ein ›Vorverständnis‹ hat, entsprechen. Uns schien keine der gängigen Betrachtungsweisen unserem Gegenstand eigentlich angemessen: nicht die historische, soweit sie überhaupt hierbei in Frage kommt, nicht die strukturalistische, das heißt eine ihrer vielen Spielarten (denn es gibt ja nicht d e n Strukturalismus), nicht die generativ-transformationelle, deren Auswirkungen, da sie kaum aufgehört haben zu beginnen, noch nicht abzuschätzen sind und die eine – ihn in gewissem Sinne sprengende – Erweiterung des strukturalistischen Ansatzes ist (eine Fortsetzung des Strukturalismus mit anderen, ihn weithin auflösenden Mitteln). Daher haben wir uns bemüht, anstatt eine dieser Methoden aufzugreifen, von unserem Gegenstand her und unter ständiger Bezugnahme auf jene Betrachtungsweisen, einen eigenen, neuen Ansatz zu entwickeln. Daß an diesem nicht alles neu ist, versteht sich von selbst: wenn aber nicht alles neu ist an ihm, so doch vielleicht das Ganze. Im übrigen sprechen wir, indem wir die genannten Methoden nicht aufnehmen, über diese kein generell negatives Urteil. Es geht uns um die Herausarbeitung u n s e r e r Betrachtungsweise, nicht um die Kritik anderer. Freilich ist, um dieser Herausarbeitung willen, ein polemisches Wort nicht immer vermeidbar: »on ne se définit qu'en s'opposant«. Ohnehin muß in der gegenwärtigen Sprachwissenschaft, in der so vieles ungeklärt und nahezu alles in Bewegung ist, der Satz gelten: »mansiones multae sunt«; schließlich auch der: »a fructibus eorum cognoscetis eos«. Der Wert einer wissenschaftlichen Methode mißt sich nicht an der Originalität oder der Komplexität ihres terminologischen Apparats, auch nicht, von vornherein, an dem Grad ihrer ›Exaktheit‹, ihrer Nähe zur Mathematik, sondern letzten Endes an dem, was sie der Erkenntnis der Wirklichkeit an Sicherem und Interessantem erbringt. ›Wissenschaftlichkeit‹, ›Exaktheit‹, ›Methode‹ sind in sich selbst kein Zweck. Wissenschaft muß nicht nur ›wissenschaftlich‹, sie muß auch interessant sein: sie muß das jeweils Interessante an ihrem Gegenstand, dasjenige, worumwillen allein es sich lohnt, ihn zu erkennen, zu ihrem Thema machen. Das Ideal in der Sprachwissenschaft wäre eine die Vielfalt ihres Gegenstandes, der Sprache des Menschen, widerspiegelnde Vielfalt konkurrierender, sich gegenseitig helfender, in ständigem commercium stehender Betrachtungsweisen. Von diesem Ideal sind wir, so scheint es, noch weit entfernt.[1]

---

[1] Zum Problem der Wissenschaftlichkeit der Sprachwissenschaft die bemerkenswerte These Martin Heideggers: »Mathematische Erkenntnis ist nicht strenger als die philologisch-historische. Sie hat nur den Charakter der ›Exaktheit‹, die mit der Strenge nicht zusammenfällt. Von der Historie Exaktheit zu fordern, hieße gegen die Idee der spezifischen Strenge der Geisteswissenschaften verstoßen. Der alle Wissenschaften als solche durchherrschende Bezug zur Welt läßt sie das Seiende selbst suchen, um es je nach seinem Wasgehalt und seiner Seinsart zum Gegenstand einer Durchforschung und begründenden Bestimmung zu machen. In den Wissenschaften vollzieht sich – der Idee nach – ein In-die-Nähe-kommen zum Wesentlichen aller Dinge ... Die Wissenschaft hat ... ihre Auszeichnung darin, daß sie in einer ihr eigenen Weise ausdrücklich und einzig der Sache selbst das erste und letzte Wort gibt« (Was ist Metaphysik? 6. Aufl., Frankfurt 1951, S. 23). Das Problem einer ›exakt‹ sein wollenden Sprachwissenschaft ist also dies: kann sie »in die Nähe« des »Wesentlichen« der Sprache gelangen? Vgl. H. Glinz, Ansätze zu einer Sprachtheorie, Düsseldorf 1962, S. 43–46.

Dieses Buch ist Teil einer Habilitationsschrift, die im Jahr 1968 der Philosophischen Fakultät der Universität Tübingen eingereicht wurde. Stärker, als die ausdrücklichen Hinweise es erkennen lassen, ist es meinem Lehrer Mario Wandruszka verpflichtet. Im ersten, einleitenden Kapitel, »Sprachbewußtsein und Sprachwissenschaft«, suchen wir darzulegen und zu begründen, was wir als ›bewußtseinseigene‹ Sprachbetrachtung bezeichnen und der ›bewußtseinsfremden‹ entgegenstellen. Die folgenden Kapitel befassen sich, von diesem Standpunkt her, mit dem W o r t, seinem I n h a l t und seiner lautlichen F o r m. Die Beobachtungen und Überlegungen dieses Buches betreffen nicht eine bestimmte einzelne Sprache: sie beziehen sich in der Regel auf Erscheinungen, die sich in jeder Sprache finden und grundsätzlich zur menschlichen Sprache gehören. Daß die Beispiele oft aus dem Französischen, gelegentlich auch aus anderen romanischen Sprachen stammen, erklärt sich allein durch die Tatsache, daß der Verfasser Romanist ist. Im übrigen haben wir uns bemüht, auf alles zu verzichten, was nur für den Romanisten verständlich und nur für ihn von Interesse ist. Im letzten Abschnitt des vierten Kapitels beschäftigen wir uns mit den abgeleiteten und zusammengesetzten Wörtern, mit den Wörtern also, mit welchen sich herkömmlich die Semantik und die Wortbildungslehre befassen. Die besondere ›Seinsweise‹ dieser Wörter innerhalb der Sprache können wir in diesem Buch nur in ihren allgemeinen Zügen beschreiben. Wir werden in einem folgenden, bereits im Druck befindlichen Buch, »Durchsichtige Wörter«, die zum Teil schwierigen, zum Teil auch etwas technischen Fragen, die diese Wörter stellen, eingehend und im Zusammenhang behandeln. In einer weiteren Arbeit, »Untersuchungen zur spanischen und französischen Wortbildung«, werden wir zeigen, wie sich unsere allgemeine Theorie des durchsichtigen Wortes bei der Untersuchung einzelner Erscheinungen der spanischen und französischen Wortbildung anwenden läßt und bestätigt findet.

Der Verfasser möchte nicht versäumen, Herrn Lothar Rotsch, Lektor des Max Niemeyer Verlags, für vielfältige Hilfe zu danken.

Tübingen, Ostern 1969

I. Sprachbewußtsein und Sprachwissenschaft

Wenn ein Sprachwissenschaftler sich anschickt, etwa die französische Sprache der Gegenwart zu beschreiben, und wenn er seiner Beschreibung eine mehr oder minder große, mehr oder minder kluge Auswahl von Texten unserer Zeit zugrundelegt, so ist das Ziel seiner Bemühungen nicht die Darstellung dieser Texte, sondern die Darstellung dessen, was diese Texte bedingte. Nicht diese selbst sucht er in ihrer sprachlichen Beschaffenheit zu beschreiben, sondern die besondere ›Organisation‹, die sprachlich hinter ihnen steht. Diese ist es ja, welche es den Autoren erlaubte – im Sinne der notwendigen, nicht in dem der hinreichenden Bedingung –, ihre Texte so zu schreiben, wie sie sie schrieben, und welche es nunmehr den Lesern ermöglicht – wiederum nur im Sinne der notwendigen Bedingung –, jene Texte so zu verstehen, wie sie von den Autoren gemeint sind. Kurz, es geht dem Sprachwissenschaftler um die Sprache schlechthin, in welcher die jetzt lebenden Franzosen sich sprechend und verstehend bewegen. Diese erscheint ihm als ein Besitz, der im Bewußtsein der Franzosen angelegt ist und es ihnen erlaubt, französisch zu sprechen und französisch Gesprochenes zu verstehen. Der Sprachwissenschaftler wird demnach unterscheiden zwischen der französischen Sprache als dem Sprachbesitz der Franzosen und den konkreten, individuellen Sprachäußerungen, also etwa den Sätzen der für seine Untersuchung gewählten Texte.

Diese Unterscheidung ist in der Tat von großer Wichtigkeit: sie macht sichtbar, was das genuine Ziel der sprachwissenschaftlichen Bemühung ist. Die Sprachwissenschaft – hierin unterscheidet sie sich von der Literaturbetrachtung prinzipiell – richtet ihr Interesse nicht auf bestimmte einzelne Sätze als solche, sondern auf den allgemeinen Sprachbesitz, dessen Wesen darin besteht, daß er das Sprechen, also die endlose Bildung bestimmt gearteter Sätze, ermöglicht. Der eigentliche Gegenstand der Sprachwissenschaft ist also der Sprachbesitz einer Sprachgemeinschaft. Diesen sucht sie zu erfassen und zu beschreiben ›so wie er wirklich ist‹. Wir wollen ihn im folgenden einfach als ›Sprache‹ bezeichnen.

Zur Sprache gehört einmal der sogenannte ›Wortschatz‹, ein Arsenal von Wörtern, die im Bewußtsein der Sprechenden, jener, wie Augustin sagt, »ingens aula memoriae«, irgendwie bereitliegen – eine schwierige, aber unumgängliche Vorstellung; zum anderen die Fähigkeit, diese Wörter zur Bildung ›korrekter‹ Sätze zu gebrauchen, also die Beherrschung der grammatikalischen ›Regeln‹. Sprache ist demnach Sprechenkönnen und Verstehenkönnen. Beide, das Verstehen und das Sprechen, sind als gleichursprünglich, da durchaus korrelativ, zu betrachten: das Sprechen ist immer ein Verstehen, das Verstehen so etwas wie ein Mitsprechen. Die Sprache ist als das Beherrschen einer bestimmten, historisch so und so gewordenen Technik des Sprechens, als ein ›Können‹ zu begreifen. Die einzelne Sprachäußerung ist eine konkrete, individuelle Verwirklichung dieses ›Könnens‹.[1]

Natürlich berührt sich eine solche Unterscheidung zwischen Sprachäußerung und Sprachbesitz auf das engste mit der zwischen »*la langue*« und »*la parole*«, ›Sprache‹ und ›Rede‹, die Ferdinand de Saussure in die Sprachwissenschaft eingeführt hat: »la langue« ist ›das System‹, das in den Köpfen der Sprechenden angelegt ist; »la parole« die Summe der einzelnen Verwirklichungen dieses ›Systems‹.[2] Es ist offensichtlich, daß diese

---

[1] Vgl. E. Coseriu, Sincronía, diacronía e historia. El problema del cambio lingüístico, Montevideo 1958, S. 17–29, und Teoría del lenguaje y lingüística general, Madrid 1962, S. 99, S. 285ff. Es ist das große Verdienst der generativen Grammatik, den ebenso grundlegenden wie selbstverständlichen Tatbestand in den Vereinigten Staaten zur Geltung gebracht zu haben: »the most striking aspect of linguistic competence is what we may call the ›creativity of language‹, that is, the speaker's ability to produce new sentences, sentences that are immediately understood by other speakers although they bear no physical resemblance to sentences which are familiar ... Modern linguistics ... is seriously at fault in its failure to come to grips with this central problem« (N. Chomsky, Topics in the theory of generative grammar, in: Current trends in linguistics, III, Den Haag-Paris 1966, S. 4). So weit, so richtig. Vgl. zu den wichtigen, bedenkenswerten Begriffen ›competence‹ und ›performance‹ Noam Chomskys das erste Kapitel (»Methodological Preliminaries«) seiner Aspects of the theory of syntax, Cambridge, Mass. 1965 (deutsch: Frankfurt 1969) und H.-M. Gauger, Die Semantik in der Sprachtheorie der transformationellen Grammatik, in: Linguistische Berichte 1, 1969, S. 1–18.

[2] Vgl. Cours de linguistique générale, 5. Aufl., Paris 1955, S. 30–31, S. 36–39, deutsch: 2. Aufl., Berlin 1967. Über ähnliche Unterscheidungen vor Saussure: E. Coseriu, Sincronía, S. 13f.; die starke Abhängigkeit Saussures von Gabelentz zeigt Coseriu in einem demnächst erscheinenden Aufsatz auf. Diese Unterscheidung beruht im übrigen nicht auf einer Synonymenscheidung zwischen *langue*, *parole* (und *langage*), d. h. sie ist nicht die bloße Explizierung einer in der französischen Sprache an sich schon angelegten Unterscheidung. Die Definitionen von »langue« und »parole« sind Nominaldefinitionen, insofern sie sich als wissenschaftliche Termini über die in der allgemeinen Sprache mit ihnen verknüpften Inhalte erheben.

Unterscheidung auf etwas tatsächlich Verschiedenes zielt. Aber diese Unterscheidung ist durch das, was bereits ihr Urheber in sie hineinlegte, und durch die ausgedehnte, auch wohl ein wenig sterile Diskussion, zu der sie Anlaß gab, so belastet, daß wir es vorziehen, sie nicht aufzugreifen, und bei unserer weniger ehrgeizigen Unterscheidung bleiben.[3]

Die Äußerung ist individuell und partikulär. Die Sätze von Jean-Paul Sartres Kindheitserinnerungen, »Les Mots«, zum Beispiel sind nur Sartre und seinen Lesern gemeinsam; auch diesen jedoch sind sie nur vorübergehend gegenwärtig. Allgemein, jedem Sprachteilhaber jederzeit gegenwärtig ist die Sprache; sie ist das ›Substrat‹ eines jeglichen Sprechens: die Bedingung seiner Möglichkeit. Wenn das Sprechen durch die Sprache bedingt ist, so wird jedoch diese nur in ihren Äußerungen eigentlich greifbar. Die Sprache ist ja nicht etwas, das unter anderem auch spricht, sie ist vielmehr nur, indem sie spricht: sie ist nichts anderes als das, was sie tut.[4]

Es ist daher geboten, die Unterscheidung zwischen Sprache und Äußerung in einem rein formalen Sinne zu nehmen; sie bezieht sich auf einen Unterschied der ›Seinsweise‹: die Äußerung ist partikulär, die Sprache allgemein. Wir suchen also nicht bestimmte sprachliche Erscheinungen der einen, bestimmte andere der anderen zuzuweisen. Gewiß kann in bestimmter Hinsicht gesagt werden, daß in der Summe der Äußerungen und daher auch – unter Umständen – in einer einzelnen Äußerung ›mehr‹ sei als in der Sprache: die Äußerung kann Elemente enthalten, die zur allgemeinen Sprache nicht gehören. In der Tat interessiert uns, was allgemein ist, was in jedem besonderen Sprechen »Sprechen wie die anderen« ist: »im Sprechen eines jeden Individuums ist die Sprache das S p r e c h e n w i e a n d e r e, besser gesagt: sie ist dieses W i e selbst«.[5] Unser Interesse gilt dem, was in den beobachteten Äußerungen den allgemeinen Sprachbesitz realisiert. Dennoch scheint es uns nicht ratsam, in diese Unterschei-

---

[3] Die ausführlichste Darstellung der diesbezüglichen Gedanken Saussures und der sich daran anschließenden Diskussion bei E. Coseriu, Sistema, norma y habla, in: Coseriu, Teoría, S. 11–113.

[4] Vgl. W. v. Wartburg: »Nur durch das Medium der Rede können wir ihr (der Sprache) näherkommen. Sie tritt immer nur in Teilstücken in Erscheinung. Es ist gewissermaßen so, daß das Gesamte der Sprache dauernd in Dunkel gehüllt ist, daß aber jeweils der Teil von ihr konkret wird, der durch den Lichtkegel der Rede herausgehoben wird« (Einführung in die Problematik und Methodik der Sprachwissenschaft, 2. Aufl., Tübingen 1962, S. 196, Anm. 1).

[5] E. Coseriu: »En el hablar de cada individuo, la ›lengua‹ es el h a b l a r c o m o o t r o s, mejor dicho, es este mismo c ó m o, que es siempre un c ó m o históricamente determinado y determinable« (Sincronía, S. 27).

dung Inhaltliches hineinzulegen. Die Betrachtung gerät – dies zumindest hat die bisherige Diskussion gezeigt – in größte Schwierigkeiten, wenn Sprache und Sprachäußerung, »langue« und »parole«, »Kompetenz« und »Performanz«, zu zwei sich gegenüberstehenden Größen verdinglicht werden. Dies auch dann, wenn die gegenseitige Abhängigkeit beider, ihre »Interdependenz«, von der schon Saussure redete, gebührend hervorgehoben wird.[6] Auch sollte nicht versucht werden, wie dies bei Saussure und anderen (auch wohl bei Chomsky und seinen Anhängern) geschieht, einen Primat der einen über die andere herzustellen. Die Sprache ist vom Sprechen, das Sprechen von der Sprache nicht zu trennen. André Martinet trifft den Sachverhalt ziemlich genau, wenn er erklärt: »Cette distinction, fort utile, entre langue et parole peut entraîner à croire que la parole possède une organisation indépandante de celle de la langue, de telle sorte qu'on pourrait, par exemple, envisager l'existence d'une linguistique de la parole en face de la linguistique de la langue. Or il faut bien se convaincre que la parole ne fait que concrétiser l'organisation de la langue.«[7]

An der Unterscheidung zwischen Sprache und Äußerung, die als formale unumgänglich ist, interessiert uns vor allem, daß sie sichtbar macht und ins Zentrum rückt, was die Sprache wesentlich ist: ein im Bewußtsein der Sprechenden angelegtes ›Können‹. Bevor wir an diese Feststellung weitere Überlegungen knüpfen, muß der »s o z i a l e « Charakter der Sprache, den der Genfer Gelehrte so nachdrücklich unterstrich, kurz gekennzeichnet werden.

Was ist unter dem »sozialen«, dem gemeinschaftlichen Charakter der Sprache zu verstehen? Zunächst: die Sprache ist in der Tat etwas das Individuum Übergreifendes. Das Individuum ›beherrscht‹ sie nicht, wie wir gedankenlos sagen, es ist ihr vielmehr unterworfen, um so mehr übrigens, als es sich seiner Ohnmacht ihr gegenüber nicht inne wird. Wir meinen hiermit nicht in einem anthropologischen Sinne die Abhängigkeit der Mitglieder einer Sprachgemeinschaft in ihrem Denken und Fühlen von ihrer Muttersprache; von dieser Abhängigkeit, die nicht nur außerhalb der Sprachwissenschaft oft überschätzt oder falsch eingeschätzt wird, kann hier nicht gesprochen werden. Wir meinen vielmehr die s p r a c h l i c h e Abhängigkeit des Individuums von seiner Sprache. Diese ist in gewissem Sinne absolut.

---

[6] Saussure, Cours, S. 37.
[7] Eléments de linguistique générale, Paris 1960, S. 30/31, deutsch: 2. Aufl., Stuttgart 1967.

Das Individuum ist in seinem Sprechen, was dessen Sprachlichkeit betrifft, durch die Sprache restlos bedingt. Die Sprache ist das schlechthin Übernommene, das in absoluter Fraglosigkeit Vor-Gegebene. Dies trifft auch und vielleicht in besonderem Maße für die »Sprachmächtigen« zu, um einen (mißverständlichen) Ausdruck Leo Weisgerbers zu gebrauchen; auch für sie gilt hinsichtlich ihrer Sprache, was Bacon von der Natur behauptet: »nisi parendo non vincitur«. Diese sprachliche Abhängigkeit des Individuums ist freilich ein Faktum von großem anthropologischem Interesse. Durchaus also ist Saussure im Recht, wenn er sagt: »La langue n'est pas une fonction du sujet parlant, elle est le produit que l'individu enregistre passivement«.[8] Zweitens ist jedoch zu sagen, daß die Sprache, obwohl sie dem Individuum auferlegt ist, nicht getrennt und unabhängig von ihm existiert. Sie ist dem Individuum nicht äußerlich, sie ist vielmehr nur in diesem und durch dieses lebendig. Dies scheint Saussure – in diesem Punkt stark beeinflußt von dem Soziologen Emile Durkheim – nicht mit derselben Klarheit gesehen zu haben, denn er erklärt: »c'est un trésor déposé par la pratique de la parole dans les sujets appartenant à une même communauté, un système grammatical existant virtuellement dans chaque cerveau, ou plus exactement dans les cerveaux d'un ensemble d'individus; car la langue n'est complète dans aucun, elle n'existe parfaitement que dans la masse.«[9] Im Unterschied dazu halten wir fest, daß das, was wir ›die Sprache‹ nennen, in jedem einzelnen sprachlich nicht behinderten Individuum einer Sprachgemeinschaft (mehr oder weniger) ganz enthalten ist: »Décrire sa propre façon de parler, cela revient à décrire celle de tout le monde, à quelques particularités près, particularités qui ne touchent pas le fond des choses.«[10]

---

[8] Cours, S. 30. Jene Abhängigkeit kommt nirgends so anschaulich zum Ausdruck wie beim ›Spracherwerb‹ des Kindes. Es hat fast etwas Erschütterndes zu sehen, wie das Kind, das ›in-fans‹, nichts äußert, das nicht in es hineingeredet worden wäre. Man möchte, daß es von sich aus, ›spontan‹ seine Stummheit durchbräche und äußerte, was offensichtlich in ihm vorgeht und ist, während es in der Wiege liegt und auf seine Umwelt wechselnd, aber immer sprachlos, reagiert. Hinzu kommt, daß die Sprache »unabhängig von den physischen Anlagen« ist: »Sogar die Artikulationsbasis bildet und verfestigt sich erst allmählich im Verlauf der Sprecherlernung. Mitgegeben wird dem Kind nur die Fähigkeit, in eine Sprache hineinzuwachsen, nicht aber eine bestimmte Sprache« (Wartburg, Einführung, S. 200).
[9] Cours, S. 30.
[10] A. Sauvageot, Les procédés expressifs du français contemporain, Paris 1957, S. 9. Dieser Standpunkt entspricht übrigens ganz dem der transformationellen Grammatik (vgl. etwa J. J. Katz, The philosophy of language, New York–London 1966, S. 102f., deutsch: Frankfurt 1969).

Der Mensch ist wesentlich Mitmensch; zu seiner Mitmenschlichkeit gehört auf das unmittelbarste seine Sprache: sie ist es, die ihn mit anderen verbindet. »Das Bewußtsein«, bemerkt Sigmund Freud, »vermittelt jedem einzelnen von uns nur die Kenntnis von eigenen Seelenzuständen«; aber: »ohne besondere Überlegung legen wir jedem anderen außer uns unsere eigene Konstitution, und also auch unser Bewußtsein, bei«. In dieser »Identifizierung« erblickt Freud »die Voraussetzung unseres Verständnisses«.[11] Er spricht hier von dem (durchaus vorwissenschaftlichen) psychologischen Verständnis des anderen Menschen. Diese »urprüngliche Identifizierungsneigung«, die, nach Freud, »einst vom Ich auf andere Menschen, Tiere, Pflanzen, Unbelebtes und auf das Ganze der Welt ausgedehnt« war und heute im wesentlichen auf den »uns nächsten menschlichen Anderen« reduziert ist, ist auch die Bedingung des sprachlichen Verkehrs: unwillkürlich, »ohne besondere Überlegung«, gehen wir davon aus, daß die Anlage, die wir in uns haben, auch im anderen lebendig sei. Nicht nur, daß der Besitz einer Sprache dem »politischen« Charakter des Menschen entspräche, er ist vielmehr der entscheidende Beitrag zur Konstitution der Mitmenschlichkeit, der Intersubjektivität. Treffend hat dies Maurice Merleau-Ponty an Gedanken Edmund Husserls anknüpfend ausgedrückt: »Quand je parle ou quand je comprends, j'expérimente la présence d'autrui en moi ou de moi en autrui... Dans la mesure où ce que je dis a un sens, je suis pour moi-même, quand je parle, un autre ›autre‹, et, dans la mesure où je comprends, je ne sais plus qui parle ou qui écoute.«[12]

Die Betrachtung ist also berechtigt, bei der Beschreibung der Sprache vom individuellen Bewußtsein auszugehen, denn sie ist in diesem ganz enthalten. Natürlich nicht in einem beliebigen Bewußtsein. Das Bewußtsein, das sie zugrundelegt, ist eine idealtypische Figur. Dennoch ist dessen Inhalt in allen wesentlichen Stücken seines Bestandes klar bestimmt und ohne Verrenkungen greifbar: Sprache ist alles Sprachliche im individuellen Bewußtsein, das nicht nur individuell ist, alles, wovon dieses unwillkürlich annimmt, daß es in jedem anderen ebenfalls sei. Die sehr beträchtlichen Unterschiede, die – namentlich im Wortschatz und namentlich in dessen aktiver Beherrschung – zwischen den individuellen Sprachbesitzen einer Gemeinschaft bestehen, sind damit nicht bestritten; sie sind jedoch, hin-

---

11 Das Unbewußte, in: S. Freud, Das Unbewußte, Schriften zur Psychoanalyse, Frankfurt 1960, S. 10. Ausdrücklich weist Freud die Deutung zurück, es handle sich hierbei um einen ›Schluß per analogiam‹.
12 Sur la phénoménologie du langage, jetzt in: Signes, Paris 1960, S. 121. Vgl. hierzu die ausführliche Diskussion von E. Coseriu mit F. de Saussure und E. Durkheim (Sincronía, S. 19–25).

sichtlich der ›Sprache‹, nicht von großem Gewicht. Es gibt für das Bewußtsein aller, die eine gemeinsame Sprache sprechen, so etwas wie einen **idealtypischen Sprachbesitz**: er umfaßt alle in dieser Hinsicht entscheidenden Elemente, das jederzeit Vorauszusetzende und tatsächlich Vorausgesetzte. Gäbe es einen solchen nicht, wie könnten wir auf irgendeiner Straße irgendeiner Stadt, in der wir uns noch nie befanden, irgendeinen ›Anderen‹ ohne Zögern ansprechen und fragen: »Bitte, wieviel Uhr ist es?« Vielleicht schüttelt dieser den Kopf, und wir entnehmen seinem Betragen, daß er, ein Ausländer, uns nicht verstanden hat, daß wir, anders gesagt, mit unserer Frage etwas voraussetzten, was bei ihm nicht vorauszusetzen war, nämlich jenen idealtypischen Besitz: zu Unrecht haben wir uns sprachlich mit ihm identifiziert.[13]

Die Sprache ist also, obgleich dem Individuum von außen her eingeübt, diesem nicht äußerlich; sie ist in ihm enthalten und in ihm zu greifen. Sie ist nicht etwas, das über oder neben den Individuen als etwas von ihnen Getrenntes, Selbständiges lebte. Sprache gibt es nicht ›an und für sich‹; es gibt sie nicht außerhalb der Psyche der einzelnen Menschen (ebensowenig wie etwa ›Wissen‹ oder ›Wissenschaft‹): es gibt sie nur als Besitz des individuellen Subjektes. Im Unterschied zu einer bestimmten Wissenschaft jedoch, die als »ein Gefüge von objektiven Sätzen« praktisch im Gehirn eines einzelnen Wissenschaftlers kaum je vollständig existiert und so gleichsam »im Denken mehrerer Menschen besteht«, ist die Sprache in den Sprechenden ganz enthalten.[14] Die Sprache ist nicht extra-, sondern interindividuell: der Mensch ist das ›ζῷον πολιτικόν‹, weil und indem er stets auch das ›ζῷον λόγον ἔχον‹ ist.[15]

Eine bestimmte historische Sprache ist also zu begreifen als ein in jedem der ihr zugehörenden Individuen angelegtes Auf-eine-bestimmte-Weise-

---

[13] Der zentrale Begriff der ›Identifizierung‹ meint bei Freud einen Prozeß, der für die Herausbildung des ›Ich‹ höchst bedeutsam ist. Dieser Prozeß ist mit dem Sprachlichen, insbesondere mit dem Spracherwerb, wie bereits Freud erkannte, auf das engste verknüpft: »das Erlernen der Sprachmotorik durch das Kind (ist) in erheblichem Maße von der psychischen Neigung abhängig, ein Objekt der Umwelt nachzuahmen oder mit anderen Worten, sich mit ihm zu identifizieren« (Ch. Brenner, Grundzüge der Psychoanalyse, deutsch: Frankfurt 1967, S. 54f.).
[14] Vgl. I. M. Bocheński, Die zeitgenössischen Denkmethoden, München 1954, S. 18.
[15] Vgl. M. Heidegger, »Die spätere Auslegung dieser Definition des Menschen im Sinne von animal rationale, ›vernünftiges Lebewesen‹, ist zwar nicht ›falsch‹, aber sie verdeckt den phänomenalen Boden, dem diese Definition des Daseins entnommen ist. Der Mensch zeigt sich als Seiendes, das redet« (Sein und Zeit, 7. Aufl. Tübingen 1953, S. 165).

sprechen-können. Treffend sagten die Lateiner: graece loqui, latine loqui, ›auf griechische Art, auf lateinische Art, d. h. in der Weise des Griechischen, des Lateinischen sprechen‹.[16] Es kann also der Sprachbetrachtung nicht oder nur mittelbar darum gehen zu beschreiben, wie die Sätze eines mehr oder weniger großen ›corpus‹, wie die Wörter, die jene enthalten, nach Inhalt und Form beschaffen sind. Dies hieße tatsächlich, um Humboldts berühmte Wendung aufzugreifen, in der Sprache »ein totes Erzeugtes«, ein ›corpus‹ also im Sinne des Leichnams, erblicken. Die Betrachtung sucht vielmehr anhand konkreter Sätze die bewußtseinsmäßige Anlage sichtbar zu machen, die es ermöglicht, daß mit so und so beschaffenen Wörtern so und so beschaffene Sätze gebildet werden können: es geht um die Sprache. Andererseits kann die Sprache, die Bedingung des Sprechens, nur aus konkreten, aus ihr heraus gesprochenen Sätzen ›abstrahiert‹ werden. Sie ist in ihrer reinen Potentialität nicht zu fassen. Das aber, was am Ende der Betrachtung als deren Ergebnis steht, die Sprache als ›System von Isoglossen‹, ist nicht bloß ein Produkt wissenschaftlicher Abstraktion in dem Sinne, daß diese etwas in Wirklichkeit nicht Existierendes ›produziert‹ hätte. Die ›Abstraktion‹, die heraushebende Zusammenstellung des in einer möglichst großen Zahl möglichst lebendiger – also nicht ad hoc fabrizierter – Äußerungen gemeinsam Beobachteten muß, recht betrieben, zur Sprache, jenem ›ens reale‹, hinführen, das die notwendige Voraussetzung aller sprachlichen Äußerungen ist:

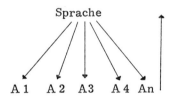

Die Frage ist freilich, inwieweit die Betrachtung an dieses ›ens reale‹ heranreicht, heranreichen kann.

»Das Faktum der Sprache«, erklärt Karl Löwith, »steht und fällt mit dem Menschen. Denken wir uns den Menschen aus der Welt weg, dann bleibt eine sprachlose, nicht bedeutete Welt, wie sie war, bevor es den Menschen gab, und wie sie wieder sein wird, wenn es ihn

---

[16] Vgl. E. Coseriu: »De una manera algo paradójica, se pódria decir que, conceptualmente, la lengua es un ›adverbio sustantivado‹: el latine (loqui) transformando en lingua latina, así como el (caminar) rápidamente puede transformarse en rapidez (del caminar)« (Sincronía, S. 27). Natürlich läßt sich das griechisch ἑλληνίζω, βαρβαρίξω usw. ebenso interpretieren.

nicht mehr gibt.«[17] In der Tat: eine Sprache ist angewiesen, hinsichtlich ihres Seins oder Nicht-Seins, auf die diese Sprache sprechenden Menschen. Sie ist im Bewußtsein der Sprechenden angesiedelt. Ihre Elemente sind nebeneinander, besser: miteinander, in einem einheitlichen, identischen Bewußtsein versammelt; von ihm werden sie zusammengehalten. Die Kopräsenz ihrer Elemente in einem Bewußtsein, die Bewußtseinskopräsenz, ist die für die Sprache als ›Können‹ konstitutive Eigenschaft, denn sie ist es, die ihr Einheit und Leben verleiht. Das Bewußtsein ist der Boden, auf dem die Sprache lebt. Würden die einzelnen ›Bewußtseine‹ vernichtet, in denen sie lebendig ist, zerränne sie selbst augenblicklich in nichts. Sie könnte dann, vorausgesetzt, daß Texte zurückgeblieben, zu einem – prekären– Leben nur dadurch wieder erweckt werden, daß ein anderes Bewußtsein sich ihr anböte, auf dem sie sich wiederum etablierte. Wir zitieren erneut Merleau-Ponty: »Du point de vue phénoménologique, c'est-à-dire pour le sujet parlant qui use de sa langue comme d'un moyen de communication avec une communauté vivante, la langue retrouve son unité: elle n'est plus le résultat d'un passé chaotique de faits linguistiques indépendants, mais un système dont tous les éléments concourent à un effort d'expression unique tourné vers le présent ou l'avenir, et donc gouverné par une logique actuelle.«[18] Diese Worte, denen wir nicht in jeder Hinsicht zustimmen, bringen die entscheidende Tatsache deutlich hervor: die Einheit der Sprache gründet im sprechenden Subjekt; in dessen Bewußtsein allein gewinnt sie Lebendigkeit als das, was sie ist. Die Sprache ist nur als die Bewußtseinskopräsenz ihrer Elemente.

Jeder andere Begriff von ›Sprache‹ ist gegenüber diesem eine Abstraktion. Ein Begriff von ›Sprache‹ etwa wie er in dem Buchtitel »Les étapes de la langue française« hervortritt, ist eine, wenn auch natürlich berechtigte und nützliche Abstraktion.[19] Eine ›Sprache‹, so verstanden, kommt nirgends vor; sie ist kein ›Gegenstand‹ im eigentlichen Sinne, so wie etwa eine Pflanze, ein Tier, ein technisches Gerät, das Gedankengebäude eines Philosophen, ein Gedicht, die Stimmung eines Sommerabends in der Wirklichkeit ›vorkommende‹, mehr oder weniger beschreibbare ›Gegenstände‹ sind. Ein solcher ›Gegenstand‹ ist aber die als Kopräsenz begriffene Sprache; als solche kommt sie vor. »Die Sprache«, sagt Coseriu, »ist immer

---

[17] Hegel und die Sprache, in: Neue Rundschau, 76 (1965), S. 279.
[18] Signes, S. 107.
[19] A. Dauzat, Les étapes de la langue française, Paris 1944. Die Sprachgeschichte redet bekanntlich sogar vom »Schicksal« etwa des lateinischen *f*- im Spanischen oder von den »Schicksalen des lateinischen Neutrums im Romanischen« (so lautet ein Titel von W. Meyer-Lübke, Halle 1883).

›synchronisch‹ in dem Sinne, daß sie synchronisch funktioniert, in dem Sinne also, daß sie sich stets mit den Menschen ›synchronisiert‹ findet, die sie sprechen; ihre Geschichtlichkeit fällt mit derjenigen ihrer Sprecher zusammen.«[20]

Es ist hierbei vor allem festzuhalten, daß diese ›synchronische‹ Auffassung der Sprache nicht erst vermöge eines spezifischen wissenschaftlichen ›Standpunktes‹ zustande kommt, wie dies gerade Saussure andeutet (»bien loin que l'objet précède le point de vue, on dirait que c'est le point de vue qui crée l'objet...«[21]). Der ›Standpunkt‹, durch den sie bedingt ist, ist nicht einer unter anderen, und er ist auch nicht erst ›wissenschaftlich‹: er ist derjenige der Sprechenden selbst. Ja, man kann – freilich etwas mißverständlich – sagen: die Sprache ist f ü r s i c h s e l b s t ›synchronisch‹, sie s e l b s t sieht sich so, dieser ›Standpunkt‹ gehört ihrem eigenen Wesen an. Der Primat der recht verstandenen Synchronie über die Sprachhistorie gründet in diesem selbstverständlichen Sachverhalt. Die wissenschaftliche synchronische Betrachtung nimmt lediglich – in bewußter und systematischer Weise – den ›Standpunkt‹ ein, den die Sprache selbst schon eingenommen hat, und von dem aus sie selbst sich notwendig betrachtet. Sie stellt sich auf den Boden, in welchem die Sprache selbst als das, was sie i s t, wurzelt.[22]

---

[20] »La lengua es siempre ›sincrónica‹ en el sentido de que funciona sincrónicamente, o sea, en el sentido de que se halla siempre ›sincronizada‹ con sus hablantes, coincidiendo su historicidad con la de ellos« (Sincronía, S.160).

[21] Cours, S. 23.

[22] Wir sind also nicht der Ansicht Wartburgs: »Die Verschiedenheit liegt... nicht so sehr im Gegenstand selber, als im Standpunkt des Betrachters« (Einführung, S. 11). Überhaupt empfinden wir die Harmonisierung zwischen Historie und Synchronie, die dieser Autor durchzuführen bestrebt ist, als gewaltsam. Gewiß besteht »zwischen dem Zustand, dem Sein der Sprache in einem bestimmten Augenblick und dem Werden in der Zeit vor und nach diesem Punkt ein engster Zusammenhang« (ibid., S. 11). Es ist aber ein prinzipieller Unterschied, ob ich die Sprache aus ihrem tatsächlichen bewußtseinsmäßigen Sein heraus beschreibe, oder ob ich mich im Sinne der Sprachgeschichte aus der Kopräsenz heraussetze, wobei wir keineswegs behaupten, daß das letztere unberechtigt sei. Vgl. vor allem Wartburgs Auseinandersetzung mit Bally: Betrachtungen über das Verhältnis von historischer und deskriptiver Sprachwissenschaft, in: Mélanges de linguistique offerts à Ch. Bally, Genf 1939, S. 3–18. Ihr gegenüber sagen wir: die ›Gegenstände‹ der statischen und der historischen Sprachbetrachtung hängen zwar auf das engste zusammen, sind aber nicht schlechthin identisch. Und: der Standpunkt der Synchronie ist derjenige der Sprechenden selbst; man ist hier also gewissermaßen berechtigt, »die Gedanken über den Gegenstand mit dem Gegenstand selber zu verwechseln« (ibid., S. 4), weil die Gedanken ›über ihn‹ hier zum Gegenstande selbst gehören.

Hier stoßen wir also auf den für die neuere Sprachwissenschaft grundlegenden Begriff der Synchronie. Es ist kein Zweifel, daß dieser Begriff seine Berechtigung von demjenigen herleitet, was wir die ›Kopräsenz im Bewußtsein‹ nannten. Er meint die den einzelnen Sprachelementen durch ein identisches Bewußtsein verliehene Einheit.

Saussure spricht von der Synchronie als »l'axe des simultanéités..., concernant les rapports entre choses coexistantes...«, und ausdrücklich legitimiert er diese Sicht durch einen Hinweis auf das durchschnittliche Sprachbewußtsein: »La synchronie ne connaît qu'une perspective, celle des sujets parlants, et toute sa méthode consiste à recueillir leur témoignage; pour savoir dans quelle mesure une chose est une réalité, il faudra et il suffira de rechercher dans quelle mesure elle existe pour la conscience des sujets.«[23] Noch entschiedener heißt es in der abschließenden Feststellung am Ende des ersten Teils, der die »Allgemeinen Prinzipien« zum Gegenstand hat: »La linguistique synchronique s'occupera des rapports logiques et psychologiques reliant des termes coexistants et formant système, tels qu'ils sont aperçus par la même conscience collective«.[24] Nicht anders sein großer Schüler Charles Bally: »la méthode historique, pour expliquer un fait linguistique et le ramener à son origine, est obligée de le considérer en dehors des associations synchroniques qui font toute sa valeur pour les sujets...«[25] und – noch deutlicher –: »Tout ce qui ne se laisse rapprocher que par la réflexion et l'analyse, tout ce qui n'est pas sentiment linguistique spontané est étranger à l'état de langue étudié et ne peut faire l'objet de notre recherche«... »Elle se place dans les mêmes conditions que le sujet parlant, qui vit et pense dans le présent, non dans le passé...«[26]

In diesen Äußerungen (die Zitate ließen sich beliebig vermehren) kommt durchweg zum Ausdruck, daß die geschichtliche Betrachtung zurückzuweisen sei, weil ihre Elemente im Sprachbewußtsein nicht angetroffen werden. Es gäbe in der Tat, außer diesem, keinen Grund, das Geschichtliche zu verbannen. Obwohl der Begriff der ›Synchronie‹, wie er in den

---

[23] Cours, S. 115, S. 128; wir unterstreichen.
[24] Cours, S. 140. Die Wendung »conscience collective« entspricht freilich nicht unserer Auffassung; wir unterstreichen.
[25] Linguistique générale et linguistique française, 4. Aufl., Bern 1965, S. 22; wir unterstreichen. Bei Bally steht der Begriff der ›Assoziation‹ im Mittelpunkt, den wir, jedenfalls in dieser Form, nicht aufnehmen.
[26] Bally, Traité de stylistique française, 3. Aufl., Bd. I, Genf-Paris 1951, S. 34 und 46, vgl. auch S. 4 (wir unterstreichen); vgl. S. Ullmann: »Elle étudie des systèmes de valeurs tels qu'ils existent dans la conscience des sujets parlants à un certain moment donné« (Précis de sémantique française, Bern 1952, S. 39).

zitierten Stellungnahmen erscheint und in der Sprachwissenschaft geläufig wurde, sich in seinem Ansatz ausdrücklich auf das Bewußtsein der Sprechenden bezieht, scheint er uns nicht befriedigend. Zwei Einwände sind es, die wir gegen ihn vorzubringen haben.

Zunächst ist auszusetzen, daß dieser Begriff nicht primär an der Bewußtseinskopräsenz festgemacht, sondern letztlich doch durch die historische Betrachtung vermittelt ist. Dieser Begriff ist durch den des Sprachzustandes bedingt, und auf ihn ist er vorzugsweise bezogen. Nach Bally zum Beispiel stellt sich für die synchronische Beschreibung die Aufgabe so: »considérer la langue dans un état donné, à une époque donnée... L'idée d'état est une abstraction, mais une abstraction nécessaire et naturelle, puisque ceux qui parlent n'ont pas conscience de son évolution.«[27] Nun ist der Begriff des Sprachzustandes ein durch und durch historischer Begriff. Dem Bewußtsein der Sprechenden kann er nicht entnommen werden: nur ein Sprachhistoriker kann ihn konzipieren. Entscheidend für die Betrachtung ist nicht die Beschränkung auf einen mehr oder weniger ›kurzen‹ Zeitraum, in welchem die Sprache in einem bestimmten ›Zustand‹ festgehalten erscheint, sondern die konsequente Beschränkung auf die Elemente, die in der Kopräsenz des jeweils angenommenen Bewußtseins anzutreffen sind. In jedem Augenblick muß und kann die Betrachtung von den Elementen ausgehen, die im Bewußtsein der in diesem Augenblick lebenden Menschen enthalten sind. Dabei kann sie, wie ausgeführt, so etwas wie einen ›idealtypischen‹ Sprachbesitz zugrundelegen, denn dies tun, bewußt oder unbewußt, die Sprechenden selbst. Jeder Angehörige einer Sprachgemeinschaft setzt wie selbstverständlich voraus, daß in den übrigen der nämliche Sprachbesitz angelegt sei; durch den Erfolg seines Sprechens sieht er sich in dieser Voraussetzung bestätigt: er wird von allen übrigen verstanden, genau so wie er selbst alle übrigen versteht. Bei diesem Ausgangspunkt kommt die Betrachtung ohnehin nicht in Versuchung, bei der Beschreibung etwa des französischen bestimmten Artikels im Jahre 1969 vom Rolandslied zu sprechen. Es erledigt sich dann auch das ärgerliche Problem, das schon Saussure irritierte: wie lange dauert eigentlich eine »Synchronie«, wie viele Jahre umspannt sie?[28]

Gravierender ist der zweite Einwand. Der Begriff der Synchronie übersieht die Tatsache, daß das bewußtseinsmäßig Kopräsente, das er für »synchronisch«, also ahistorisch, hält, in Wirklichkeit zahlreiche Elemente

---

[27] Linguistique générale, S. 22. Auch bei Saussure stößt man auf den Begriff des ›état‹ auf Schritt und Tritt.
[28] Cours, S. 142f.

des »Diachronischen«, des Geschichtlichen, enthält: »La première chose qui frappe quand on étudie les faits de langue, c'est que pour le sujet parlant leur succession dans le temps est i n e x i s t a n t e : il est devant un é t a t (!). Aussi le linguiste qui veut comprendre cet état doit-il faire table rase de tout ce qui l'a produit et ignorer la diachronie. Il ne peut entrer dans la conscience des sujets parlants qu'en s u p p r i m a n t l e p a s s é (!). L'intervention de l ' h i s t o i r e ne peut que fausser son jugement.«[29] Diese Bemerkungen Saussures sind eine »schreckliche Vereinfachung« dessen, worum es hier tatsächlich geht.

Tatsächlich ist die Kopräsenz des Bewußtseins unter anderem auch geschichtlich ›strukturiert‹. Besonders im Wortschatz ist dies greifbar. Jedermann weiß hinsichtlich bestimmter Wörter und Formen: so spricht mein Großvater, so spricht mein kleiner Neffe. Dies gilt sogar für das Phonetische; ein Beispiel: André Martinet bemerkt, daß die meisten vor 1920 geborenen Pariser den Vokal in p a t t e und in p â t e verschieden aussprechen, daß aber unter den nach 1940 Geborenen die meisten den Vokal ohne Unterschied artikulieren. Diese Tatsache lasse sich sowohl diachronisch als auch synchronisch formulieren; die synchronische Kennzeichnung laute: »l'opposition /a/ – /â/ n'est pas générale dans l'usage contemporain«.[30] Diese Kennzeichnung ist außerordentlich unvollständig: daß gerade die Älteren es sind, die /a/ und /â/ unterscheiden, ist ein so wichtiges Element der Kopräsenz, daß die Beschreibung es keineswegs unterschlagen darf. Die Sprechenden sind sich in aller Regel dieser Tatsache bewußt, und wenn es etwa darum geht, einen bestimmten Typ des Pariser sprachlich zu imitieren, wird auch der junge Sprecher gewiß nicht versäumen, jenen Unterschied auf das deutlichste zu akzentuieren.

Der individuelle Sprachbesitz besteht also keineswegs nur aus denjenigen Sprachelementen, die in den konkreten Sprechakten des Individuums tatsächlich erscheinen (auch dies eine gängige Simplifizierung). Die sprachlichen Eigentümlichkeiten einer bestimmten Generation gehören nicht nur zu d e r e n Sprachbesitz: sie sind auch in dem der übrigen Sprecher registriert und lebendig. Nicht nur die Äußerung kann also ›mehr‹ enthalten als der Sprachbesitz, auch dieser enthält ›mehr‹ als die Summe

---

[29] Saussure, Cours, S. 117; wir unterstreichen.
[30] Eléments, S. 35. Der Autor teilt den gängigen Begriff des Synchronischen: »il convient que la description soit strictement synchronique, c'est-à-dire fondée exclusivement sur des observations faites pendant un laps de temps assez court...« Aber: wie kurz soll dieser kurze Zeitraum sein: 5 Jahre? 10 Jahre? 50 Jahre? Der Autor sagt es nicht. Was die Unterscheidung von ›a postérieur‹ und ›a antérieur‹ betrifft, sind die Verhältnisse übrigens verwickelter, als es der knappe Rahmen dem Autor auszuführen gestattete.

seiner Äußerungen. Es ist unbestreitbar und braucht hier nicht im einzelnen dargelegt zu werden, daß in der Kopräsenz zahlreiche, wichtige Elemente, namentlich des Wortschatzes, enthalten sind, die sich nach dem Kriterium ›alt oder jung‹ – und dies heißt doch wohl nach Vorher und Nachher, also ›alt oder neu‹ – unterscheiden. Das, was Martinet als die diachronische Kennzeichnung jener Tatsache anführt – »l'opposition /a/ – /â/ tend à disparaître de l'usage parisien« –, gehört somit in Wirklichkeit der Synchronie, der Kopräsenz an.

Es ist auch zu beachten, daß die Kopräsenz ein Stück weit gleichsam hinter sich selbst zurückgreift. Sie ist nach der Vergangenheit hin offen: da gibt es keine scharf gezogene Grenze, sondern ein allmähliches Sich-Verlieren. Ein Wort zum Beispiel wie das Adverb w e i l a n d, um einen extremen Fall zu nennen, gehört der gegenwärtigen Kopräsenz des Deutschen durchaus an: der Sprechende weiß, es ist ein altes Wort und nimmt, wenn er es verwendet, ohne weiteres an, daß auch die anderen es wissen.[31] Natürlich erhält ein solches Element das Kennzeichen des ›Nicht-mehr‹ oder des ›Kaum-mehr‹ erst i n n e r h a l b der Kopräsenz. W e i l a n d ist ja nicht an sich ›alt‹, seinen Charakter als ›veraltetes‹, ›früher gebrauchtes‹ Wort bekommt es erst von und in dem ›System‹, dem es g e g e n w ä r t i g angehört. Ein altes Element dieser Art ist einem anderen, das sich a u ß e r h a l b der Kopräsenz befindet, nicht gleichzustellen: w e i l a n d ist alt; g i w i z z a n î, f a g a r n e s s i, f r e w i d a sind nicht alt, sondern althochdeutsch. Dies hindert aber nicht, daß innerhalb der Kopräsenz selbst das Kriterium ›alt‹ angelegt ist, daß es nach diesem Kriterium bestimmte seiner Elemente von den übrigen unterscheidet.

Die Kopräsenz selbst also thematisiert den Unterschied zwischen Vorher und Nachher und damit in gewisser Weise auch den Wandel, den Übergang von einem zum anderen. Keineswegs ist für das sprechende Subjekt, wie Saussure behauptet, »die Abfolge in der Zeit inexistent«, keineswegs steht es »vor einem Zustand«, keineswegs ist in ihm die Vergangenheit »unterdrückt«. Vor einem »Zustand« steht nicht das sprechende Subjekt, sondern der Sprachgeschichtler.[32] Alles nun, was die Kopräsenz

---

[31] In der Gestalt des Theologieprofessors Ehrenfried Kumpf hat Thomas Mann im »Doktor Faustus«, in einer sehr erheiternden Weise das konsequente Bemühen um einen pittoresk-altertümlichen Sprachstil dargestellt. Kumpf, der Lutheraner, läßt es sich grundsätzlich angelegen sein, eine Sache »auf gut altdeutsch, ohn' einige Bemäntelung und Gleisnerei« auszusprechen. Stilistische Möglichkeiten dieser Art wären ohne eine historische Anlage der Synchronie absolut ausgeschlossen.

[32] Von dem Gedanken, das Historische sei aus der Synchronie prinzipiell auszuschließen, scheint Saussure durchdrungen gewesen zu sein. R. Engler zitiert

thematisiert, darf und muß die auf sie bezogene Betrachtung thematisieren. Ließe sie das Historische in der Kopräsenz unbeachtet, machte sie sich einer grotesken Verkürzung ihres Gegenstandes schuldig: dieser ist so zu nehmen wie er ist.

Der gängige Begriff der Synchronie ist also durch eine doppelte Mißlichkeit gekennzeichnet. Einmal ist er, da er sich stets an die historische Vorstellung des ›Sprachzustandes‹ klammert, im Grunde durch die Sprachhistorie bestimmt: er hängt so gerade von demjenigen ab, wovon er sich zu lösen trachtet. Zum zweiten verkennt er die Bedeutung des Geschichtlichen innerhalb des ›Gleichzeitigen‹: die Synchronie ist gar nicht ›synchronisch‹, denn die Sprache ist in jedem Augenblick nicht nur wie und was sie ist, sie ist immer auch – zu einem nicht unerheblichen Teil – wie und was sie w a r und wie und was sie s e i n w i r d. Um sich von der Sprachgeschichte abzusetzen, genügt es diesem Begriff, alles Historische schroff und unterschiedslos zurückzuweisen. Daher hat die synchronische Betrachtung in ihrer nicht selten hervortretenden Reizbarkeit etwas von einem Kinde, das sich aus einer überstarken Vaterbindung nicht zu befreien vermochte. Solange das Kind, auch noch als Erwachsener, alles und jedes nur eben ›ganz anders‹ machen will als der Vater, bleibt es ihm verhaftet; es ist nur scheinbar emanzipiert. Wirklich entrungen hat es sich dem Vater erst, wenn es ihm gelingt, erforderlichenfalls ähnlich oder genau wie er zu handeln, wenn es, ohne Rück-Sicht auf ihn, ohne weiteres tut, was ihm selbst als richtig erscheint. Die ›synchronische‹ Betrachtung ist von der Sprachhistorie erst wirklich befreit – um eine Befreiung handelt es sich in der Tat –, wenn sie, wo es geboten ist, das Historische in der ihr gemäßen Weise ohne Hemmung ins Thema hebt.[33]

---

aus den »Sources manuscrites« eine noch weiter gehende Äußerung: »tout le côté historique de la langue, tout ce qui est dans le passé est forcé d'échapper à notre sens linguistique immédiat, il faut l'apprendre. Nous formons dans l'histoire de la langue un anneau de la chaîne, nous voyons cet anneau, mais non la chaîne« (Théorie et critique d'un principe saussurien: l'arbitraire du signe, in: Cahiers F. de Saussure, 19 (1962), S. 57).

[33] Eine ähnliche, rational nicht mehr zu fassende Reizbarkeit findet sich auch auf der anderen Seite: »The more thought ... I have given to this issue ... and also to its human implications (nota bene!), the more I have, to my own regret, become convinced of a certain deep-seated irreconcilability between the two approaches, an antinomy which it is exceedingly difficult, if not downright impossible, to overcome entirely« (Y. Malkiel, Genetic analysis of wordformation, in: Current trends in Linguistics, ed. Thomas A. Sebeok, III, The Hague-Paris 1966, S. 362). Dies sagt der Autor, wie er selbst betont, »in a serene mood«. Großzügig fügt er denn auch hinzu, »that geneticists can reap unlimited benefit from any kind of scrupulous descriptive inven-

Diese Betrachtung hat ja zunächst die Aufgabe, sich selbst einen positiven Sinn zu geben. Ihr Verdienst kann nicht darin bestehen, daß sie von bestimmten Dingen n i c h t redet.³⁴ Ihre ›Ergebnisse‹ dürfen, pointiert gesagt, nicht wie Neuauflagen der ihr vorausgehenden historischen Werke erscheinen, aus denen nur eben das Historische herausgestrichen ist. In Wirklichkeit ist ja die historische Sprachwissenschaft auch nicht einfach ›historisch‹. Auch sie beschreibt – auf ihre Weise – ›Zustände‹, wie ihr denn überhaupt der Begriff des ›Sprachzustandes‹ recht eigentlich zugehört. Dieser ist durchaus vereinheitlichend, nicht ›isolierend‹ oder gar ›atomistisch‹. Kennzeichnend für die historische Betrachtungsweise ist dabei freilich, daß sie die unter dem Begriff des ›Zustandes‹ zusammengefaßten Spracheelemente nicht so sehr in ihrem statischen Miteinander und aus diesem heraus, als vielmehr ›historisch‹ zu deuten sucht: jene Elemente werden gleichsam in die Vergangenheit und in die Zukunft hinein verlängert, und es werden dann einzelne ›Geschichten‹ erzählt.³⁵ Es wäre also ungerecht zu behaupten, die historische Forschung verfolge die Erscheinungen n u r in ihrem Wandel von Epoche zu Epoche, und jedenfalls: die synchronische Methode kann, wie jede Methode, eigentliche Legitimation nur darin finden, daß sie ermöglicht, Dinge zu sehen, die außerhalb ihrer nicht oder nur verzerrt, d. h. nicht als das, was sie an sich selber sind,

---

tory« (ibid.). Von der Sache her ist jene ›Antinomie‹ nicht begreiflich zu machen. Selten findet man eine affektisch so unbesetzte Äußerung wie die folgende: »L'exposé qui suit n'est pas historique. Il décrit ce qui se passe de notre temps, à portée de notre observation, bien qu'il ait pu paraître opportun de faire ça et là quelques allusions au passé afin de mieux éclaircir le présent« (A. Sauvageot, Portrait du vocabulaire français, Paris 1964, S. 5).

34 Es ist auffallend, daß die Kennzeichnungen des Synchronischen oft nur negative Wendungen enthalten: »faire table rase de«, »ignorer«, »supprimer«, »fondée exclusivement sur«, »faire abstraction de« usw.

35 Mit Recht sagt E. Cassirer in seinem brillanten Überblick: »The c o m b i n a t i o n of descriptive and historical views... was the distinctive mark of linguists throughout the nineteenth century« (An Essay on Man, New Haven 1944, S. 122). Das Bild, das Ch. Bally von der historischen Methode gibt (Linguistique générale, S. 22), ist ungerecht. Vgl. W. v. Wartburg, Einführung, S. 11, S. 137ff. Ungerecht ist auch die Kennzeichnung, mit welcher W. Motsch seinen Aufsatz »Zur Stellung der ›Wortbildung‹ in einem formalen Sprachmodell« beginnt: »Die moderne Sprachwissenschaft unterscheidet sich im wesentlichen dadurch von der traditionellen, daß sie bemüht ist, Beobachtungsdaten nicht isoliert und mehr oder weniger zufällig darzustellen, sondern sie durch ein umfassendes, Vollständigkeit anstrebendes Modell zu systematisieren« (in: Studia Grammatica I, Berlin 1962, S. 31). Trifft diese Kennzeichnung wirklich das Werk eines Paul und eines Meyer-Lübke? Auch hierin steckt ein Stück Psychologie: man sucht denjenigen zu verkleinern, von dem man sich zu lösen oder den man zu überflügeln trachtet.

gesehen wurden, daß sie also einen Horizont öffnet und eine ›neue Grenze‹ sichtbar macht. Dieser positive Sinn der synchronischen Betrachtung liegt nun gerade in ihrer konsequenten Orientierung am Bewußtsein der Sprechenden: sie siedelt sich an, wo die Sprache selbst angesiedelt ist. Da der Begriff der Synchronie in seiner üblichen Ausprägung sich von der historischen Sprachbetrachtung in dem genannten doppelten Sinne nicht wirklich gelöst hat, machen wir ihn uns nicht zu eigen und ersetzen ihn durch den der Kopräsenz. Dieser beansprucht keine Originalität; er ist ja, wie betont, ansatzweise in dem der ›Synchronie‹ lebendig und nur dessen konsequente Weiterbildung.

An einer Stelle, die wir bereits zitierten, erklärt Saussure: »La linguistique synchronique s'occupera des rapports logiques et psychologiques reliant des termes coexistants et formant système...«[36] In diesem Satz sind hinsichtlich der Sprache (langue) zwei verschiedene Aussagen enthalten; erstens: die Elemente der Synchronie sind »koexistent« (dieser Ausdruck meint dasselbe wie unser Begriff der ›Kopräsenz‹, nur daß wir diese entschiedener als Saussure auf das Bewußtsein beziehen); zweitens: diese Elemente bilden ein »System«. Noch deutlicher hatte der Autor zuvor gesagt: »la langue est un système de pures valeurs que rien ne détermine en dehors de l'état momentané de ses termes.«[37] Gewiß ist dies der folgenreiche Grundgedanke der Sprachwissenschaft, die Saussure inaugurierte: die Sprache ist ein ›System‹, eine ›Struktur‹.[38] In diesem Begriff ist ein Doppeltes enthalten: einmal die Vorstellung einer gegenseitigen Bedingtheit der Elemente untereinander, die in ihrer Gesamtheit das »System« ausmachen, zum anderen die einer in sich abgeschlossenen, sich selbst genügenden, und somit aus sich selbst heraus zu beschreibenden Ganzheit.[39] Noch deutlicher als in der genannten Stelle tritt dieses zweite Begriffselement hinsichtlich der Sprache in dem berühmten abschließenden Satz des »Cours de linguistique générale« hervor, der,

---

[36] Cours, S. 140.   [37] Cours, S. 116.

[38] K. Togeby etwa formuliert dann geradezu: »Structure est pour nous synonyme de langue qui s'oppose à parole« (Structure immanente de la langue française, Kopenhagen 1951, S. 264). Er steht damit keineswegs allein: »muchas veces el término sistema se utiliza como sinónimo de lengua, aludiendo así a su naturaleza estructural« (F. Lázaro Carreter, Diccionario de términos filológicos, 2. Aufl. Madrid 1962). Die Wörter ›System‹ und ›Struktur‹ werden oft – nicht immer – synonymisch verwendet. Vgl. E. Benveniste, ›Structure‹ en linguistique, jetzt in: Problèmes de linguistique générale, Paris 1966, S. 91–98.

[39] Das »où tout se tient« der berühmten Definition A. Meillets (»la langue est un système où tout se tient«) gehört also bereits zum Begriff des Systems als solchem (Linguistique historique et linguistique générale II, Paris 1936, S. 158).

seinen Verfassern zufolge, den Grundgedanken des Werks enthält. »la linguistique a pour unique et véritable objet la langue envisagée en elle-même et pour elle-même.«[40]

Mehr oder weniger im Sinne dieser beiden Vorstellungen gebrauchen wir das Wort, wenn wir vom Sonnen- oder Milchstraßensystem, vom metrischen System, vom Dezimalsystem, von einem Wirtschaftssystem, einem Waffensystem (hinsichtlich eines Militärflugzeugs), dem System der Hegelschen Philosophie, einem Wahlsystem, einem politischen System oder auch – wie zur Weimarer Zeit und neuerdings wieder – vom ›System‹ schlechthin sprechen. Im Griechischen bedeutete τὸ σύστημα, ähnlich wie τὸ σύνταγμα, ja zunächst einfach ›Zusammenstellung‹. Nach Franz Dornseiff waren es die Logiker zu Beginn des 17. Jahrhunderts, die – auf ein Zitat aus dem Lukian bei Melanchthon gestützt – »aus dem an sich harmlosen Wort für Zusammenstellung den Begriff einer besonders nachdrücklich betonten Ganzheit entnahmen«.[41]

Es stellt sich die Frage: ist die Sprache ein ›System‹ in diesem Sinne? Und, wenn nicht: wie ist der Systembegriff bei seiner Anwendung auf die Sprache zu modifizieren? Offenbar kommt alles darauf an, wie dieser Begriff, der übrigens einen Vergleich, eine Metapher impliziert, gefaßt wird. Wir wollen darüber nicht diskutieren, sondern nur betonen, daß der Satz »die Sprache ist ein System« über die Bestimmung der Sprache als einer ›Koexistenz‹ oder ›Kopräsenz‹ entschieden hinausgeht: er ist ein zweiter, sich keineswegs notwendig aus ihr ergebender Schritt. Bei Saussure ergibt er sich wie von selbst, gleich als wäre sein Inhalt das Selbstverständlichste, aus dem ersten. Wer ›Kopräsenz‹ sagt, muß aber nicht auch ›System‹ sagen.[42]

Wir vollziehen diesen zweiten Schritt aus den folgenden Gründen nicht. Ob und in welchem Sinne die Sprache als ein ›System‹ zu bezeichnen sei, kann nur durch eine eingehende Beobachtung ihrer Elemente entschieden werden: ist ihr ›systemhafter‹ Charakter eine Realität ihrer bewußtseinsmäßigen Seinsweise, dann muß er sich der Beobachtung wie irgendein

---

[40] Dieser Satz scheint nicht von Saussure selbst zu stammen: er trifft jedoch die Intentionen des »Cours« genau.
[41] Die griechischen Wörter im Deutschen, Berlin 1950, S. 76; vgl. S. 5.
[42] Dies ist gegenüber Y. Malkiel zu betonen: »Most descriptivists seldom if ever elude the trend toward regularization, yielding in the end to the temptation to sweep under the rug whatever pieces do not fit into their rigid pigeonholes« (Genetic analysis, S. 364). Im Blick aufs Tatsächliche hat Malkiel freilich nicht zu häufig findet man, was sich nicht fügen will, ›unter dem‹ – schön und regelmäßig gemusterten – ›Teppich‹. Einen sachlichen Zwang aber gibt es dafür für die ›synchronische‹ Betrachtung nicht.

anderer Zug von selbst aufdrängen, denn es kann ja nicht die Aufgabe der sprachwissenschaftlichen Betrachtung sein, die Elemente der Sprache zu ›systematisieren‹ oder zu ›strukturieren‹; sie kann nur feststellen, ob und in welchem Sinne sie – v o r aller Betrachtung – schon ›systematisiert‹ oder ›strukturiert‹ sind; sie will ja überhaupt nur wissen, wie diese Elemente in ihrem Miteinander sind. Natürlich ist es legitim, an die Untersuchung mit der A n n a h m e heranzutreten, die Sprache sei ein System; man versucht dann gleichsam probeweise – ähnlich wie dies etwa Freud mit der Annahme eines unbewußten Psychischen getan hat –, ob die beobachteten Fakten sich durch diese Annahme besser beschreiben und erklären lassen als ohne sie. Man darf aber in diesem Falle während der Untersuchung nicht vergessen, daß diese Annahme eine Annahme ist und nichts weiter.[43] Annahmen darf man immer machen, es ist nur die Frage, ob sie sinnvoll, das heißt heuristisch fruchtbar sind. Im Blick auf den Gegenstand unseres vierten Kapitels, die Wortbildung, heißt es etwa bei Jean Dubois: »(les suffixes) forment, à un moment donné, un ensemble de paradigmes, une s t r u c t u r e où c h a q u e suffixe se définit par ses possibilités de combinaison avec la base et s e s r e l a t i o n s d ' o p p o s i t i o n o u d e p a r a l l é l i s m e avec les autres suffixes.«[44] Diese außerordentlich weitgehende Kennzeichnung (der Autor selbst spricht von einem »fait – nota bene! – essentiel«) wird auch nicht ansatzweise begründet, sie wird von vorneherein als unumstößlich zutreffend vorausgesetzt. Auch wird nicht präzisiert, wie der Begriff des ›Systems‹ – »le système des suffixes« – hier zu verstehen sei. Für diesen Autor ist die Systemhaftigkeit der Suffixe ein Faktum, nicht der Inhalt einer probeweisen Annahme. Er ist sich der Tatsache nicht bewußt, daß es sich hierbei nur um eine Annahme handeln kann, eine Annahme, die als solche gewiß nicht zu verwerfen ist.

Uns scheint es weder notwendig noch zweckmäßig, mit einer derartigen Annahme an unseren Gegenstand heranzugehen. Allzu leicht setzt man

---

[43] Tatsächlich hatte Freud diese Annahme nicht einfach ›gemacht‹: sie ist ihm von den Fakten her, die sich in seinen Krankengeschichten zeigten, – übrigens gegen seinen zähen Widerstand – aufgedrängt worden. Von einem solchen Widerstand gegen die Systemannahme ist bei den strukturalistischen Sprachwissenschaftlern nichts zu spüren.

[44] Etude sur la dérivation suffixale en français moderne et contemporain, Paris 1962, S. 7 (wir unterstreichen); vgl. S. 9: »L'inventaire exhaustif se révèle indispensable lorsqu'il s'agit de m o r p h è m e s, l'ensemble de ceux-ci constituant u n s y s t è m e c o m p l e t à l'intérieur duquel on étudie les o p p o s i t i o n s et les identités«. Der Begriff der ›Opposition‹, das eigentlich Neue bei Saussure im Vergleich zu Gabelentz, ist für diese Betrachtungsweise entscheidend.

sich dabei der Versuchung aus, bei jeder einzelnen Erscheinung zeigen zu wollen, daß sie in irgendeiner Weise ›doch‹ in das angenommene ›System‹ einzuordnen und also ›systematisierbar‹ sei. Nicht selten hindert die systematische Präokkupiertheit bereits, daß bestimmte Erscheinungen überhaupt gesehen werden. Leo Spitzer tadelt in diesem Sinne mit großer Schärfe: »the excessive simplifications imposed on the ›structuralists‹ by the metaphorical fallacy of the term ›structure‹ to which he is forced to live up to: the structures are postulated with too little respect for the much more complicated reality.«[45] Die Frage nach dem Systemcharakter lassen wir daher offen: es genügt, daß wir bereit sind, das ›Systematische‹, das ›Strukturierte‹, wo immer es sich in der Beobachtung an den **Fakten** zeigt, zu erkennen und aufzunehmen.[46]

Aus dem Gesagten geht schon hervor, daß wir eine sogenannte »immanente« Sprachbetrachtung (»la langue envisagée en elle-même et pour elle-même«) nicht für sinnvoll halten. Die Sprache ist ja nicht »immanent«, sie ist kein in sich abgekapseltes, frei dahinschwebendes Gebilde: sie ist die ›Funktion‹ von etwas, das nicht sie selber ist, des Menschen, und sie intendiert ein etwas, das nicht sie selber ist, die ›Welt‹. Auch ist jedes Sprechen stets zusätzlich zu etwas, das schon da ist: es ist immer hineingesprochen in eine bestimmte Situation und schon immer eingelassen in eine konkrete Stelle der ›Welt‹. Die Sprache ist somit stets »eminent«: sie ist – wie das Bewußtsein, in dem sie wurzelt – ›außer sich‹. Eine immanente Sprachbetrachtung oder Sprachdeutung ist daher ein Widerspruch in sich selbst.[47]

In seinem Brief »Über den Humanismus« sagt Martin Heidegger: »Die Sprache ist das **Haus des Seins**. In ihrer Behausung wohnt der Mensch.«[48] Von dieser Wendung – er bezeichnet sie später als »unbeholfen genug« – sagt er, sie »liefere keinen Begriff des Wesens der Sprache«: »Sie gibt nur einen Wink in das Wesen der Sprache«; sie besage, daß »der

---

[45] in: Word, IX, 3, S. 203.
[46] Unsere Ansicht hierüber entspricht etwa der durch W. J. Entwistle formulierten: »I do not find language either systematic or wholly unsystematic, but impressed with patterns, generally incomplete, by our pattern-making minds« (Aspects of language, London 1953, S. VIII). Aus einem (privaten) Brief dieses Autors teilt S. Ullmann zusätzlich mit: »I do not know if I am a systematist or non-systematist. My view seems to be that we have pattern-forming minds and impress patterns on unorganized material. But we rarely complete a design before thinking of a new one« (Semantics. An introduction to the science of meaning, Oxford 1964, S. 238, Anm. 2).
[47] So auch, sehr energisch, A. Sauvageot, Portrait, S. 75.
[48] Über den Humanismus, Frankfurt, S. 5; wir unterstreichen.

Mensch durch seine Sprache im Anspruch des Seins wohnt«, daher gilt: »Der Mensch spricht nur, indem er der Sprache entspricht. Die Sprache spricht.«[49] Wie immer es sich mit dem »Anspruch des Seins«, dem »waltenden Ereignis« und dem »Geläut der Stille«, als welches die Sprache spricht, verhalten mag, jene unbestimmt winkende Wendung hat zumindest insofern etwas Einleuchtendes, als die Sprache in der Tat wie ein Haus den Menschen umfängt: er findet sich in es hineingeboren und macht es sich, in seiner Kindheit, Schritt um Schritt zu eigen; er fühlt sich in ihr ›zu Hause‹. Der Vorgang der Sprachaneignung ist aber auch umgekehrt zu sehen: während der Mensch einzieht in das Haus seiner Sprache, zieht seine Sprache in sein Bewußtsein ein. Man kann also auch sagen: der Mensch, das Bewußtsein des Menschen, ist das Haus der Sprache. Natürlich ist diese Formulierung nicht als eine Korrektur an der Wendung Heideggers gemeint. Dem Satz, das Bewußtsein sei das Haus der Sprache, ist hinzuzufügen, daß die Sprache in dieses ›Haus‹ nicht als ein schon fertiges nur einzieht: sie hat es sich selbst erschaffen. Die Sprache füllt ja nicht nur einen bestimmten Bezirk des Bewußtseins aus, sondern der ›Raum‹ des Bewußtseins findet sich von ihr vollständig besetzt. Die Sprache ist im Bewußtsein allgegenwärtig. Dies heißt nicht, daß alle bewußten Vorgänge in irgendeiner Form sprachlich ausgedrückt oder benannt würden, auch ist damit die Möglichkeit von so etwas wie einem ›sprachlosen Denken‹ nicht bestritten.[50] Es geht hier vielmehr um das, was man die ›Sprachhaftigkeit‹ des Bewußtseins nennen kann. Das Bewußtsein als etwas, das sich zu sich selbst verhält, ist seiner Natur nach kommunikativ: Bewußtsein haben heißt in gewisser Weise: mit sich selber sprechen. Was wir nicht sprachlich ›objektivieren‹, was wir uns selbst nicht sagen können, bleibt für uns, wie Peter Hofstätter formuliert, »im Stadium der diffusen Anmutung oder sogar unbewußt«. Hofstätter definiert geradezu: »Bewußt ist, was im Prinzip mitgeteilt werden kann.«[51] Dies entspricht ganz der Stellungnahme Freuds; für diesen ist die die unabdingbare Qualität, die einem Inhalt der Seele »Bewußtseinsfähigkeit« verleiht, seine worthafte Besetztheit; die Sachvorstellung muß mit einer Wortvorstellung verbunden sein: »durch die Vermittlung der Wortvorstellungen werden die inneren Denkvorgänge zu Wahrnehmungen

---

[49] Unterwegs zur Sprache, Pfullingen 1959, S. 90, 112, 90 und 33.
[50] Vgl. hierzu die Bemerkungen von K. Jaspers in: Die Sprache, München 1964, S. 37–41 (das Bändchen ist die Einzelausgabe eines Kapitels aus dem Buch »Von der Wahrheit«). Daß Sprache und Denken, Sprache und Bewußtsein, nicht einfach dasselbe sind, brauchen wir nicht hervorzuheben; vgl. K. Löwith, Hegel und die Sprache, S. 278f.
[51] Psychologie (Fischer-Lexikon), Frankfurt 1957, S. 80.

gemacht.«⁵² Natürlich sind hier zahlreiche und schwierige Probleme enthalten, es bleibt aber unabweisbar, daß die Konstitution des Bewußtseins auf das engste und unmittelbarste mit der Konstitution der Sprache zusammenhängt.⁵³ Alle Inhalte des Bewußtseins finden sich durch die Wortsprache irgendwie ergriffen, alle drängen zu ihm hin oder über sie hinaus: so die ›Sprache‹ der Gebärden, des Tanzes, der Malerei, der Plastik, der Musik. Stets fühlen wir uns angehalten, was sich in uns vernehmlich macht, in Wortsprache umzusetzen, und stets gilt in der Tat, was Stefan George feierlich und ein wenig gestelzt in einem von Heidegger tiefsinnig bemühten Gedicht bekennt:

»So lernt ich traurig den verzicht:
Kein ding sei wo das wort gebricht.«⁵⁴

Das Bewußtsein kann sich seiner selbst in jedem seiner Akte versichern: »scio me scire«, »cogito me cogitare«. Hinter dem, was Augustin und Descartes mit diesen Sätzen meinen, verbirgt sich bekanntlich kein Syllogismus. Die Gewißheit, die sich in ihnen ausspricht, ist von einer apodiktischen, jedem ›Schluß‹ zuvorkommenden Evidenz.⁵⁵ In der Tat:

---

52 G. Bally, Einführung in die Psychoanalyse Sigmund Freuds, Hamburg 1961, S. 108; insbesondere S. 84ff. Vgl. auch O. F. Bollnow, Sprache und Erziehung, Stuttgart 1966, S. 118ff. (»Die Bemächtigung durch die Namen«) und K. Löwith, Hegel und die Sprache, S. 287f.

53 Daher ist z. B. für Freud die psychische Konstitution des Kindes ein schwieriges Problem: »das Bewußte hat beim Kinde noch nicht alle seine Charaktere gewonnen, es ist noch in der Entwicklung begriffen und besitzt nicht recht die Fähigkeit, sich in Sprachvorstellungen umzusetzen« (Gesammelte Werke XII, S. 139).

54 Das Neue Reich, München 1928, S. 134. Vgl. M. Heidegger, Unterwegs zur Sprache, S. 159–238. Radikaler noch (und ins Psychologische gewendet) sagt dasselbe der harmlose Paul Géraldy: »Ce n'est pas vrai que les baisers peuvent suffire. / Quelque chose m'étouffe, ici, comme un sanglot. / J'ai besoin d'exprimer, d'expliquer, de traduire. / On ne sent tout à fait ce qu'on a su dire. / On vit plus ou moins à travers des mots. / J'ai besoin de mots, d'analyses. / Il faut, il faut que je te dise...« etc. (Toi et Moi, Paris 1960, S. 11).

55 E. Gilson: »Le Je pense est donc la vérité qui s'offre la première à un esprit qui pense par ordre... On observera, de plus, qu'étant le premier principe, elle est immédiatement évidente et ne saurait se démontrer à l'aide d'aucun raisonnement. Le donc que contient sa formule ne doit pas nous le dissimuler: ce n'est pas un syllogisme, c'est une intuition« (Descartes, Discours de la Méthode, Avec introduction et notes, Paris 1954, S. 86). Ausdrücklich spricht E. Husserl diesem Motiv der »Meditationes de prima philosophia« eine »Ewigkeitsbedeutung« zu (Cartesianische Meditationen, Haag 1950, S. 43; insbesondere S. 58ff.). Die Verschiedenheiten zwischen Augustin und Descartes hinsichtlich der Selbstgewißheit sind oft hervorgehoben worden.

was das **Ichbewußtsein**, dieses »factum brutum et inconcussum«, sei, kann weder ›erklärt‹ noch auch nur beschrieben werden. Man kann nur, an Descartes anknüpfend, sagen, »daß mein Ich gar nichts anderes ist als eben dieser je aktuelle in sich beschlossene Selbstbezug... das Wesen der selbsthaften Ichheit besteht in nichts anderem als in der Selbstreflexion«.[56] Auch für Freud, der der Philosophie, der idealistischen insbesondere, mit Skepsis gegenübersteht, ist das Bewußtsein etwas, das immer vorausgesetzt werden muß. Er erklärt in seinem späten, unvollendeten »Abriß der Psychoanalyse«: »Den Ausgang für diese Untersuchung gibt die unvergleichliche, jeder Erklärung und Beschreibung trotzende Tatsache des Bewußtseins. Spricht man von Bewußtsein, so weiß man trotzdem unmittelbar aus eigenster Erfahrung, was damit gemeint ist...«;[57] »was wir bewußt heißen, brauchen wir nicht zu charakterisieren, es ist das Nämliche wie das Bewußtsein der Philosophen und der Volksmeinung«;[58] immer gilt »die unmittelbare Sicherheit unseres eigenen Bewußtseins«.[59]

Der Begriff des Bewußtseins, wie wir ihn nehmen, ist also nicht ein komplizierter, historisch belasteter Begriff der Philosophie (er kann auch dies sein), sondern er meint das schlichte und ganz gewöhnliche, dabei

---

[56] Walter Schulz, Das Problem der absoluten Reflexion, Frankfurt 1963, S. 7. Vgl. die ›Definition‹ des Menschen von S. Kierkegaard: »Der Mensch ist Geist. Aber was ist Geist? Geist ist das Selbst. Aber was ist das Selbst? Das Selbst ist ein Verhältnis, das sich zu sich selbst verhält, oder ist das am Verhältnis, daß das Verhältnis sich zu sich selbst verhält; das Selbst ist nicht das Verhältnis, sondern, daß das Verhältnis sich zu sich selbst verhält« (Die Krankheit zum Tode, Werke (Rowohlt) IV, Hamburg 1962, S. 13).
[57] Abriß der Psychoanalyse, Frankfurt 1953, S. 21. Kopfschüttelnd merkt der Autor in einer Fußnote an: »Eine extreme Richtung wie der in Amerika entstandene Behaviourismus glaubt eine Psychologie aufbauen zu können, die von dieser Grundtatsache absieht!«
[58] ibid., S. 23.
[59] Das Unbewußte, Frankfurt 1960, S. 10. Vgl. noch: »Was man bewußt heißen soll, brauchen wir nicht erörtern, es ist jedem Zweifel enthoben« (Gesammelte Werke XV, S. 76). Vgl. J.-P. Sartre: »Notre point de départ est en effet la subjectivité de l'individu, et ceci pour des raisons strictement philosophiques... Il ne peut pas y avoir de vérité autre, au point de départ, que celle-ci: *je pense donc je suis*, c'est là la vérité absolue de la conscience s'atteignant elle-même. Toute théorie qui prend l'homme en dehors de ce moment où il s'atteint lui-même est d'abord une théorie qui supprime la vérité, car, en dehors de ce *cogito* cartésien, tous les objets sont seulement probables, et une doctrine de probabilités, qui n'est pas suspendue à une vérité, s'effondre dans le néant. Donc, pour qu'il y ait une vérité quelconque, il faut une vérité absolue; et celle-ci est simple, facile à atteindre, elle est à la portée de tout le monde; elle consiste à se saisir sans intermédiaire« (L'existentialisme est un humanisme, Paris 1964, S. 63f.).

durchaus rätselvolle, übrigens ja nicht immer glückhafte, im Menschen aufbrechende und jederzeit – es sei denn im Schlaf – vollziehbare Icherlebnis, das Erlebnis der persönlichen Identität: Ich gleich Ich.⁶⁰ Durch dasjenige, was wir mit dem Wort ›Ich‹ bezeichnen, ist nun die ›Sprache‹ als jenes Gesamt gleichzeitig anwesender Elemente unmittelbar bedingt: das Sprechen ist nicht irgendwo: einer, ein Ich, muß sprechen, und zwar aus einer bestimmten, in ihm befindlichen ›Sprache‹ heraus. Umgekehrt ist es gerade diese ›Sprache‹, welche, indem sie in es einzieht, das jeweilige Ich konstituiert und ›ausstaffiert‹. Sie ist es auch, welche dessen Mitmenschlichkeit begründet: sie schenkt dem Ich den Anderen, indem sie eine, wenngleich nicht immer verläßliche, Brücke zu ihm schlägt.

Zu jedem Akt des Bewußtseins gehört ein doppeltes: Bewußtsein eines Gegenstandes und – zumindest potentiell – Bewußtsein seiner selbst. Bewußtsein ist als Selbstbewußtsein die Einheit, das Ineinander von Gegenstandsbezug und Selbstbezug: ich bin mir einer Sache bewußt. Jedes Bewußtseinserlebnis hat also gleichsam zwei Inhalte: ein etwas und sich selbst.⁶¹ Die Tatsache, daß das Bewußtsein grundsätzlich auf ein gegenständliches Ziel gerichtet, also stets Bewußtsein von etwas ist, bezeichnet die Philosophie seit Franz Brentano als seine »Intentionalität«: jedes Bewußtsein ist eo ipso Gegenstandsbewußtsein, gleichgültig ob dieser Gegenstand tatsächlich existiert. Daher erweitert Edmund Husserl die Formel des Descartes zu »ego cogito cogitatum«.⁶² Der psychische Akt ist also in seiner Intentionalität auf sich selbst zurückbezogen. Der in der

---

⁶⁰ Vgl. E. Bloch: »Wie seltsam, wie sehr ein Kopfschütteln gleichsam, immer eben mit diesem, seinem Ich zusammen zu sein, – ein Glück vielleicht, aber doch auch eine Fessel und jedenfalls in hohem Grade nicht selbstverständlich« (Tübinger Einleitung in die Philosophie, I, Frankfurt 1963, S. 16); vgl. auch die sehr eindringlichen auf das Icherlebnis bezüglichen Darlegungen von G. M. Hopkins über »stress of pitch« und »selving« (G. M. Hopkins, Gedichte, Schriften, Briefe, München 1954, S. 459ff.).
⁶¹ Vgl. K. Löwith, Hegel und die Sprache, S. 285.
⁶² Cartesianische Meditationen, S. 71. Dieser »Punkt«, sagt Husserl, gelte für das durch die ἐποχή »transzendental gereinigte Bewußtsein« ebensowohl wie »für eine echte Bewußtseinspsychologie auf dem natürlichen Erfahrungsboden«. Im Sinne jener (für uns unerheblichen) ἐποχή präzisiert Husserl weiter: »cogito cogitatum (qua cogitatum)« (S. 74). Über F. Brentano vgl. das gute Kapitel bei W. Stegmüller, Hauptströmungen der Gegenwartsphilosophie, 2. Aufl. Stuttgart 1960, S. 2–48. Das Prinzip der Intentionalität ist auch den Psychologen vertraut. Für Freud ist Bewußtsein stets »Wahrnehmungsbewußtsein« (vgl. G. Bally, Einführung in die Psychoanalyse, S. 82f.). Zur philosophischen Problematik der Reflexion: W. Schulz, Das Problem der absoluten Reflexion, Frankfurt 1963; zur psychologischen: L. J. Pongratz, Problemgeschichte der Psychologie, München-Bern 1967, S. 132–149.

intentio auf das intentum enthaltene Selbstbezug bewirkt, daß »der Mensch sich als Ich vom Seienden unterscheiden kann«:[63] er ruht nicht wie ein Stein unbewegt in sich selbst, sondern er findet s i c h als ein um sich selbst wissendes, um sich selbst bemühtes Ich a u f e t w a s bezogen.

Es gilt nun zu sehen, daß die Sprache diese doppelte Bezogenheit mit dem Bewußtsein teilt. Sie ist durchaus intentional: immer intendiert sie in ihrem Sprechen etwas, das nicht sie selber ist: »Rede ist Reden über...«[64] Das Sprechen bezieht sich aber nicht nur auf seinen jeweiligen Gegenstand oder Sachverhalt, es ist auch auf sich selbst bezogen. Indem die Sprache in ihrem Sprechen ein Etwas außer ihr ergreift, ergreift sie gleichzeitig sich selbst. So wie in der Zerstreuung des empirischen Bewußtseins – im Gegensatz zur »transzendentalen Einheit des Selbstbewußtseins« (Kant) – das Ich in seinen intentionalen Akten ›verschwindet‹, so die Sprache in ihrem an die Dinge hingegebenen Sprechen: sie ist gleichsam weggeschoben durch die Aufmerksamkeit, die sich auf ihr Intentum versammelt; sie beachtet sich selbst nicht, sie reflektiert nicht auf sich selbst, so daß weder ihre akustischen Zeichen noch deren Inhalte als solche hervortreten: von den Zeichen springt die Aufmerksamkeit sogleich über zu der durch diese intendierten Sache.[65] Potentiell jedoch ist dem Bewußtsein in jedem Sprechen die Sprache gegenwärtig, und sei es nur in einem seiner »defizienten Modi«, etwa dem Sichversprechen.[66] Es ist also davon auszugehen, daß die Sprache nicht bloß ein Können, sondern ein sich seiner selbst bewußtes Können ist. Die Sprache ist ein von dem Bewußtsein, in dem sie angesiedelt ist, ergriffenes Können. Wenn wir also zuvor von der ›S p r a c h h a f t i g k e i t‹ d e s B e w u ß t s e i n s gesprochen haben, so müssen wir jetzt die ›B e w u ß t s e i n s h a f t i g k e i t‹ d e r S p r a c h e herausstellen.

---

[63] W. Schulz, ibid., S. 9. Ausdrücklich spricht Schulz dieser Einsicht auch für unsere »nachidealistische« Zeit Gültigkeit zu: »eine nicht aufzuhebende Grunderkenntnis«.

[64] M. Heidegger, Sein und Zeit, S. 161. Der Autor erläutert: »Die Rede hat notwendig dieses Strukturmoment, weil sie die Erschlossenheit des In-der-Welt-Seins mitkonstituiert, in ihrer eigenen Struktur durch diese Grundverfassung des Daseins vorgebildet ist. Das Beredete ist immer in bestimmter Hinsicht und in gewissen Grenzen ›angeredet‹. In jeder Rede liegt ein Geredetes als solches, das im jeweiligen Wünschen, Fragen, Sichaussprechen über ... Gesagte als solches« (ibid., S. 162). Mit Recht bedauert der Japaner in »Unterwegs zur Sprache«, S. 137, daß dieser Paragraph 34 über die Sprache »so kurz gehalten ist«.

[65] Vgl. H.-M. Gauger, Die Anfänge der französischen Synonymik und das Problem der Synonymie, Diss. Tübingen 1960, S. 212f., S. 225f.; wir kommen im dritten Kapitel darauf zurück.

[66] Vgl. M. Heidegger, Sein und Zeit, S. 72ff. Die »defizienten Modi« zeigen am »Zuhandenen« den »Charakter der Vorhandenheit«.

In der Tat: der Sprechende weiß nicht nur, w a s er in seinem Sprechen sagt, er weiß auch, d a ß er spricht und w i e er sprechen muß. Er kann zwar nicht sagen, worin dieses Wie besteht, d. h. nach welchen Regeln es erfolgt (die Sprache ist ja nur dann eigentlich brauchbar, »zuhanden«, wenn sie ›von selbst‹, ›im Schlaf‹ erfolgt, eine Tatsache, die uns beim Gebrauch einer fremden Sprache oft schmerzlich zu Bewußtsein kommt: daher die populäre Meinung, man müsse sich so lange in ihr üben, bis man ›in ihr denken‹ könne). Der Sprechende kann aber sagen, was richtig und was falsch ist; namentlich das letztere: jeder w e i ß , daß man nicht sagen darf: »*ich kommt morgen*« oder »*ich vorschlage, daß . . .*«, jeder k a n n den Fehler verbessern. Daß dieses Wissen faktisch oft unsicher ist, ist hierbei unerheblich; entscheidend ist, daß jedermann davon ausgeht, dieses Wissen zu besitzen und die Frage ›falsch oder richtig?‹ stets als berechtigt und sinnvoll empfindet. Der Sprechende fühlt sich durch diese Frage nicht befremdet; er glaubt sich ihr gegenüber immer ›kompetent‹. Wenn der Sprechende die Regeln, nach welchen er spricht, schon in ihrem W i e nicht beschreiben kann, so kann er erst recht nicht sagen, w a r u m sie so und so beschaffen sind: er kann sie nicht begründen; dazu ist aber selbst der Sprachwissenschaftler, auch der historische, nicht oft in der Lage.

Der Sprechende weiß also, d a ß er spricht und – in gewisser Weise – auch, w i e er spricht, d. h. wie er sprechen m u ß . Es ist nun aber zu beachten, daß dieses Wissen über die Sprache kein bloßes Begleitwissen ist; es läuft nicht nur neben ihm her wie das Hündchen neben dem Herrn. Die Sprache ist nicht eines und das Bewußtsein von ihr ein anderes; anders gesagt: der Mensch hat nicht erstens eine Sprache und zweitens ein Wissen von ihr, das zu ihr als einer schon fertigen nur noch hinzuträte. Das Bewußtsein von der Sprache, das Wissen ›um‹ sie, gehört auf das engste zu ihrer Konstitution und Verfügbarkeit, das Bewußtsein von ihm macht jenes ›Können‹, das die Sprache ist, erst zu einem solchen. Das Eingreifen dieses Bewußtseins in das konkrete ›Funktionieren‹ der Sprache ist natürlich nur im einzelnen zu zeigen. Gerade beim Gegenstand der folgenden Kapitel, beim Wort, bei seinem Inhalt und bei dem Verhältnis zwischen seinem Inhalt und seiner Form, tritt dies Eingreifen des Bewußtseins immer wieder eindeutig und für die betreffenden Erscheinungen konstitutiv hervor. Ganz allgemein ist zu sagen, daß die Sprache und das Bewußtsein, das sich auf sie und ihre einzelnen Elemente richtet, so eng und vielfältig ineinander verwoben sind, daß sie eine überhaupt nur künstlich zu trennende Einheit bilden. Vergleichen wir das Sprechen etwa mit dem Hören, so wird die Besonderheit des Sprechens sogleich klar: ich weiß, daß ich höre und werde mir darin auch meiner selbst bewußt, ich weiß aber nicht, wie dieses Hören zustandekommt; die Bewegungen der

Knöchelchen im Mittelohr werden von keinem Wissen begleitet, geschweige daß ein solches in sie eingriffe. In ganz anderer Weise bin ich, wenn ich spreche, mit meinem Bewußtsein ›dabei‹. S c i o m e l o q u i : davon muß die Sprachbetrachtung jederzeit ausgehen.

Im Gegensatz zu dem ganz der Sache hingegebenen Sprechen, in welchem es sich selbst vergißt, steht das ›literarische‹ Sprechen, das übrigens dem ›dichterischen‹ nicht schlechterdings gleichgestellt werden darf: wir verstehen darunter – ganz allgemein und wertneutral – jedes um sich selbst bemühte Sprechen. Es ist ein Sprechen, das auf den ihm gegenwärtigen Sprachbesitz reflektiert. Die Bewußtheit findet sich hier häufig zu dem gesteigert, was man als ›sprachlichen Narzißmus‹ bezeichnen kann. Es ist dann in der Tat, als ob die Sprache in ihrem Sprechen sich verliebt über ihr Spiegelbild beugte:

»Jusqu'à ce temps charmant je m'étais inconnu,
Et je ne savais pas me chérir et me joindre!«

Und die Sprache kennt auch jene »perte en soi-même«, von der Paul Valéry in demselben Gedicht redet.[67]

In Wirklichkeit ist es natürlich nicht die Sprache, sondern der S p r e - c h e n d e , der in seinem Sprechen sich selbst gefällt, wenn auch jener ›Narzißmus‹ keineswegs in einem banal psychologischen Sinne auf die bloße ›Eigenliebe‹ reduziert werden kann. Die Erscheinung findet sich auch im alltäglichen Umgang: wir sagen von jemandem, er »mache Worte«, oder er »höre sich gerne reden«, wobei besonders die letztere Wendung das hier Vorliegende präzis bezeichnet: das Sprechen hört sich selber zu. Daß dieses Sichselberzuhören nicht nur literarische Beweggründe hat, sondern – gerade um der beredeten Sache willen – oft unabdingbar ist, braucht nicht hervorgehoben zu werden; mit dem bekannten Ratschlag des älteren Cato »rem tene, verba sequentur« ist es ja nicht getan.[68] Es ist ja nicht die Sprache, sondern es ist der Mensch, der spricht, und zwar immer ü b e r e t w a s spricht: er kann nicht einfach, indem er ihr ›entspricht‹, die Sprache sprechen lassen.[69]

---

[67] Fragments du Narcisse.
[68] Eigentümlicherweise sagt W. Porzig, diese Anweisung gelte »in der Tat für jeden, der spricht« (Das Wunder der Sprache, S. 166). Zweifellos unterschätzt dieser Autor die Bedeutung der Sprachbewußtheit ganz erheblich.
[69] Vgl. K. Löwith: »Wer irgendetwas in irgendeiner Wissenschaft entdeckt...., entdeckt es nicht dadurch, daß er die Sprache für sich selber sprechen und für uns denken läßt, sich also ganz und gar auf sie verläßt. Wenn es wirklich so wäre, wie Heidegger einmal gegenüber dem Vorwurf, er spiele mit der Sprache, gesagt hat, daß man nicht mit ihr spielen könne, weil sie, die Sprache selbst, immer schon mit uns spiele, wenn das wirklich das letzte Wort

Beispiele für diesen sachbezogenen, keineswegs sprachschwelgerischen Rückbezug des Sprechens auf die Sprache finden sich auf Schritt und Tritt. Dieses sich der Sprache als eines Könnens Innewerden und das dabei bewußt hervortretende Wissen von ihr kann in jedem Sprechen jederzeit aufbrechen und hat eine ausdrückliche ›literarische‹ Bemühtheit keineswegs zur Voraussetzung. Es wäre eine höchst interessante, wenn auch weitläufige und schwierige Aufgabe, so etwas wie eine Phänomenologie des Sprechens unter diesem Gesichtspunkt in systematischer Weise durchzuführen.

Jenes Wissen um ihr Können weist bei den einzelnen Individuen, die an einer Sprache teilhaben, große Unterschiede des Grades auf. Unterschiedlich ist es namentlich im Grad seiner Explizitheit: es kann mehr oder weniger rein implizit, aber auch außerordentlich explizit sein; stets aber bleibt es, sofern es nicht in wissenschaftlicher Abständigkeit gewonnen ist, ›naiv‹. Zu den naiven Sprachteilhabern müssen so nicht nur diejenigen gezählt werden, die über ihren schlichten Tagesbedarf hinaus sprachlich nicht gebildet sind und ohne literarischen Ehrgeiz sprechen, sondern gerade auch die sprachlich hochkultivierten und hochempfindlichen Sprecher, in gleicher Weise auch die sprachschöpferischen, »sprachmächtigen« Menschen, Schriftsteller und Dichter also, die sich oft in äußerster Gespanntheit des Bewußtseins mit dem, was sie zu sagen sich mühen, der Sprache anvertrauen.

Für diese höchst explizite, gleichwohl ›naive‹ Sprachbewußtheit ein Beispiel. In einem Essay über Adalbert von Chamisso bemerkt Thomas Mann, schon vor Chamisso, dessen Muttersprache das Französische – nicht das Deutsche – war, habe es Männer gegeben, die sich eine fremde Sprache angeeignet und schließlich dahin gelangten, »gehörig, ja elegant« mit ihr umzugehen: »Aber«, so fährt er fort, »was bedeutet Korrektheit, was Eleganz gegenüber der tiefen Vertrautheit mit den letzten Feinheiten und Heimlichkeiten einer Sprache, jener sublimen Abgefeimtheit in Bezug auf Ton und Bewegung, auf die Reflexwirkung der Wörter untereinander, ihren sinnlichen Geschmack, ihren dynamischen, stilistischen, kuriosen, ironischen, pathetischen Wert, jener Meisterschaft – um in ein Wort zu fassen, was zu analysieren unmöglich ist – auf dem zarten und mächtigen Instrument der Sprache, die den literarischen Künstler macht und deren der Dichter bedarf! Derjenige, dem der Beruf eingeboren ist, dereinst die schöne Literatur seines Volkes zu bereichern, wird sich seine Muttersprache früh auf eine besondere Art angelegen finden. Das Wort,

über die Sprache wäre, dann würde das die Preisgabe eines jeden Versuches sein, sachliche Erkenntnis zu erreichen« (Hegel und die Sprache, S. 278).

das da ist, das allen gehört und das doch ihm in einem innigeren und beglückenderen Sinn als jedem anderen zu gehören scheint, es ist sein erstes Staunen, seine früheste Lust, sein kindischer Stolz, der Gegenstand seiner geheimen und unbelobten Übungen, der Quell seiner vagen und fremdartigen Überlegenheit.«[70]

In diesen schönen Sätzen, in welchen Thomas Mann nicht ohne einen Einschlag schriftstellerischer Selbstgefälligkeit gerade das sehr überzeugend vorführt, was er als »Meisterschaft« bezeichnet, wird treffend jenes höchst explizite, von äußerster Sprachbewußtheit bewirkte und begleitete Wissen über die Sprache – charakteristischerweise ist nur von den Wörtern die Rede – analysiert.[71] Dieses Wissen ist auch im Sinne der kopräsentischen Betrachtung durchaus außer- oder vorwissenschaftlich: jene »vage und fremdartige Überlegenheit«, die den Dichter auf Grund des ihm eigenen Verhältnisses zur Sprache unter den übrigen Sprechern vereinzelt, macht ihn nicht gleichzeitig zum Sprachwissenschaftler. Jedes wissenschaftliche Wissen ist explizit, aber hinsichtlich der Sprache ist darum nicht jedes explizite Wissen auch schon wissenschaftlich. Zum wissenschaftlichen Wissen führt erst jene interesselos interessierte Abständigkeit, jenes kritische Sichheraussetzen, die Weigerung, unter den vorgefundenen Fakten nach ästhetischen oder moralischen Kriterien eine Wahl zu treffen, eine unveränderlich festgehaltene, sich selbst verstehende Methode. Eine solche Haltung scheint ihrerseits das literarisch-schöpferische Verhältnis zur Sprache, wie es Thomas Mann beschreibt, nicht eigentlich aufkommen zu lassen, vielmehr: sie scheint geradezu dessen Abwesenheit zur Voraussetzung zu haben. Ist es überraschend, daß unter den großen Schriftstellern keine Sprachwissenschaftler und unter den Sprachwissenschaftlern keine großen Schriftsteller anzutreffen sind?[72]

Der Dichter steigert in seinem Verhältnis zum Wort, das – wie ausdrücklich hervorgehoben – »da ist und allen gehört«, ein Wissen, das auch beim undichterischen Sprachteilhaber, wenn auch in einem minderen Grade, vorhanden ist. Im Sinne seiner Künstler-Bürger-Thematik hat

---

[70] Adel des Geistes. Sechzehn Versuche zum Problem der Humanität, Stockholm 1948, S. 32.
[71] Die autobiographische Tönung der Stelle ist offensichtlich. Der Aufsatz stammt aus dem Jahr 1911.
[72] Der Conde de la Viñaza sagt über den bedeutenden Sprachforscher Mayáns y Siscar: »Mayáns no escribió el castellano con estilo propio, cosa que acostumbra a suceder a los hombres de mucha lectura« (Biblioteca histórica de la filología castellana, Madrid 1893, Sp. 96). Tatsächlich ist nicht die Quantität der Lektüre, sondern deren Art und Weise dafür verantwortlich: gewiß hat Thomas Mann ungleich ›mehr‹ gelesen als Wilhelm Meyer-Lübke.

Thomas Mann diesen Unterschied ein wenig überbetont. Läge beiden nicht grundsätzlich ›dasselbe‹ vor, so fände der Dichter keine Resonanz und hätte kein Publikum. Dieses fühlt sich häufig gerade durch die ›Form‹, in welcher der Dichter seine ›Inhalte‹ bringt, ›dichterisch‹ angesprochen; Heine:

»Und als ich euch meine Schmerzen geklagt,
da habt ihr gegähnt und nichts gesagt;
doch als ich sie zierlich in Verse gebracht,
da habt ihr mir große Elogen gemacht. –«

Das dichterische Sprechen wächst also in einem Übergang, der auf unmerklicher, bruchloser Steigerung beruht, aus dem alltäglichen heraus. Das Wissen, auf dem es gründet, unterscheidet sich nicht prinzipiell von dem, das an sich bereits zum Sprachleben gehört; es kann daher nur der Gegenstand, nicht das Ergebnis sprachwissenschaftlicher Erörterung sein. Das Wissen des Dichters von der Sprache ist nur eine radikalisierte Ausprägung des für die Sprache als Sprache konstitutiven Wissens von ihr.[73]

Wir bemerkten, daß Thomas Mann bei der Kennzeichnung der dichterischen Sprachbewußtheit nur von den Wörtern, nicht aber von den ›Regeln‹ der Grammatik spricht. In der Tat besteht zwischen diesen beiden Grundelementen des Sprachbestandes hinsichtlich des Bewußtseins ein bemerkenswerter Unterschied. Der Sprechende ist sich der Wörter bewußt. Er kennt, er ›kann‹ die Wörter, d. h. er weiß, was sie intendieren. Ihre Inhalte sind Erlebnisse des Bewußtseins: als solche sind sie ihm ›unmittelbar gegeben‹. Alle Inhaltsbeschreibungen, auch die sprachwissenschaftlichen, sind gegenüber dem, was dieser Inhalt im konkreten Vollzug des Sprechens ist, hilflose Approximationen. Der Sprechende weiß, was *la maison, la pierre, la lune* bedeuten, ohne daß er ihre Inhalte genau und vollständig zu definieren vermöchte; auf dieses eigentümliche Wissen, das zugleich ein Nicht-Wissen ist, werden wir, wenn wir vom Inhalt des

---

[73] Weil das literarische Sprechen ›nur‹ eine Steigerung, eine Explizierung dessen ist, was in einer Sprache überhaupt wirksam ist, verdient es ein weit nachdrücklicheres Interesse als das, welches ihm die Sprachwissenschaft entgegenzubringen pflegt. Auch wäre es für die Sprachwissenschaft, gerade insofern sie wissenschaftlich zu sein strebt, von großem Vorteil, wenn in ihren Vertretern wenigstens ansatzweise etwas von dem durch Thomas Mann beschriebenen Verhältnis zum Wort, zur Sprache überhaupt, lebendig wäre und sich in ihre gelehrten Werke hineinzuretten vermöchte. Die Sprachwissenschaft sollte – im Sinne der adaequatio ad rem – ›musischer‹ werden. Die Arbeit des Sprachwissenschaftlers kann nur dann im vollen Sinne fruchtbar werden, wenn er von der Sprachhaltung des Liebhabers, des Dichters, in sich selbst etwas verspürt. Kritische Distanz, wissenschaftliche Strenge braucht ein solches commercium nicht auszuschließen.

Wortes sprechen, zurückkommen müssen. Mehr oder weniger unbewußt sind dem Sprechenden hinsichtlich ihres W i e , wie oft auch ihres D a ß , die ›Regeln‹ der Syntax und der Morphologie. Sie sind keine Bewußtseinserlebnisse, jedenfalls nicht im gleichen Sinne wie die Wörter.

Nehmen wir den Konjunktiv; hier gibt es faktisch vier Möglichkeiten: er muß stehen; er steht, brauchte aber nicht zu stehen; er steht nicht, könnte aber stehen; er darf nicht stehen (interessanter als die erste und die vierte sind die zweite und die dritte dieser Möglichkeiten: aus den grammatikalisch nicht fixierten Setzungen könnte das ›Wesen‹ des Konjunktivs, wenn es dies gibt, am ehesten hervortreten). Der Sprechende weiß nicht, nach welchen Kriterien, d. h. w i e er hier unterscheidet, obwohl er sich ja unentwegt entscheidet, ob Konjunktiv oder nicht; ja, er weiß vielleicht nicht einmal, d a ß er sich hier entscheidet und d a ß er unterscheidet. Ähnlich verhält es sich etwa mit der Adjektivflexion im Deutschen: *der grüne Baum, ein grüner Baum, der Baum ist grün;* dasselbe Adjektiv, auf dasselbe Substantiv bezogen, erscheint in drei verschiedenen Formen. Auch hier weiß der Sprechende weder w a r u m , noch w i e , noch auch nur d a ß er unterscheidet. Sofort aber weiß er, daß *der grüner Baum* nicht richtig ist. Es ist also klar, daß er etwas weiß; was er aber weiß, weiß er nicht. Sein Wissen ist ›unbewußt‹: nescio me scire.

Es zeigt sich hier ein eigentümlicher Gegensatz: was dem Bewußtsein bewußt ist, die Wortinhalte, kann letztlich nicht beschrieben werden; was aber dem Bewußtsein unbewußt ist, die Regeln, läßt sich einigermaßen klar umreißen, wenn auch nicht immer begründen. Wir wollen diese Beobachtung nicht vertiefen und für den Augenblick lediglich festhalten: eine Erscheinung wie der Konjunktiv ist als sprachliches Element hinsichtlich seiner ›Seinsweise‹ im Bewußtsein recht verschieden von einem Inhalt wie *la maison.* Das Wort ist dasjenige Element, das ausgreift auf die Dinge; im Wort ist in der Sprache das Ding ›da‹, im Konjunktiv nicht.

»Während die Sprache unser Bewußtsein hell werden läßt, geschieht sie selber unbewußt... während wir Sachen zugewandt sind, wird die Sprache, ohne an sie zu denken, mithervorgebracht.« Diese Bemerkung von Karl Jaspers ist in ihrer pauschalen Form gewiß unzutreffend.[74] Weder wird das Bewußtsein durch die Sprache schlechterdings »hell«, noch »geschieht« sie schlechterdings »unbewußt«. Das Sprechen verläuft zwar hinsichtlich der Artikulation, der Bewegungen des Kehlkopfes, der Lippen, der Zunge usw. automatisch, es ist aber hinsichtlich seiner Sprachlichkeit nicht einfach »unbewußt«. Eine der Grundtatsachen des Sprechens ist die Pluralität der jeweils verfügbaren Ausdrucksmittel; dasselbe kann

---

[74] Die Sprache, S. 13.

auf mehrere Weisen gesagt werden: zwischen diesen ist zu wählen. Wenn auch die Situation der Wahl, in der der Sprechende sich faktisch unausgesetzt befindet, diesem meist nicht zu Bewußtsein kommt, so kann sie doch, nicht nur im ›literarischen‹ Sprechen, jederzeit und oft in großer Schärfe bewußt werden. Allein die Tatsache, daß wir uns gelegentlich ›falsch ausdrücken‹, sorgt dafür.[75] Auf der anderen Seite ist aber zuzugeben, daß das Sprechen tatsächlich weithin »unbewußt« erfolgt. Der Begriff des Bewußtseins ist also dergestalt zu fassen, daß er auch, was am Sprechen nicht bewußt oder doch sehr häufig nicht bewußt ist, umgreift.

Nun ist es unbestreitbar, daß dem Bewußtsein in jedem Augenblick nur eine relativ geringe Zahl von Inhalten im eigentlichen Sinne präsent sind. Es handelt sich hierbei um eine Erscheinung, auf die bereits Leibniz hingewiesen hat und die die Psychologie unter dem Titel »Enge des Bewußtseins« thematisiert (der Ausdruck stammt von Herbart).[76] Auch Freud hebt hervor, »daß das Bewußtsein in jedem Moment nur einen geringen Inhalt umfaßt, so daß der größte Teil dessen, was wir bewußte Kenntnis heißen, sich ohnedies über die längsten Zeiten im Zustand der Latenz, also in einem Zustand von psychischer Unbewußtheit, befinden muß«.[77]

Es war die Grundentdeckung Freuds, daß nicht alles, was in der Seele vor sich geht, dem Bewußtsein bekannt werden muß, ja daß der größte und in gewisser Hinsicht bedeutsamste Teil des Psychischen vom Bewußtsein nicht ergriffen wird. Damit war die naive und anmaßende Gleichstellung von ›psychisch‹ und ›bewußt‹, auf der die ältere Schulpsychologie, eine bloße Bewußtseinspsychologie, beruhte, abgetan. Freud stellt dem Bewußten das »Unbewußte« gegenüber, das er in seiner späteren Zeit als »Es« bezeichnet:[78] »sein Inhalt ist alles, was ererbt, bei Geburt mitgebracht,

---

[75] Vgl. H.-M. Gauger, Französische Synonymik, S. 208–218. Bereits ganz alltägliche Wendungen wie die folgenden weisen darauf hin: »wenn ich so sagen darf«, »ich weiß nicht recht, wie ich es sagen soll«, »so kann man nicht sagen«, »wenn Sie den Ausdruck gestatten«, »ich habe mich ungeschickt ausgedrückt« usw.

[76] Vgl. den Artikel »Aufmerksamkeit« bei P. Hofstätter, Psychologie, S. 33–39 (hier das Zitat aus Leibnizens »Nouveaux essais sur l'entendement humain«).

[77] Das Unbewußte, S. 8. Vgl.: »das Bewußtsein ist eine flüchtige Qualität, die einem psychischen Vorgang nur vorübergehend anhaftet« (Freud, Der Mann Moses und die monotheistische Religion, Frankfurt 1964, S.125). William James sagt bezüglich der latent bewußten Inhalte, sie stünden am »Rande des Bewußtseins« (vgl. Lawrence S. Kubie, Neurotische Deformationen des schöpferischen Prozesses, Hamburg 1966, S. 23).

[78] Den Ausdruck »Unterbewußtsein« lehnt Freud ausdrücklich »als inkorrekt und irreführend« ab (Das Unbewußte, S. 11). Vgl. Das Ich und das Es (1923), Bd. XIII der Ges. Werke.

konstitutionell festgelegt ist, vor allem also die aus der Körperorganisation stammenden Triebe, die hier einen ersten uns in seinen Formen unbekannten psychischen Ausdruck finden«.[79]

Die Schwierigkeit der Unterscheidung zwischen ›Bewußtem‹ und ›Unbewußtem‹ liegt, wie Freud selbst oft hervorgehoben hat, darin, daß die Wörter ›bewußt‹ und ›unbewußt‹ in verschiedenem Sinne gebraucht werden müssen: sie werden einmal deskriptiv oder phänomenologisch verwendet und kennzeichnen dann bestimmte Akte als ›bewußt‹ oder ›unbewußt‹; zum anderen haben sie aber auch eine systematische Verwendung und weisen dann einen Akt im Sinne der seelischen Topik einem bestimmten »System« (auch »Provinz«, »Bezirk«, »Instanz«) der Seele zu. Diese Zweideutigkeit ist unvermeidlich, weil einerseits die Systeme ohne Beziehung auf die Bewußtheit nicht unterschieden werden können (»die Eigenschaft bewußt oder nicht [ist] die einzige Leuchte im Dunkel der Tiefenpsychologie«[80] und: »die Bewußtheit [ist] der einzige uns unmittelbar gegebene Charakter der psychischen Vorgänge«[81]), andererseits ist dieses Kriterium zur Unterscheidung der Systeme »in keiner Weise« geeignet (»In dem Maße als wir uns zu einer metapsychologischen Betrachtung des Seelenlebens durchringen wollen, müssen wir lernen, uns von der Bedeutung des Symptoms ›Bewußtheit‹ zu emanzipieren«[82]).

In deskriptiver Hinsicht sind demnach zwei Arten von ›Unbewußtem‹ zu unterscheiden: erstens das latent Bewußte, also Elemente, die bewußt sein können, es aber nicht zu sein brauchen, zweitens: das Unbewußte im systematischen Sinne. Das deskriptiv als latent Bewußtes Festgehaltene weist Freud schließlich einem besonderen System innerhalb seiner seelischen Topik zu, dem sogenannten Vorbewußten. Dessen Inhalte zeichnen sich dadurch aus, daß sie prinzipiell »bewußtseinsfähig« sind (diesen Ausdruck übernimmt er von Josef Breuer), d. h. sie können »ohne besonderen Widerstand beim Zutreffen gewisser Bedingungen Objekt des Bewußtseins werden«.[83] Unter diesen Elementen sind also auch solche, die

---

[79] Abriß der Psychoanalyse, S. 7. Das »Es« ist also für Freud »nach dem Somatischen hin offen«.
[80] Ges. Werke, XIII, S. 245.
[81] Das Unbewußte, S. 30.
[82] ibid., S. 30. Es ist klar, daß der Begriff der ›Topik‹ hier nicht in einem anatomischen Sinne zu nehmen ist. Jedenfalls ist darüber in diesen Überlegungen nichts ausgesagt. In einer späten Arbeit sagt Freud, daß der »besondere Wert« der topischen Einteilung darin liege, daß sie »gleichzeitig genetisch ist« (Der Mann Moses, S. 125).
[83] Das Unbewußte, S. 13. Vgl. auch: »rein deskriptiv ist auch das Vorbewußte unbewußt, aber wir bezeichnen es nicht so, außer in lockerer Darstellung, oder wenn wir die Existenz unbewußter Vorgänge überhaupt im Seelenleben

faktisch nicht ins Bewußtsein treten; entscheidend ist, daß sie es könnten. Die Qualität, durch welche die Bewußtseinsfähigkeit eines Inhaltes bedingt, ist für Freud, wie bereits hervorgehoben, seine worthafte Besetztheit.[84] Wir haben somit drei psychische Systeme: das Unbewußte, das durch eine strenge »Zensur« abgeriegelt ist, das Vorbewußte, das Bewußte.[85]

Wenn wir nun fragen, welches dieser drei Systeme für den Ort der Sprache in Frage komme, so ist, nach dem Gesagten, die Antwort unzweifelhaft: die Sprache gehört »topisch« dem System des Vorbewußten, des faktisch weithin Unbewußten, doch prinzipiell Bewußtseinsfähigen, also nicht Verdrängten, zu. Natürlich ist durch eine solche Zuweisung noch nicht allzuviel gesagt. Es muß aber unser Interesse erregen zu erfahren, daß die wissenschaftliche Seelenkunde unter den psychischen Akten nicht nur bewußte und unbewußte unterscheidet, sondern auch solche kennt, die in einem deskriptiven Sinne weder das eine noch das andere sind. Als weder eigentlich unbewußt noch eigentlich bewußt erschien uns gerade der Sprachbesitz und die beim Sprechen hinsichtlich dessen Sprachlichkeit beteiligten Vorgänge.

In jener dritten, zwischen dem Bewußten und dem Unbewußten liegenden »Provinz« ist die Sprache und sind wir in ihr ›zu Hause‹. Hier ist der ›Besitz‹, den sie darstellt, gespeichert. Hier liegen die Wörter

---

zu verteidigen haben« (Ges. Werke, XV, S. 77f.). Über die Unterschiede zwischen »bewußt«, »vorbewußt«, »unbewußt« äußert sich Freud noch sehr spät außerordentlich vorsichtig: »Wir sagen uns, was eine bewußte Vorstellung von einer vorbewußten, diese von einer unbewußten unterscheidet, kann nichts anderes sein als eine Modifikation, vielleicht auch eine andere Verteilung der psychischen Energie. Wir sprechen von Besetzungen und Überbesetzungen, aber darüber hinaus fehlt uns jede Kenntnis und sogar jeder Ansatz zu einer brauchbaren Arbeitshypothese« (Der Mann Moses, S. 127).

[84] Vgl. G. Bally, Einführung, S. 84ff.
[85] Eine »Zensur«, freilich anderer Art, nimmt Freud auch zwischen dem Vorbewußten und dem Bewußten an (Das Unbewußte, S. 30f.). Im übrigen dringt das Unbewußte durch »Abkömmlinge« in das Vorbewußte ein; diese »Systeme« sind überhaupt nicht reinlich zu scheiden: sie stehen untereinander in lebhaftem, hin und wider gehenden Verkehr. Noch komplizierter werden die Verhältnisse dadurch, daß auch im Ich unbewußte Elemente enthalten sind, die nämlich des sogenannten »Über-Ichs«, des »Trägers des Ich-Ideals«: dieses ist sozusagen in das »Es« eingetaucht und zu einem Teil unbewußt (vgl. Ges. Werke, XIII, S. 243f.). Mit Recht sagt Freud (was auch für die Sprachwissenschaft gilt) zu dieser Komplikation: »wir werden geltend machen, daß wir keine andere Aufgabe haben, als die Ergebnisse der Beobachtung in Theorie umzusetzen, und die Verpflichtung von uns weisen, auf den ersten Anlauf eine glatte und durch Einfachheit sich empfehlende Theorie zu erreichen« (Das Unbewußte, S. 28).

›irgendwie‹ bereit und hier sind auch die grammatischen Regeln, nach denen die Wörter im Sprechen erscheinen, ›in irgendeiner Form‹ niedergeschrieben. Wie diese ›Niederschrift‹ vorzustellen sei, ist schwer zu sagen. Unabweisbar aber ist, d a ß es in diesem »System« eine Anlage geben muß, die uns erlaubt, einen beliebigen vorgelegten Satz als ›korrekt‹ zu beurteilen, die es uns ermöglicht, einen korrekten, gleichwohl vollkommen neuen, nie gehörten Satz zu bilden. Es ist ja zu beachten, daß die ›Grammatikalität‹ eines Satzes eine von seiner Sachintention, seiner Aussage, absolut unabhängige Eigenschaft ist. Auch inhaltlich sinnlose Sätze werden als sprachlich richtig empfunden, zum Beispiel – um den schon gebildeten einen neuen hinzuzufügen – der folgende: »Nicht ungefährlich wölkte, als der Jammer sich scharf, aber undeutlich, entringelte, eine bestürzende Blüte in die Nachtentsagung langsamer Stäbe hinein.«

In der Provinz des Vorbewußten findet gewöhnlich die Wahl der Wörter statt, die danach durch eine bewußte Prüfung korrigiert oder bestätigt werden kann. Hier gelangen auch, beim Sprechen, die eigentümlichen ›Niederschriften‹ der grammatischen ›Regeln‹ zur Anwendung, wobei diese Anwendung, und besonders die Wortwahl, natürlich auch durch das Unbewußte gesteuert werden kann: so bei dem berühmten »aufstoßenden« Assistenten (»Ich fordere Sie auf, auf das Wohl unseres Chefs aufzustoßen«), der, nach der Fehlleistung befragt, so überraschend grob reagiert.[86] Doch sind derartige Störungen nicht unmittelbar von sprachwissenschaftlichem Interesse.

Die Bedeutung des Vorbewußten für die ›Kreativität‹ hat neuerdings Lawrence S. Kubie unterstrichen: »die vorbewußten Vorgänge sind die Siebenmeilenstiefel der intuitiven schöpferischen Funktion«; »schöpferisch ist, wer sich – heute noch recht zufällig – die Fähigkeit bewahrt hat, über seine vorbewußten Funktionen freier zu verfügen als andere, die im Grunde genau so begabt sein mögen«.[87] Die außerordentliche Bedeutung

---

[86] S. Freud, Ges. Werke XI (Vorlesungen zur Einführung in die Psychoanalyse), S. 36 und 43. Vgl. auch: Zur Psychopathologie des Alltagslebens, Ges. Werke IV, und: R. Mehringer und C. Mayer, Versprechen und Verlesen, Berlin 1885, und: Aus dem Leben der Sprache, Berlin 1908. Merkwürdigerweise hält W. Porzig wohl Mehringer und Mayer, nicht aber Freud für erwähnenswert (Das Wunder der Sprache, S. 164ff.). Vgl. auch F. Kainz, Psychologie der Sprache IV, Stuttgart 1956, S. 394ff.

[87] Neurotische Deformationen des schöpferischen Prozesses, S. 31, 40. Kubies Anliegen ist es, dem Künstler, dem Wissenschaftler die angeblich häufige Meinung auszureden, die Neurose müsse, da die Kreativität auf ihr beruhe, gegen den therapeutischen Eingriff geschützt werden. Vermutlich ist der Autor hinsichtlich der »Erziehung zur vorbewußten Freiheit« und ihrer möglichen Ergebnisse allzu optimistisch. – Vgl. K. Jaspers: »Vielleicht geht das Ent-

des Vorbewußten ist, nach Kubie, zugunsten des Unbewußten, in dieser Hinsicht lange verkannt worden.[88] Zwei Charaktere sind es, die, diesem Autor zufolge, das System des Vorbewußten kennzeichnen: einmal die »unglaubliche Geschwindigkeit«, mit welcher hier die Begriffe verarbeitet werden, zum anderen die Tatsache, daß man hier »an viele Dinge gleichzeitig d e n k e n kann«, ja, daß es hier gar nicht möglich ist, »nur an e i n e Sache zu denken«.[89] Gerade diese Eigenschaften sind es, welche offensichtlich für das beim Sprechen stattfindende Auswählen aus einer Mehrzahl von Ausdrucksmitteln vorauszusetzen sind. Die sprachliche Wahl muß in einer blitzschnellen, dabei in der Regel treffsicheren, wortlosen Verarbeitung einer großen Zahl gleichzeitig anwesender Elemente bestehen: sie macht, indem sie eine q u a l i f i z i e r t e Auswahl des ihr Vorgelegenen dem Bewußtsein mitteilt, aus dem Miteinander das vergleichsweise langsame Nacheinander der »bewußten Wortsymbole«, aus welchem die sonore Kette besteht. Natürlich sind beim Sprechen auch die anderen »Systeme« oder »Stufen« beschäftigt, und natürlich kann man sich die Arbeitsweise des Vorbewußten nicht eigentlich ›vorstellen‹.[90] Jedenfalls ist klar, daß das Sprechen und also auch die Sprache, als ›Besitz‹ verstanden, in der Provinz des Vorbewußten siedelt und daß der wissenschaftlichen Sprachbeschreibung somit die Aufgabe zufällt, was die Sprechenden an Sprachlichem in ihrem Sprechen vorbewußt und – zu einem nicht unbeträchtlichen Teil – bewußt vollbringen, systematisch und in wissenschaftlicher Abständigkeit in die »Enge des Bewußtseins« zu heben: wo »Vorbewußtes« war, muß »Bewußtes« werden.

Wir sagten zuvor, das Ziel sei die Erfassung der dem B e w u ß t s e i n kopräsenten Sprachelemente. Ungeachtet der vorstehenden Bemerkungen wollen wir, nachdem sie ausgesprochen sind, bei diesem Ausdruck bleiben. Ohnehin verläuft ja die leicht überschreitbare Grenze zwischen den »Provinzen« des Bewußten und des Vorbewußten unscharf, unschärfer noch als die zwischen dem Vorbewußten und dem Unbewußten.[91] Unter ›Bewußtsein‹ verstehen wir also in einem weiten, lockeren Sinne, was Freud als »Ich«, als eigentliches Ich, bezeichnet: die Einheit von Bewußtem

---

scheidende des Erkennens – der Sprung zum Neuen, der Ansatz, das ursprüngliche, vorwegnehmende Begreifen – im sprachlosen Denken vor sich« (Die Sprache, S. 40).
[88] So etwa bei H. Sachs, The creative unconscious, 2. Aufl., Cambridge (Mass.) 1942–1951.
[89] Neurotische Deformationen, S. 24; der Autor unterstreicht.
[90] Kubie: »Vorbewußte Vorgänge kann man nicht mit alltäglichen, nüchternen Verengungen einer bewußten Sprache umschreiben« (ibid., S. 31).
[91] Vgl. Freud, Der Mann Moses, S. 126.

und Vorbewußtem, jenes wesentlich vorbewußte Ich, das sich zwischen den Forderungen des »Es«, den Ansprüchen des »Über-Ich« und den Erfahrungen mit der »Außenwelt«, unter deren Kontakt es sich konstituierte, seiltänzerisch bewegt.

Wenn eine Sprache im Bewußtsein der Menschen ansässig ist, die diese Sprache sprechen, wenn sie von diesem Bewußtsein her ›lebt‹ und durch dieses Bewußtsein ergriffen ist, dann kann sie auf zwei Weisen beschrieben werden, die grundsätzlich verschieden sind: wir wollen die eine b e w u ß t - s e i n s f r e m d, die andere b e w u ß t s e i n s e i g e n nennen.

Die bewußtseinsfremde Beschreibung setzt sich aus der Sprache heraus. Sie beschreibt sie von einem Standpunkt aus, der nicht derjenige der Sprechenden ist. Sie betrachtet sie von außen her und trägt von außen her ihre Kriterien an sie heran. Die bewußtseinseigene Beschreibung sieht die Sprache von innen (bildlich gesprochen): sie betrachtet sie von der Stelle aus, wo sie selbst sich befindet, sie sieht die Sprache mit den Augen, mit welchen diejenigen sie sehen, für die sie Sprache ist. Sie setzt sich also nicht aus der Sprache heraus, sondern siedelt sich gerade dort an, wo die Sprache in ihrem Sprechen – und nur in ihrem Sprechen ist sie ja, was sie ist – ›lebt‹. Ihr Ziel ist es aufzudecken, wie jenes ›Können‹ beschaffen ist, das beim Sprechen, scheinbar automatisch, zur Anwendung kommt. Dies heißt in negativer Hinsicht, daß sie ihre Thematik auf das dem durchschnittlichen Bewußtsein Vorliegende oder doch prinzipiell Zugängliche reduziert: sie thematisiert nicht, was das Bewußtsein, da es ihm fremd ist, nicht thematisieren kann. Sie tritt, obgleich nicht theoriefeindlich, nicht mit bestimmten Annahmen, ›theoretischen Konstrukten‹, an die Sprache heran; sie behandelt die Elemente, die sie untersucht, nicht so, als wären es Objekte – wie etwa die Möbelstücke eines Zimmers –, die von sich selbst nichts wissen. In positiver Hinsicht heißt dies, daß die bewußtseinseigene Beschreibung a l l e s thematisiert, was das Bewußtsein thematisiert, und daß sie alles s o thematisiert, wie das Bewußtsein selbst es vor ihr und unabhängig von ihr – ›je schon‹ – thematisiert. Sie knüpft an die ›Deutungen‹ an, die im Bewußtsein selbst, hinsichtlich der Sprache, lebendig sind und führt ihre eigenen in der von jenen gewiesenen Richtung weiter. Sie geht also davon aus, daß die Sprechenden das W i e ihres Sprechens – nicht nur dessen Daß – immer schon ein Stück weit, vorwissenschaftlich, ›verstehen‹, und sie sucht, in explizierendem Nachvollzug, sich in dieses Verstehen und eben damit in das Sprechen der Sprache ›einzuleben‹. Da die bewußtseinseigene Sprachbeschreibung sich um die Erkenntnis eines ihr entgegenstehenden Wirklichen bemüht, und da dies Wirkliche – das im Vorbewußten sprachlich Angelegte und sich dort Abspielende – etwas Psychisches ist, geht sie davon aus, daß alles, was in der Beschreibung erscheint, jede einzelne ihrer Unterscheidungen, ein aufweisbares Korrelat im Psychischen haben muß. Sie entnimmt die Kriterien, mit welchen sie ihren Gegenstand beschreibt, diesem Gegenstand selbst.

Hier ist nun eine Klarstellung notwendig. »Was lebt«, sagt Ernst Bloch, »erlebt sich noch nicht.«[92] In der Tat: um sich zu ›erleben‹, muß das Leben aus sich herausgehen, es muß zu sich selbst Distanz gewinnen. Um diese Abständigkeit geht es auch der bewußtseinseigenen Betrachtung: das Erkennen und Beschreiben der Sprache vollzieht sich hier in einem beständigen Hin und Her zwischen ›Innen‹ und ›Außen‹, denn natürlich kann die Sprache nicht rein von ›innen‹ her ergriffen werden: »Alles Innen ist an sich dunkel. Um sich zu sehen..., muß es aus sich heraus. Muß sich herausmachen, damit es überhaupt etwas sehen kann... So merkt sich alles Innen erst über das Außen.«[93] Die Sprache kann aber durch die Abständigkeit, die in jenem (sie kritisch ›erlebenden‹) Sich-Heraussetzen aus ihr gewonnen wird, als das erkannt werden, was sie für sich selber ist.

Mit all dem sagen wir nicht, daß die bewußtseinsfremde Sicht unstatthaft sei. Betrachte ich zum Beispiel die Sprache von der modernen Logik aus und frage: inwieweit lassen sich die Kategorien und Verfahren der Logik in der Sprachbeschreibung verwenden, d. h. inwieweit sind diese Kategorien und Verfahren in der Sprache selbst lebendig, so ergeben sich aus einer korrekten Beantwortung dieser Frage wichtige Elemente für die Erkenntnis dessen, was die Sprache ›leistet‹, was sie ist. Dasselbe gilt etwa auch für die informationstheoretisch orientierte Sprachbeschreibung. Derartige, von außen her kommende Untersuchungen sind nicht nur legitim, sondern außerordentlich wünschenswert. Nur dürfen sie der Sprache nicht gewaltsam – im Sinne eines »tant pis pour les faits« – etwas überzustülpen trachten, worunter sie nicht paßt. Es gibt eine Vielzahl solcher bewußtseinsäußerlicher Fragen, deren Beantwortung für die Erkenntnis dessen, was die Sprache ist, von dem größten Interesse ist: wir nennen nur die Phonetik, die zahlreichen, schon so kundig erörterten Probleme des Sprachwandels, dasjenige des ›Lautgesetzes‹ insbesondere, und die fesselnden, sich aus dem Vergleich von Sprachen ergebenden Bemühungen um eine Sprachtypologie und – neuerdings – um die Erstellung der sprachlichen ›Universalien‹.

Auch bestreiten wir nicht, daß es gelegentlich zweckmäßig sei, beide Betrachtungsweisen, die bewußtseinsfremde und die bewußtseinseigene, bewußt zu kombinieren. Wir wenden uns nur dagegen, daß beide Be-

---

[92] Tübinger Einleitung in die Philosophie I, S. 12.
[93] ibid., S. 11f.

trachtungsweisen, als bestünde zwischen ihnen kein prinzipieller Unterschied, unbedacht vermischt werden, daß also dieser prinzipielle Unterschied nicht anerkannt wird. Für diese so häufig anzutreffende Vermischung beider Standpunkte, für dieses Nichtsehen ihres Unterschiedes nur zwei Beispiele. Über den Wortschatz der Iberoromania sagt Walther von Wartburg: »L'invasion arabe introduit un nombre considérable de nouveaux mots et donne aux parlers ibéroromans une teinte d'exotisme, une teinte orientale, en face des autres parlers romans occidentaux.«[94] Diese Feststellung ist nicht eigentlich bewußtseinsfremd, sie bezieht sich jedoch nicht auf das Bewußtsein der Sprache von sich selbst, sondern auf dasjenige des Sprachwissenschaftlers, des Romanisten, denn selbstverständlich ist der Wortschatz etwa des Spanischen f ü r s i c h s e l b s t keineswegs »exotisch« oder »orientalisch«; er ist so nur für den Romanisten, und dies ist für die Sprache selbst durchaus unerheblich: zwischen dem Spanischen *la almohada*, ›das Kissen‹, und dem französischen *le coussin* besteht, hinsichtlich ihrer Stellung im Bewußtsein der Sprechenden, keinerlei Unterschied. Das Mißliche einer solchen Aussage liegt darin, daß sie einen (wichtigen) bewußtseinsfremden Tatbestand bewußtseinsbezogen interpretiert. Erheblich gravierender ist in diesem Sinne die folgende Äußerung von José Alemany Bolufer über die Wortbildung des Spanischen: »In Wirklichkeit dürften wir als in unserer Sprache abgeleitete Wörter nur solche Wörter betrachten, die sie selbst gebildet hat; so *abaleador*, das von *abalear* abgeleitet ist; ... nicht aber solche, die sie als schon im Lateinischen gebildete empfangen hat, so *creador* von *creatorem*. Aber die Grammatik betrachtet als abgeleitete Wörter alle diejenigen, die in unserer Sprache auch das Stammwort neben sich haben, von dem sie abzuleiten sind, und sie betrachtet das Wort *creador* nur deshalb als abgeleitet, weil die Sprache auch das Verb *crear* enthält. Dieses Verfahren ist, wenngleich nicht wissenschaftlich, immerhin praktisch und das einzige, das diejenigen anzuwenden vermögen, die das Lateinische nicht beherrschen.«[95] Nun setzt Derivation immer

---

[94] L'Articulation linguistique de la Romania, in: VII Congreso internacional de Lingüística Románica, II, Barcelona 1955, S. 36.

[95] »En realidad, sólo debiéramos considerar como voces derivadas en nuestra lengua, las que ella haya formado; como *abaleador*, derivado de *abalear*; ... y no las que ha recibido formadas ya del latín, como *creador*, de *creatorem*. Pero la Gramática considera como tales a todas las que tengan en nuestra lengua el primitivo del que pueden derivarse, y tiene por derivada la voz *creador* sólo porque la lengua tiene el verbo *crear*. Este procedimiento, si no científico, es práctico y el único que pueden adaptar los que ignoren el latín« (J. Alemany Bolufer, Tratado de la formación de palabras en la lengua castellana, Madrid 1920, S. 3).

voraus, daß sie als solche den Sprechenden bewußt ist. Die demnach wissenschaftlich einzig angemessene Sicht gesteht der Autor als einen unwissenschaftlichen, rein praktisch zu rechtfertigenden Notbehelf nur denen zu, die nicht Latein können; das von ihm als ›wissenschaftlich‹ empfohlene Kriterium ist dagegen ein absolut unangemessenes. Daß es im Bereich der Sprachwissenschaft so etwas wie eine ›Befreiung‹ aus dem geschichtlichen Denken gibt, macht diese Bemerkung im übrigen handgreiflich: hier ist tatsächlich unser eigentlicher Gegenstand, die Sprache, nicht erfaßt.[96]

Es ist gewiß keine Übertreibung zu behaupten, daß der Begriff des Sprachbewußtseins in der gegenwärtigen Sprachwissenschaft keine herausragende Rolle spielt: die Bedeutung des Bewußtseins für die Sprache, die Bedeutung des Sprachbewußtseins für die Sprachwissenschaft werden kaum je gewürdigt.[97] Andererseits treten ›bewußtseinseigene‹ Kriterien doch auch immer wieder hervor: in der Tat kann man die Frage stellen, ob eine schlechthin ›bewußtseinsfremde‹ Sprachbeschreibung überhaupt möglich sei. Daß das Sprachbewußtsein in der wissenschaftlichen Betrachtung eine solch geringfügige Rolle spielt, hängt mit der Tatsache zusammen, daß die ›moderne‹ Sprachwissenschaft – nicht anders übrigens als weithin auch die ältere, die ›traditionelle‹ – p o s i t i v i s t i s c h bestimmt ist.

---

[96] Vgl. Paul M. Lloyd über Alemany (und Robert A. Hall Ir.) »an utter confusion of the diachronic and synchronic aspects« (An analytical survey of studies in Romance word-formation, in: Romance Philology, 17 (1964), S. 741). Warum aber ist diese »Verwirrung« unangemessen?

[97] Eine Ausnahme macht hier besonders G. Frey, Sprache – Ausdruck des Bewußtseins, Stuttgart 1965, und derselbe, Die Mathematisierung unserer Welt, Stuttgart 1967, S. 121ff. Auch E. Coseriu hat mehrfach auf die Bedeutung des Sprachbewußtseins hingewiesen; so: »El ›sentimiento‹ que el hablante tiene acerca de su lengua, mejor dicho, el s a b e r t é c n i c o, ha de tenerse en cuenta naturalmente; más aún: es, en último análisis, el objeto propio de la investigación« (Sobre las llamadas ›construcciones con verbos de movimiento‹: un problema hispánico, Montevideo 1962, S. 6); vgl. auch Coseriu, Sincronía, S. 32–34. Mit dem (sehr allgemein gehaltenen) Aufsatz von A. Mirambel, Sur la notion de »conscience linguistique«, in: Journal de psychologie normale et pathologique, LV (1958), S. 266–301, setzen wir uns nicht auseinander: er trägt zu dem, was wir unter ›bewußtseinseigener‹ Betrachtung verstehen, kaum etwas bei. Für Mirambel ist »conscience linguistique«: »le sentiment qu'ont de leur propre langue ceux qui la parlent« (S. 276). Mit Recht hebt er »la participation directe du sujet parlant à la langue« hervor (S. 279) und, noch schärfer: »l'inclusion du sujet dans l'objet qui est le propre de la conscience linguistique« (S. 297). Auch das weitgespannte, imponierende Werk von B. Liebrucks, Sprache und Bewußtsein, Frankfurt 1964ff., lassen wir hier beiseite.

Eine Auseinandersetzung mit dem Positivismus in der Sprachwissenschaft, so dringend sie wäre, würde hier gewiß zu weit führen. Wir wollen uns begnügen mit einem Hinweis auf das Buch von Walter Schulz über Ludwig Wittgenstein, dessen Inhalt für diesen Zusammenhang unmittelbar von Interesse ist.[98] Schulz sucht hier (im dritten Kapitel) die Einheit aufzuzeigen, die, bei allen bedeutsamen Unterschieden im einzelnen, die folgenden Richtungen verbindet: den frühen Positivismus des ›Wiener Kreises‹; den behavioristisch orientierten Strukturalismus der Schule Bloomfields, die Sprachanalyse des ›logischen Empirismus‹, also die Schule um Carnap und Reichenbach; die Sprachanalyse des frühen wie auch des späten Wittgenstein; die strukturalistische, sich insbesondere auf die Linguistik der ›Prager Schule‹ berufende Anthropologie von Lévi-Strauss; schließlich die Sprachtheorie der transformationellen Grammatik Chomskys und seiner auseinanderstrebenden Schule. Alle diese Richtungen gehen davon aus, daß die Sprache, wie Schulz formuliert, »eine systematische Ordnung darstellt, die in sich auslegbar und deutbar ist ohne Rückgriff auf eine sich verstehende Subjektivität«.[99] An die Stelle dieser Subjektivität tritt ein »Subjekt, das sprachliche Zeichen verwendet im Sinne eines habituellen Reaktionsverhaltens, ein Verhalten, das von außen her, also nicht durch ein verstehendes Mitgehen von innen her, beobachtet und beschrieben wird«.[100] Dementsprechend wird der »welthafte Bezug« der Sprache, ihre Intentionalität, nicht oder allenfalls am Rande thematisiert. In anderen Worten: alle jene Richtungen sind durch den positivistischen Ansatz bestimmt. Dieser Ansatz ist gekennzeichnet durch die »Absolutsetzung des ›Objektiven‹«: der Gegenstand wird also ›absolut‹, als reflexionslos in sich selber ruhend oder funktionierend angenommen: »daß wir Reflexion vermeiden«, sagt Jürgen Habermas, »ist der Positivismus«.[101] Der Positivismus ist also gekennzeichnet durch die »Negation der sich verstehenden Subjektivität«,[102] sei es, daß diese als Fiktion deklariert wird – so von Russell, so von Wittgenstein –, sei es, daß sie als etwas Unwichtiges, bloß Verwirrung Stiftendes beiseite geschoben wird. Schulz geht es in seinem Buch um die Philosophie: die »Negation der Philosophie« durch Wittgenstein tendiere »auf eine

---

[98] W. Schulz, Wittgenstein. Die Negation der Philosophie, Pfullingen 1967.
[99] ibid., S. 91.
[100] ibid., S. 93.
[101] J. Habermas, Erkenntnis und Interesse, Frankfurt 1968, S. 9. Dies Buch bringt eine Vorgeschichte des Positivismus und eine Auseinandersetzung mit diesem; höchst bedeutsam sind die Ausführungen über Freud, dessen Verfahren Habermas dem Positivsmus entgegenstellt.
[102] W. Schulz, Wittgenstein, S. 104f.

Destruktion des Grundgedankens, von dem die abendländische Philosophie von Sokrates bis zu Sartre ausgeht, daß der Mensch w e i ß, daß er nach sich und der Welt fragend auf sich und die Welt hin zu handeln vermag«.[103]

Der Sprachwissenschaftler wird hier anknüpfen und fragen: wie steht es mit der Sprache, mit der Sprache des Menschen, die ihm dies Fragen nach der Welt und nach sich selbst, dies Handeln auf die Welt und auf sich selbst hin erst ermöglicht? Ist sie tatsächlich ein reflexionslos funktionierendes System von Regeln? Ein »finiter Mechanismus«, wie auch gerade Chomsky sagt, der einen »infiniten Ausstoß« von Sätzen generiert? Kann ich meine Sprache wirklich beschreiben, als wär's kein Stück von mir?[104]

Die positivistisch orientierte Sprachbeschreibung kann, da sie ihrem Gegenstand unangemessen ist, nicht zum Ziel führen. Damit ist nicht gesagt, daß sie schlechthin zu nichts führe: sie hat bemerkenswerte Ergebnisse erbracht und wird gewiß weitere erbringen. Wir behaupten aber, daß die positivistisch voreingenommene Sprachbeschreibung die W i r k l i c h k e i t der Sprache nicht erreichen und daher nicht zu eigentlich interessanten Ergebnissen gelangen kann: ihre Ergebnisse sind – im besten Falle – bloß ›exakt‹. Die Sprache muß insgesamt als ein »Pour-soi«, als ein zu sich selbst Verhaltendes, begriffen werden. Sie ist nicht wie ein Stein, der – seines Seins nicht bewußt – irgendwo liegt. Sie ist aber auch nicht wie eine äußerst komplizierte Maschine, die nur eben ›funktioniert‹ und dabei einen bestimmten ›Ausstoß‹ hat. Sie ist ebensowenig eine Maschine, ein Automat, wie das Bewußtsein selbst, welches ihr Leben verleiht und welches sich umgekehrt mit Hilfe der ihm vorgesprochenen Sprache konstituiert.

In einem Werk über Kybernetik lesen wir: »Es ist für einen Ingenieur erstaunlich, welche Fähigkeiten die Natur in das Litervolumen des menschlichen Schädels packen konnte. Gemessen an der Zahl der Schaltelemente ist das menschliche Gehirn den größten gegenwärtig existierenden Computern weit überlegen.«[105] Der Unterschied zwischen Mensch und Maschine ist aber keineswegs ein ausschließlich und vornehmlich

---

[103] ibid., S. 106.
[104] Vgl. E. A. Nida: »It would be excellent if he (der Linguist) could adopt a completely man-from-Mars attitude toward any language he analyzes and describes. None of us, however, can completely dissociate himself from the knowledge of languages he has already acquired or from the apparatus which has been used to describe the grammar of such languages« (Morphology. The descriptive analysis of words, Ann Arbor 1962, S. 1).
[105] K. Steinbuch, Automat und Mensch. Kybernetische Tatsachen und Hypothesen, 3. Aufl. 1965, S. 23.

quantitativer; er beruht nicht auf der größeren oder geringeren »Zahl der Schaltelemente«; er ist zuerst und vor allem qualitativ. Daher erscheint es nicht nur ›beim gegenwärtigen Stand der Technik‹, sondern überhaupt als schlechterdings unvorstellbar, diesen (qualitativ) ungeheuren Unterschied aufzuheben. Die komplizierteste, gewaltigste Maschine kann nicht zu jenem unfaßbar einfachen, ›selbstverständlichen‹ Erlebnis kommen, welches das Wort ›Ich‹ umschreibt. Dies Erlebnis ist ja erst die Bedingung aller spezifisch ›menschlichen‹ Phänomene: also etwa Freiheit, Schuld, Angst, Liebe, Selbstvernichtung, Freude, Schönheit, Wahrheit, Wissenschaft. Jene Maschine ist, trotz ihrer ›Schaltelemente‹, dem Stein ungleich näher als dem Menschen, ungleich näher sogar als dem Pferd oder der Ratte. Sie ›weiß‹ nichts von sich selbst; sie kann sich selbst nicht ›verstehen‹. Zu sagen, daß Maschinen ›denken‹, daß sie ›lesen‹, ›lernen‹, ›verstehen‹ können, ist nur in einem übertragenen Sinne vertretbar, und man sollte, ernsthafterweise, den metaphorischen Charakter solcher (vielleicht unvermeidbarer) Aussagen unzweideutig herausstellen: was mit Hilfe dieser Maschinen bewerkstelligt wird, ist phantastisch genug als daß es solch irreführenden Aufputzes noch bedürfte.[106]

Ein konstitutiver Bestandteil des menschlichen Bewußtseins ist die Sprache. Das ›Können‹, welches diese ist, ist etwas, das sich ichhaft ergriffen hat, und gerade nur dadurch i s t sie: erst das im Bewußtsein von ihr lebendige Wissen über sie macht sie zu dem, was sie in Wirklichkeit ist.[107]

Was hier auf dem Spiel steht, ist nichts anderes und geringeres als die M e n s c h l i c h k e i t d e r S p r a c h e. Wir meinen diese Wendung in einem ganz schlichten und unpathetischen Sinn: es geht nicht um irgendeinen ›Humanismus‹, nicht um irgendeinen ›Idealismus‹, nicht um irgendeine

---

[106] Erstaunlich ist der (wenn auch gedämpfte) Optimismus des genannten Autors: »Es wäre für unsere Überlegungen von unschätzbarem Wert, wenn ein technisches System von der Größe und Komplexität (!) des menschlichen Nervensystems ... hergestellt werden könnte. Würde dieses System dann psychische Erlebnisse haben, ein Bewußtsein (!), Gefühle usw.? Dieser Versuch dürfte noch einige Jahrzehnte auf sich warten lassen ... Er ist dann ein ›Experimentum crucis‹ für oder gegen die These der Kybernetik« (ibid., S. 10). Für H.-J. Flechtner dagegen ist es selbstverständlich, daß Maschinen kein »Bewußtsein ihrer selbst« haben (Grundbegriffe der Kybernetik, Stuttgart 1966, S. 88).

[107] Unvermeidlich gerät eine Untersuchung, die davon ausgeht, ins ›Psychologische‹. Dies kann jedoch kein ernsthafter Einwand sein; denn die Sprache ist nun einmal eine Manifestation des Psychischen, und zwar nicht nur eine unter anderen, sondern eine, durch welche die Konstitution des Psychischen selbst Teile bedingt ist.

›Metaphysik‹, es geht einfach darum, daß die Sprachbeschreibung ihren Gegenstand, die Sprache des Menschen, so nimmt, wie dieser wirklich ist, daß sie ihm ›entspricht‹. Die bewußtseinseigene Sprachbetrachtung will wissen was ist; nichts weiter.

Mit dieser Absicht wenden wir uns in den drei folgenden Kapiteln dem Lexikon, dem Wort, als einem der beiden Grundbestandteile der Sprache zu. Wir untersuchen – in bewußtseinseigenem Sinne – den Inhalt des Wortes und seine Form. Zuvor jedoch müssen wir nach dem Begriff des Wortes selbst fragen, denn der heiklen Frage »wie hast du's mit dem Wort?« kann gerade die bewußtseinseigene Untersuchung sich nicht entziehen; im Unterschied zu Gretchen freilich können wir uns – und den Leser – bei unseren Überlegungen und Folgerungen nicht immer durch den Hinweis beruhigen: »Ungefähr sagt das der Pfarrer auch«.

II. Das Wort – Zeichen und Name

Die bewußtseinseigene Betrachtung muß ausgehen von der überall greifbaren W o r t b e w u ß t h e i t des durchschnittlichen Sprechers: das Bewußtsein w e i ß, daß es Wörter gibt; sie sind für das Bewußtsein »diskrete Einheiten«. Es k e n n t die Wörter, die zu seiner Sprache gehören: es k a n n sie aussprechen, und es w e i ß, was sie meinen, ihre Inhalte sind ihm unmittelbar gegeben. Es hat einen allgemeinen Begriff vom Wort und verfügt über ein allgemeines Wissen über seine Natur und Aufgabe, ein Wissen, das im Inhalt des Wortes ›Wort‹, wie es in der Sprache selbst erscheint, hervortritt. Sogleich ist hinzuzufügen, daß das Wissen über das Wort im allgemeinen das Sprechen nicht bloß ›begleitet‹, sondern erst ermöglicht. Freilich können die Sprechenden nach jenem Wissen nicht einfach abgefragt werden, wie gut vorbereitete Kandidaten; sie besitzen es in einer impliziten, begrifflich nicht artikulierten, durchaus aber nicht unsicheren Weise.

Zu Beginn seiner Schrift »Der Wortinhalt« erklärt Ernst Leisi: »Das Wort ist das wichtigste Element der Sprache; weder der Laut noch der Satz sind von so großer Bedeutung. Beobachten wir ein Kind bei seinen ersten Sprechversuchen, so sagen wir dann: ›es spricht‹, wenn es Wörter hervorbringt. Sprechen heißt also in erster Linie: Wörter gebrauchen.«[1] Für die bewußtseinseigene Sicht, die übrigens Leisi an dieser Stelle teilt, ist der Inhalt dieser Feststellung unzweifelhaft: das Lexikon ist der zentrale Bestandteil der Sprache, denn es ist – in gewissem Sinn – für sich selbst schon Sprache: Sprache ist Sprache, insofern sie Wörter hat; als ›Wortsprache‹ unterscheiden wir sie von anderen ›Sprachen‹, die dies nur in einem abgeleiteten Sinne sind.

---

[1] Der Wortinhalt. Seine Struktur im Deutschen und Englischen, 2. Aufl. Heidelberg 1961, S. 7. (Vgl. S. Ullmann: »the word is the central element of the language system« (Principles, S. 46). Über das Wort vgl. K. Togeby, Qu'est – ce qu'un mot? in: Travaux du cercle linguistique de Copenhague, V (1949); F. Hiorth, On defining ›word‹, in: Studia Linguistica, XII (1958); H. Spang-Hanssen, Recent theories on the nature of the language sign, in: Travaux du cercle linguistique de Copenhague, IX (1954); S. Ullmann, Principles, S. 43–138; derselbe, Semantics, S. 36–79.

Dem Bewußtsein erscheint das Wort, nicht die Grammatik, als das sprachliche Grundelement: das Wort ist ihm die Quintessenz der Sprache, so daß es Wort und Sprache einfach gleichsetzt. Stephen Ullman betont: »awareness of words, as distinct from other linguistic units, lies at the very root of man's whole conception of language«.[2] Diese Wortbewußtheit – »naturally... sharpened by literacy« – ist, nach Ullmann, »a psychological fact of considerable importance«.[3] Gewiß ist sie das, sie ist aber auch für die Sprachbeschreibung, nicht nur für die Anthropologie, von größtem Interesse.

Hier zeigt sich die Verschiedenheit unseres Ansatzes. Was das Wort in der Sprache i s t, deckt sich gewiß nicht einfach mit den Vorstellungen, die in den Sprechenden über das Wort lebendig sind; aber diese Vorstellungen haben ihre Wurzel in der tatsächlichen Stellung des Wortes innerhalb der Sprache. So kann sie die Sprachbetrachtung nicht ungestraft beiseite schieben. Wer die Stellung des Wortes im Bewußtsein der Sprechenden – als Sprechender – beschreibt, beschreibt das Wort in der Sprache selbst. Es wäre ein Widersinn, das Wort unabhängig von dem erfassen zu wollen, was es für die Sprechenden ist: das Wort ist, wie die Sprache selbst, per definitionem etwas, das f ü r jemand ist; es ist, was es ist, nur insofern es dies f ü r die Sprechenden ist. Daher kann ein Wort – im Gegensatz zu einem Erkenntnisobjekt der Naturwissenschaft – als »Ding an sich« nicht einmal gedacht, geschweige denn beschrieben werden. Was das Wort für die Sprechenden faktisch i s t, kann von dem nicht völlig verschieden sein, für was sie es halten, für was sie es, um überhaupt sprechen zu können, halten m ü s s e n. Wenn die Sprachbeschreibung von solchen notwendig zum Sprechen gehörenden Vorstellungen über die Sprache ausgeht, versinkt sie nicht im ›Subjektiven‹ und ›Impressionistischen‹, sondern sie tut, vorausgesetzt, daß sie es in rechter Weise tut, das ihrem Gegenstand schlechthin Gemäße.

Die bewußtseinseigene Betrachtung hat also hinsichtlich des Wortes zunächst die Aufgabe, dessen Autonomie und Bewußtseinslebendigkeit, seinen klar ergriffenen Charakter als **sprachliche Grundeinheit** herauszustellen. So wendet sie sich gegen die in neueren Arbeiten nicht selten hervortretende Abwertung des Wortes. In dem Handbuch von Gleason lesen wir: »Vocabulary comes and goes. It is the least stable and even the least characteristic of the three components of language... Vocabulary is... the transient feature of language.«[4]

---

[2] Semantics, S. 39; vgl. O. F. Bollnow, Sprache und Erziehung, S. 137.
[3] Semantics, S. 40.
[4] H. A. Gleason, An Introduction to descriptive linguistics, Revised edition,

Diese Aussage – sie ist auch im historischen Sinne problematisch – ist für die Kopräsenz durchaus unerheblich, und es ist einfach unzutreffend, daß bei der Erlernung einer fremden Sprache der Erwerb ihres Wortschatzes »comparatively easy« sei.[5] Für rudimentäre Stufen der Verständigung mag es richtig sein, es bleibt aber bestehen, wie auch Leisi hervorhebt, daß die Kenntnis des Wortschatzes einer fremden Sprache, gerade für minimale Formen des sprachlichen Verkehrs, unvergleichbar wichtiger ist als die der übrigen Elemente und daß, wie Thomas Mann in der zitierten Stelle beschreibt, die schlafwandlerische Treffsicherheit im Gebrauch der Wörter, das Erfassen ihrer »Heimlichkeiten«, letztlich doch, neben der ›Aussprache‹, wo Physiologisches entgegensteht, das schwierigste, in der Muttersprache selbst niemals abgeschlossene Kapitel ist.

Hinsichtlich der Autonomie des Wortes darf auch das Faktum der Schrift nicht übersehen werden: daß die Schrift dasjenige, was als Wort empfunden wird, in der Regel für sich isoliert erscheinen läßt, muß den Status des Wortes im Bewußtsein außerordentlich festigen: »L'illusion de l'écriture, l'orthographe et l'histoire de la langue concourent à donner du mot une notion qu'on pourrait appeler ›visuelle‹.«[6] Der tadelnde Unterton dieser Bemerkung ist unangebracht, denn wenn die Schrift das Gefühl der Wortautonomie – nach Bally zu Unrecht – unterstützt, so ist sie ihrerseits bedingt durch jenes schon vor und unabhängig von ihr existierende ›Gefühl‹.[7] Sie ist (in dieser Hinsicht) keinesfalls so etwas wie eine Zwangsjacke, die der Sprache mit fremder, sie verfälschender Willkür übergestülpt wäre, und ihre Zeichen auch mehr als bloß die »σύμβολα

New York 1961, S. 6, 7, 100. Das Lexikon wird schließlich (S. 11) als Teil der deskriptiven Linguistik gar nicht mehr genannt: »Descriptive linguistics is conventionally divided into two parts. Phonology deals with the phonemes and sequences of phonemes. Grammar deals with the morphemes and their combinations.«

[5] Der Autor fügt hinzu: »in spite of the fact that it is vocabulary that students fear most« (S. 7); in der Tat sind hier die Studenten im Recht. So auch R. P. Stockwell (u. a.), The grammatical structures of English and Spanish, Chicago 1965, S. 265.

[6] Ch. Bally, Traité I, S. 64. A. Sauvageot sagt geradezu: »Aux yeux du profane, ... un mot, c'est ce qui s'énonce à part ou, plus couramment encore, c'est ce qui s'écrit d'un seul tenant« (Portrait, S. 7). Gewiß ist damit das Wortverständnis des Sprachteilhabers unzulässig vereinfacht, dennoch bringt die Bemerkung jene Festigung des Wortstatus durch die Schrift treffend zum Ausdruck.

[7] G. Galichet: »La religion de l'orthographe bien comprise ne procède pas d'un respect exagéré de la lettre: elle correspond au désir d'assurer à chaque mot une physionomie stable qui permette une identification sémantique immédiate« (Physiologie de la langue française, Paris 1964, S. 46).

τῶν ἐν τῇ φωνῇ«, wie Aristoteles in seiner berühmten Definition erklärt.⁸ Gegen den Gebrauch des Begriffes ›Wort‹ in der Sprachbetrachtung wenden viele Autoren die Schwierigkeiten ein, die seiner ›wissenschaftlich‹ exakten Fassung entgegenstehen. So ist für Bally dieser Begriff »une des (notions les) plus ambigues qu'on rencontre en linguistique«, und er sagt schließlich geradeheraus: »Il faut donc s'affranchir de la notion incertaine de mot.«⁹ Wir wollen auf diese Kritik, die wir weder für sinnlos noch für unberechtigt halten, nicht eingehen; wir bemerken lediglich, daß die Schwierigkeit oder die Unmöglichkeit, eine Spracherscheinung definitorisch exakt und vollständig zu ergreifen, kein Einwand ist gegen ihre Realität.

Im übrigen sind jene Schwierigkeiten nicht so beträchtlich, wie oft angenommen wird. Zu Beginn seines Entwurfs einer strukturellen diachronischen Semantik erklärt Coseriu: »nous n'avons pas cru nécessaire de donner ici une définition nouvelle et personnelle du ›mot‹. Nous estimons la notion de ›mot‹ comme intuitivement établie«;¹⁰ und Christian Rohrer bemerkt, es sei »im Rahmen einer Grammatiktheorie im Sinne F. de Saussures oder L. Bloomfields bis heute noch nicht gelungen, eine Definition des Wortes zu geben, welche die intuitive Vorstellung, die der Laie vom Wort besitzt, genau erfaßt und klar darlegt«.¹¹ Auch hier

---

8   De interpretatione, 16 a. Das Verhältnis zwischen Sprache und Schrift wird von vielen Autoren, an ihrer Spitze Saussure (Cours, S. 44ff.), viel zu einfach gesehen. Vgl. dagegen die Bemerkungen von Etiemble über das Alphabet des »Sabir atlantic«, insbesondere über die »consonnes magic« k und y (Parlez-vous franglais?, Paris 1964, S. 129ff.) und Y. Malkiel, Secondary uses of letters in languague, in: Romance Philology, XIX (1965), S. 1–27.
9   Linguistique générale, S. 287, 288.
10 Pour une sémantique diachronique structurale, in: Travaux de linguistique et de littérature, Straßburg 1964, S. 141f.; wir unterstreichen.
11 Die Wortzusammensetzung im modernen Französisch, Diss. Tübingen 1967, S. 6; wir unterstreichen. Auch A. Martinet sagt: »l'application de critères rigoureux aboutit souvent à des analyses qui ne s'accordent guère avec l'emploi courant du terme« (Eléments, S. 112); auch für ihn also scheint dies ein Gesichtspunkt zu sein. Überhaupt ist zu beobachten, daß viele Autoren in praxi sich doch an diese ›Intuition‹ halten; so auch Gleason: »The word is one of the most difficult concepts in English morphology to define, though in the vast majority of cases little question can arise as to whether a given sequence of morphemes is or is not a word« (Introduction, S. 110); so, noch deutlicher, R. P. Stockwell: »Although there are some highly technical problems in formulating precise criteria by which to define what a word is in Spanish and in English, by and large the results agree closely with the writing tradition, which represents the intuition (!) of generations of speakers. Therefore,... we will... use the term ›word‹ in its commonly accepted meaning« (Grammatical structures, S. 41).

wird also vorausgesetzt, daß eine solche Intuition, exakt greifbar oder nicht, tatsächlich existiert und daß sie mit dem etwas zu schaffen hat, was das Wort ist. Wenn sie aber besteht und wenn sie in der Realität des Wortes wurzelt, dann ist dessen Definition keine Angelegenheit purer Wissenschaftskonvention.

Es ist klar, daß wir uns mit einer Definition vom Typ der berühmten, so oft variierten, Leonard Bloomfields – »a minimum free form« – nicht zufriedengeben können.[12] Eine solche Definition ist bewußtseinsfremd, denn der Sprechende gewinnt den Begriff des Wortes nicht dadurch, daß er, von komplexen Einheiten, etwa dem Satzgefüge, ausgehend, zu kleineren und kleinsten hinuntersteigt.[13] Eine bewußtseinseigene Definition ist dagegen die folgende von Walter Porzig: »Das Wort ist eine Lautung, die die Fähigkeit hat, ein Stück Wirklichkeit zu meinen.«[14]

In der Tat: für das Bewußtsein ist das Wort Name für ein ›Stück‹ Wirklichkeit. Die Wirklichkeit, die Welt, erscheint dem Bewußtsein als ein unabsehbares Gesamt von einzelnen ›Dingen‹. Von diesen ›Dingen‹, soweit sie ins Blickfeld des Menschen traten, hat jedes einen ihm zukommenden Namen. Die Wörter sind, mit Leo Weisgerber zu sprechen, »Zugriffe« auf die Welt; der Wortschatz einer Sprache ist für das Bewußtsein so etwas wie ein großer, niemals abgeschlossener »Katalog der Welt«.[15]

---

[12] Language, London 1965, S. 178. Ähnlich A. Martinet: »Un syntagme autonome formé de monèmes non séparables« (Eléments, S. 112). P. Delattre: »If the ›phoneme‹ and ›morpheme‹ are accepted terms, solidly defined, and if the notion of immediate constituent is unambiguous, then ›word‹ can rank as a free, meaningful segment of speech not composed of free immediate constituents. Such a definition distinguishes the word on the one hand, from the morpheme (which can be a bound form), and from the phoneme (which is not meaningful) and, on the other, from the phrase – a free form composed of free immediate constituents« (P. Delattre, in: Romance Philology, XIX, S. 80).

[13] Bekanntlich hat diese Definition den Nachteil, daß sie das Kompositum nicht trifft; vgl. Chr. Rohrer, Wortzusammensetzung, S. 213f.; Rohrer, der sich gerade mit diesem befaßt, definiert daher: »ein Wort ist eine Sinn-Form-Einheit, die nur global modifizierbar ist« (S. 214); vgl. auch S. Ullmann, Semantics, S. 28ff.

[14] Das Wunder der Sprache, S. 160.

[15] L. Weisgerber, Die Erforschung der Sprachzugriffe I, in: Das Ringen um eine neue deutsche Grammatik, hrsg. v. H. Moser, Darmstadt 1962, S. 21–35. Für Weisgerber sind nicht nur die Wörter, sondern auch »syntaktische Elemente« als »Zugriffe« zu verstehen. Gegen diesen Autor ist freilich zu bemerken, daß er sich dem Denkprojekt des neuzeitlichen Idealismus, der neuzeitlichen Metaphysik überhaupt, zu sehr verschreibt: »Sprachkraft«, »Kraft geistigen Gestaltens«, »geistiges Umschaffen zu ›Welt‹« usf. Entscheidend ist hier die Frage der menschlichen Subjektivität: in dieser Hinsicht zumindest ist die

Das Wort als Namen, als nennenden ›Zugriff‹, erleben wir eindringlich, wenn in einem Text Wörter nur aufgezählt, wie Perlen auf einer Kette aneinandergereiht erscheinen: es ist dann, als ob mit jedem hinzukommenden Wort ein neues Steinchen ins Mosaik unseres Vorstellungsbildes gesetzt würde. Wir nennen ein einfaches, aber nicht unpoetisches Beispiel: »En el monte de la Dehesa la vegetación es dura, balsámica, una vegetación de espinos, de romero, de espliego, de salvia, de mejorana, de retamas, de aliagas, de matapollos, de cantueso, de jaras, de chaparros y de tomillos; una vegetación que casi no se ve, pero que marea respirarla.«[16] Ganz bewußt wird in diesem scheinbar kargen Satz, der wie eine Vokabelliste jene Namen ohne irgendein Beiwort nur eben aneinanderreiht, die die Wirklichkeit bannende Kraft des Wortes, die ihm rein als solchem zukommt, ›literarisch‹ eingesetzt, und es wird auch etwas mitgeteilt von einem Gefühl für den Reichtum, der im Wortschatz, als einem ›Schatz‹ wirklichkeitshaltiger Namen, beschlossen liegt. Dies Erlebnis des Hinzufügens eines neuen Elementes in das hervorgerufene Bild der Wirklichkeit ergibt sich auch, wenn weniger leicht zu greifende und isolierbare ›Dinge‹ genannt werden; in demselben Text lesen wir: »El viajero, que está cansado, pronto se duerme con un sueño tranquilo, profundo, reparador...«,[17] und ein paar Seiten zuvor, auf einen anderen »Schlaf« bezogen: »Poco más tarde está profundamente dormido, con un sueño suave, fresco, confortador.«[18] Auch hier haben wir das Gefühl, daß mit jedem Wortanschlag ein neuer »Zugriff« auf die Wirklichkeit jenes Schlafes erfolgt.

Wir sagen also in einer ersten Näherung: ein Wort ist ein etwas, das auf ein ›Ding‹ als dessen Name zeigt. Die zentrale Bedeutung der Wörter für die Sprache wird nun unmittelbar klar: die Intentionalität, das Gerichtetsein auf, das wir als den Grundzug der Sprache hervorgehoben haben, ist in den Wörtern verankert; mit dem Wort ist in der Sprache die

---

Kritik, die M. Heidegger an Humboldts Sprachdeutung übt, bemerkenswert (Unterwegs zur Sprache, S. 246–250). Zur philosophischen Problematik der Subjektivität vgl. W. Schulz, Der Gott der neuzeitlichen Metaphysik, Pfullingen 1957.

[16] Camilo José Cela, Viaje a la Alcarria, Madrid 1952, S. 96.
[17] ibid., S. 117. Mit den drei Punkten endet der Satz im Text.
[18] ibid., S. 99. Die zweimalige, auf den gleichen Sachverhalt bezogene Stilfigur zeigt, noch dazu, weil die Adjektive jedesmal verschieden sind, daß der Autor sich dieser Figur bewußt war. Es wäre lohnend, sie – wie soll man sie nennen? – systematisch in bestimmten Texten aufzuspüren. Interessant, daß das -ador-Adjektiv jedesmal am Ende der Reihe steht.

Sache da; mehr noch: »Der Name ist in gewisser Weise schon die Sache.«[19] Die Bestimmung des Wortes als »Zugriff« auf die Wirklichkeit trifft die Sprache als ganze: die Sprache als ganze ist »Zugriff« auf die Welt.

Blickt der Sprechende über seine Muttersprache auf andere Sprachen hinaus – bei den verschiedensten Gelegenheiten kommt er mit solchen in Berührung –, so pflegt er zu fragen: was heißt auf französisch *Brot*, oder: wie sagt man auf französisch *Brot*; und er bekommt zur Antwort: auf französisch heißt *Brot pain*. Die Sprachlehrer, die Linguisten selbst, drücken sich zumeist nicht anders aus. Es ist oft gesagt worden, daß solche Formulierungen nicht angemessen seien: sie gingen naiv von der Annahme aus, die Dinge seien den Sprachen vorgegeben, sie würden von diesen nur eben durch ›verschiedene‹ Wörter benannt.[20] Das Benennen werde hier fälschlich als ein bloßes ›Etikettieren‹ verstanden, während doch die Sprache selbst es sei, die das als ›Ding‹ Empfundene für das Bewußtsein zu einem solchen mache. In diesem Sinne heißt es bei Karl Löwith: »Auf die Frage: Was ist das?, antworten wir: ein Haus, ein Tier. Häuser und Tiere sind zwar wirkliche Dinge und keine bloßen Worte, aber ohne die es nennenden Namen würden wir keine solchen Dinge sehen. Wir nehmen die Welt durch die Sprache hindurch wahr, in dieser geistigen Vermittlung. Durch den Namen, sagt Hegel, ist der Gegenstand als seiend herausgeboren.«[21] Solche Kritik ist nicht nur berechtigt, sondern für das Denken unumgänglich. Sie zerstört die distanzlose Naivität, mit welcher der Sprechende in seiner Sprache lebt, und bewirkt dadurch eine gewisse – keineswegs vollständige – Emanzipation des Denkens aus der Sprache: die alte magische Wortauffassung, latent noch immer im Bewußtsein vorhanden, der Rumpelstilzchen-Wortbegriff, wird durch sie aufgehoben. Diese Kritik – im Grunde nur die Weiterführung des erkenntniskritischen Ansatzes der Kantischen Transzendentalphilosophie – ist philosophische Aufklärung des Denkens über die Sprache.[22] Die Sprachbeschreibung jedoch kann die Vorstellung der Sprechenden vom Wort so ohne weiteres nicht entlassen. Den Sprechenden hat diese Vorstellung, im Gegensatz zu anderen, die sie über die Sprache haben mögen, niemand aufgeredet; sie ist nicht etwa das beklagenswerte Produkt verfehlten muttersprachlichen Unterrichts. Sie kann ihren Grund nur in der Sprache selber haben: die Sprache selbst sieht ihre Wörter so; diese Sicht gehört zu ihrem ›Selbst-

---

[19] K. Löwith, Hegel und die Sprache, S. 288.
[20] So bereits Saussure, Cours, S. 97.
[21] K. Löwith, Hegel und die Sprache, S. 288; vgl. O. F. Bollnow, Sprache und Erziehung, S. 120ff., 146ff.
[22] Vgl. O. F. Bollnow, Sprache und Erziehung, S. 147.

verständnis‹ und also zu ihr selbst.²³ Diese Sicht findet sich in den genannten, höchst geläufigen Formulierungen exakt und vollständig ausgedrückt (im übrigen sind sie ja nahezu die einzig möglichen; andere würden den Sprechenden unverständlich oder befremdlich scheinen): die Sprache sieht auf der einen Seite ein Ding, das so und so ist, auf der anderen ein so und so beschaffenes Wort, das es benennt; so wie das Wort ist, ›heißt‹ das Ding. Für die Sprache ist das Wort prinzipiell Nennwort, nomen appellativum.²⁴

Mit dieser Feststellung bestreiten wir nicht, daß es eine Reihe von Wörtern gibt, deren primäre Funktion nicht das Nennen ist. Aber gerade Karl Bühler, der sich mit den ›Zeigwörtern‹ so erhellend befaßt, hat gesehen, daß auch diese Wörter nennen²⁵; auch für die Fügewörter, von denen Heinrich Hempel handelt, läßt sich dies noch sagen: noch in einem *daß*, einem *und* oder *wenn* kann sich ein Stück Wirklichkeit kristallisieren.²⁶ Andererseits ist kein Zweifel, daß derartige Wörter, wie alle ›grammatischen‹ Wörter (oder wie immer man sie nennen mag) in einem erheblich minderen Grade ›nennen‹ als die übrigen.²⁷ Im Grunde bewirken

---

[23] Während einer Eisenbahnfahrt in Spanien erzählte mir ein Katalane, das Spanische sei eine Mischung von Lateinischem und Arabischem, das Katalanische hingegen eine solche von Lateinischem und Griechischem; insofern nun das Griechische an kultureller Verfeinerung dem Arabischen überlegen sei, sei das Katalanische dem Spanischen überlegen. Es gibt also unter den irrigen Vorstellungen, die die Sprechenden über ihre Sprache haben, zwei Arten: solche, die mit ihr selbst, ihrem ›Funktionieren‹, nichts zu tun haben, und solche, die ihr selbst zugehören. Es ist klar, daß die Vorstellung vom Wort als Name eines vorgegebenen Dings zu den letzteren zu rechnen ist. Sie ist ja, fast unabhängig vom Bildungsgrad, bei nahezu allen Sprechern vorhanden und die Befreiung von ihr vollzieht sich nicht ohne erhebliche Mühe.

[24] Gerade dies hat Saussure nicht gesehen: »Pour certaines personnes la langue, ramenée à son principe essentiel, est une nomenclature, c'est-à-dire une liste de termes correspondant à autant de choses« (Cours, S. 97; wir unterstreichen). Für Saussure handelt es sich demnach um einen beliebigen Irrtum, der mit der Sprache selbst nichts zu tun hat.

[25] »Auch sie sind Symbole (nicht nur Signale); ein *da* und *dort* symbolisiert, es nennt einen Bereich, nennt den geometrischen Ort sozusagen, d. h. einen Bereich um den jeweils Sprechenden herum, in welchem das Gedeutete gefunden werden kann ...« (Sprachtheorie, Die Darstellungsfunktion der Sprache, 2. Aufl. Stuttgart 1965, S. 90).

[26] Als Kinder sagten wir: »Wenn das Wörtchen ›wenn‹ nicht wär, wär mein Vater Millionär.« Vgl. H. Hempel, Wortklassen und Bedeutungsweisen, in: Das Ringen um eine neue deutsche Grammatik, Darmstadt 1962, S. 217–254.

[27] Vgl. S. Ullmann, Principles, S. 58f.; A. Sauvageot, Portrait, S. 11ff. Im übrigen sind natürlich die ›grammatischen‹ Wörter nicht immer klar von den anderen abzusetzen.

sie allein die mannigfaltigen Schwierigkeiten, die sich bei der Abgrenzung, der Identifikation des Wortes melden.

Inwiefern sind solche Wörter für die Sprache ebenfalls Wörter? Hier ist ein Grundzug des Sprachlichen zu erkennen, der bei vielen Spracherscheinungen begegnet. Bei vielen Erscheinungen gibt es unter den ihnen subsumierten Elementen so etwas wie einen K e r n b e s t a n d , welcher das ›Wesen‹ der Erscheinung, das, was sie eigentlich ist, besonders rein hervortreten läßt. Die übrigen Elemente, die dies nicht tun, lehnen sich gleichsam an jenen Kernbestand an und gewinnen von ihm her, auf eine v e r m i t t e l t e Weise, im Bewußtsein dessen ›Wesen‹: sie haben eine bloß geliehene, parasitäre Lebendigkeit. Aus diesem Grund steht ein Wort wie *mais* als derselben Spracherscheinung wie etwa *la tête* angehörend im Bewußtsein. Daraus folgt, daß wir bei der bewußtseinseigenen Bestimmung dessen, was ein Wort ist, nicht von all dem ausgehen dürfen, was faktisch als Wort gilt. Es kann hier nicht darum gehen, eine möglichst lange Liste möglichst verschiedenartiger Wörter zu ›durchlaufen‹ und ihre ›gemeinsamen Merkmale‹ aufzuspüren. Bei dem Versuch, das ›Wesen‹ des Wortes so zu destillieren, wird sein Begriff sich verflüchtigen. Von vornherein muß die Bemühung dem Kernbestand gelten: auf ihn bezieht sich die Sachvorstellung – ›Name eines Dings‹ –, welche in der Sprache, nicht erst in der Sprachwissenschaft, mit dem Zeichen Wort verbunden ist.[28]

Das Wort, die einzelne Äußerung – Aristoteles sagt es bereits –, ist Z e i c h e n : λόγος σημαντικός.[29] Mit den Begriffen des Zeichens und dem damit zusammenhängenden des Zeigens wollen wir nunmehr in einem zweiten Anlauf den des Wortes schärfer fassen. Die Zeigwörter, so sagten wir, nennen auch; das Umgekehrte gilt von den Nennwörtern: auch sie zeigen; jedes Wort ist hinsichtlich des Dinges, das es benennt, eine Art von ›demonstratio ad oculos‹.

Das Wesen des Zeichens umschreibt Karl Löwith, an Hegel anknüpfend, wie folgt: »Von Natur aus gibt es keine Zeichen, wohl aber gehört es zur Natur des Menschen, daß er auf etwas Entferntes hinzeigen und es mit etwas anderem bezeichnen kann...; das Zeichen meint etwas, was es nicht selber ist. Dies Meinen ist meine eigene Zutat, denn das mit einem

---

[28] Die Auffassung des Wortes als »Namen«, seine Deutung vom Eigennamen her, erhellt auch aus der antiken Unterscheidung von ὄνομα προσηγορικόν (= nomen appellativum) und ὄνομα κύριον (= nomen proprium, d. h. ›Namen im eigentlichen Sinne‹); vgl. V. Brøndal, Les parties du discours, Kopenhagen 1948, S. 25.

[29] De interpretatione, 17 a: »Es zeigt aber jede Rede etwas an ... Dagegen sagt nicht jede etwas aus« (Ἔστι δὲ λόγος ἅπας μὲν σημαντικός, – – ἀποφαντικὸς δὲ οὐ πᾶς); vgl. 16 b.

Zeichen Gemeinte liegt nicht in der Bestimmtheit des Zeichens selbst.«[30] Dies ist in der Tat der zunächst entscheidende Zug: das Zeichen, das zeigt auf etwas, das nicht es selbst ist, ist notwendig Zeichen für jemand; sein Wichtigstes, »id quo sublato ipsum tollitur«: sein Meinen, kann also weder in ihm selbst (in dem, was es an sich selbst ist) liegen, noch in dem, worauf es zeigt: es kann nur in denen, das heißt in deren Bewußtsein liegen, f ü r welche es Zeichen ist. Die Bedeutungen der Wörter liegen in den einzelnen Bewußtseinen: dort müssen sie aufgesucht werden. Nichts hilft der Betrachtung an dieser Tatsache vorbei. Es ist ein Widersinn, die Bedeutungen den Intenta selbst, der außersprachlichen Welt, zuzusprechen. Die Welt ist stumm. Pascal wußte es; er erschrak vor ihrer Stummheit.[31] In der Welt gibt es keine Bedeutungen; diese spricht erst der Mensch – selbst nicht extramundan, vielmehr ein Produkt der Welt – durch seine Wörter den Dingen zu: »Ein Wort hat nur einen Sinn, sofern es von jemandem, von einem Ich so gemeint ist, daß es von einem anderen Ich verstanden werden kann.«[32]

Geht man von diesem fundamentalen Sachverhalt aus, dann verbietet sich eine ›behavioristische‹ Definition wie die des ›meaning‹ durch Bloomfield von selbst: die Bedeutung einer Form kann unmöglich die Situation sein »in which the speaker utters it«.[33] Das Zeichen ist nur dadurch Zeichen, daß es eine Bedeutung hat, die in der Innerlichkeit der Sprechenden in irgendeiner Form aufbewahrt, ›niedergeschrieben‹ ist.

---

[30] Hegel und die Sprache, S. 287. Vgl. K. Bühler: »Zu allem Zeichenhaften in der Welt gehören der Natur der Sache nach Wesen, die es dafür halten und mit ihm als Zeichenhaftem umgehen« (Sprachtheorie, S. 47).

[31] Höchst eindrucksvoll spricht K. Löwith im letzten Abschnitt seines Aufsatzes über »Die Sprache des Menschen und die Stummheit der Welt«. Er zitiert hier einen Satz H. Melvilles, der noch zugespitzter Pascals Schrecken formuliert: »Silence is the general consecration of the universe; it is at once the most harmless and the most awful thing in all nature« (Hegel und die Sprache, S. 293).

[32] J. Stenzel, Sinn, Bedeutung, Begriff, Definition, Darmstadt 1958 (Neudruck), S. 13.

[33] Language, S. 139. Bloomfield präzisiert: »The situations which prompt people to utter speech, include every object and happening in their universe«. Vgl. die Kritik E. Coserius in Teoría, S. 138f. und S. Ullmanns, Semantics, S. 59f. Noch schärfer formuliert findet sich diese Auffassung bei N. Morciniec: »Diese durch das Sprachmorphem mitgeteilte Gesamtheit der konstitutiven Merkmale nennen wir Bedeutung. Sie existiert weder in unserer Vorstellung noch im Text, sondern i n d e r u n s u m g e b e n d e n A u ß e n w e l t« (Die nominalen Wortzusammensetzungen in den westgermanischen Sprachen, Breslau 1964, S. 64; wir unterstreichen). Völlig zu Unrecht beruft sich dieser Autor dabei auf K. Bühler.

Wenn das Zeichenhafte des Zeichens im Bewußtsein liegt, so muß gefragt werden, auf welchem Wege es dorthin gelangt. Es ist zweckmäßig, die Frage nach dem Wie und Was des Wortes vom Genetischen her anzugehen. Wir fragen also: wie kommt das Wort in das Bewußtsein hinein? Oder genauer (denn nichts anderes kann diese Frage meinen): wie entsteht das Wort im Bewußtsein des (durchschnittlichen) einzelnen Menschen, für den es Wort ist?

Das Wort entsteht im Bewußtsein durch den benennenden Zeigakt. Vater und Kind stehen vor einem Haus; der Vater sagt: »Haus.«[34] Ähnlich hatten sich der Vater, die Mutter oder andere oft schon verhalten: sie zeigten auf etwas und sagten »Brot«, auf anderes zeigend sagten sie »Milch«, auf wieder anderes zeigend sagten sie »Schuh«. Wir nehmen also an, daß dem Kind der Sinn eines solchen Vorgangs schon vertraut sei. Für das Kind bedeutet er: »das, was da ist, heißt Haus«, besser: »Dinge wie dasjenige, das du hier siehst, heißen Haus«. Im Sinne der Logik formuliert: »was da ist, gehört zu der ›Klasse‹ der als Haus bezeichneten Dinge«. Die Frage, ob oder inwieweit es sinnvoll sei, den logischen Klassenbegriff auf das Lexikon der (schlecht) sogenannten ›natürlichen‹ Sprache anzuwenden, lassen wir offen; entscheidend ist, daß dem Sprechenden die ›appellativen‹ Namen seiner Sprache als Namen nicht für Einzeldinge, sondern für »Dinge wie...« erscheinen. Um dies zu sehen, bedarf es nicht des »Collegium Logicum«, das Mephisto seinem Schüler empfiehlt.

Fünf Elemente sind in dieser Situation anwesend und auseinanderzuhalten; erstens: das Zeigen auf ein Etwas, das im Blickfeld steht, dies Zeigen kann der ausgestreckte Zeigefinger sichtbar machen, notwendig ist es nicht: so oder so ist die Zeiggebärde in dieser Situation impliziert; zweitens: eine Lautfolge, die das Zeigen begleitet; drittens: ein Bild von dieser Lautfolge im Bewußtsein (diese Vorstellung ist unumgänglich, denn der Laut kann als solcher nicht in das Bewußtsein hinein; zum Lautbild kommt später, es festigend, das Schriftbild hinzu); viertens: ein Ding, das – von anderen isolierbar – in der Zeigrichtung ist; fünftens: eine Vorstellung von diesem Ding im Bewußtsein (auch dies ist unvermeidbar, denn das Ding selbst kann ins Bewußtsein nicht hinein). Indem nun – im Zeigakt – die Lautfolge auf das Ding als dessen Namen zeigt, ›verbinden‹ sich Lautbild und Dingvorstellung. Es ist dies die einzige ›Verbindung‹, die hierbei möglich ist, denn der Laut kann sich mit dem Ding nicht verbinden; Verbindung kann es nur innerhalb des Be-

---

[34] So auch L. Bloomfield: »This is essentially the process by which children learn the use of speech-forms« (Language, S. 140).

wußtseins geben.³⁵ Im ersten Zeigen der Lautung auf das Ding – der Lautung, die mit dem Anspruch des Wortes, der Name eines Dinges zu sein, auf das Bewußtsein trifft – konstituiert sich der Ansatz einer Dingvorstellung: die Dingvorstellung wird durch ein Lautbild, das Lautbild durch eine Dingvorstellung »besetzt«:³⁶

Ein Wort besteht also einmal aus seiner Lautung bzw. deren Bewußtseinsbild, zum anderen aus einem eigentümlichen Etwas, das nicht lautlich ist: der ›Bedeutung‹, besser: dem ›Inhalt‹. Unter Inhalt verstehen wir all das, was die Lautung, unter Absehung von allem nur Individuellen, in dem allgemeinen, idealtypischen Bewußtsein evoziert: das Evokatum.³⁷

Das Wort gelangt somit in das Bewußtsein durch eine Zeigdefinition: eine solche hat zur Voraussetzung, daß sich in der Zeigrichtung das durch das Wort intendierte Ding befindet und damit dem Hörenden zugänglich ist.³⁸ Sie erlaubt es dem Hörenden, sich die zum Wort gehörende Dingvorstellung unmittelbar zu verschaffen. Diese erste Vorstellung kann unvollständig und höchst mangelhaft sein, es ist aber ausgeschlossen, daß sie mit der vollständigen und zutreffenden schlechterdings nichts zu schaffen habe.

Im Gegensatz zu Leisi glauben wir, daß Zeigdefinitionen oder etwas ihnen Entsprechendes nicht nur bei den sogenannten ›Konkreta‹, sondern grundsätzlich bei allen Wörtern möglich sind. Auch ein ›Abstraktum‹ wie *la jalousie* kann ich definieren wie folgt: »das ist zum Beispiel, wenn jemand immer auf seine Frau aufpaßt, damit sie ihm nicht untreu wird.« Diese Definition zeigt, indem sie ihn umreißt, auf einen Sachverhalt, an dem das definiendum erscheint. Sie unterscheidet sich erheblich von der

---

³⁵ Dies hat Saussure klar gesehen: »Le signe linguistique unit non une chose et un nom, mais un concept et une image acoustique« (Cours, S. 98): beide sind für ihn »des empreintes psychiques«. Man muß also E. Leisi widersprechen, wenn er erklärt, die »Zeigdefinition« erlaube es, »die Beziehung zwischen Wort und Ding genau und ohne Benützung psychologischer oder philosophischer Termini wie ›Begriff‹, ›Vorstellung‹, ›Gedanke‹ zu formulieren« (Wortinhalt, S. 19): eben dies ist durchaus unmöglich.
³⁶ Den Begriff der »Besetzung«, den wir für angemessener halten als ›Verbindung‹ oder ›Assoziation‹, übernehmen wir von Freud (vgl. G. Bally, Einführung, S. 72ff., 84f.). Indessen spricht Freud auch von »Verknüpfung«. Wir kommen auf den Begriff der »Besetzung« zurück.
³⁷ Wir folgen hier E. Leisi: »Da ›Wortbedeutung‹ ein mannigfach präjudizierter und umstrittener Begriff ist, wird im folgenden dasjenige Element am Wort, das nicht Laut ist, ›Inhalt‹ genannt« (Wortinhalt, S. 11). Die Abneigung dieses Autors gegen die Aufnahme ›psychologischer Termini‹ teilen wir nicht.
³⁸ Vgl. E. Leisi, ibid., S. 18f.; I. Bocheński, Denkmethoden, S. 93 (»apodeiktische Definition«).

klassischen, schulgerechten ›Begriffsbestimmung‹; eine solche bietet uns für dieses Wort etwa der Petit Larousse: »crainte que la personne aimée ne s'attache à une autre«. Hier wird *la jalousie* (ob zu Recht oder zu Unrecht, sei dahingestellt) als eine Furcht mit spezifischem Inhalt bestimmt.[39] Zeigend kann ich auch definieren *Freiheit* (»das ist, wenn man tun kann, was man will«), *Demokratie* (»das ist, wenn es Parteien gibt und man wählen kann«), *blaß* (»das ist zum Beispiel die Haut, wenn man krank ist«), *schlafen* (»das ist, wenn man müde ist«), *kommen* (»das ist, wenn jemand weg war«), *suchen* (»das ist, wenn man etwas verloren hat«) usw. Im Grunde gehört zu diesem Typ der Definition auch diejenige Worterläuterung, die man vom Sprechenden zumeist erhält und zu der auch die Wörterbücher gerne greifen: die synonymische, die Paraphrase. Wenn ich sage: »frech, das ist unverschämt«, so ist das nur eine Ellipse für: »frech, das ist, wenn jemand unverschämt ist«. Auch hier wird ›gezeigt‹; mißlich ist nur, daß das Gezeigte oft nicht bekannter ist als dasjenige, welches durch das Zeigen definiert werden soll. Das allgemeine Schema der Zeigdefinition bei Wörtern, deren Intentum nicht im eigentlichen, konkreten Sinne gezeigt werden kann, ist die Formel: »X ist, wenn Y«; sie stellt einen Sachverhalt, ein Etwas vor uns hin, an welchem das durch das zu definierende Wort Gemeinte hervortritt. Auch sie ist eine ›demonstratio ad oculos‹.[40]

Das Zeigen gehört also prinzipiell zum Wort. Das Wort ist aber nicht nur Zeiggebärde: »Hindeuten ist Hindeuten und nie etwas mehr, ob ich es nun stumm mit dem Finger oder zwiefach mit dem Finger und einem die Geste begleitenden Laut tue. Nein, der Fortschritt ist einzig und allein an die Bedingung geknüpft, daß der Laut etwas hinzubringt, etwas Neues an Leistung. Und wie immer man die Dinge auch drehen und wenden mag, so kann dieses Plus aus keiner anderen Quelle kommen als aus der Nennfunktion des Lautes. Auch eine stumme Gebärde kann das ›Bedeutete‹ charakterisieren, indem sie es nachbildet; der Laut symboli-

---

[39] Die andere Bedeutung des Wortes (»chagrin, dépit de voir un autre posséder un bien qu'on voudrait pour soi«) bleibe hier beiseite: beide Bedeutungen meinen so Verschiedenes, daß die Polysemie in die Nähe der Homonymie gerät.
[40] Vgl. O. F. Bollnow, Sprache und Erziehung, S. 126. Es ist natürlich freigestellt, unter ›Definition‹ terminologisch nur das schulgerechte Verfahren genus proximum – differentia specifica zu verstehen. Es kommt lediglich darauf an, die Erscheinung selbst und ihre große Bedeutung zu erkennen. Über Definitionen vgl. B. von Freytag gen. Löringhoff, Logik. Ihr System und ihr Verhältnis zur Logistik, 2. Aufl. Stuttgart 1957, S. 45ff.; Bocheński, Denkmethoden, S. 90ff.; W. Dubislav, Die Definition, 2. Aufl. Berlin 1927.

siert es.«[41] In seinem Zeigen auf ein Etwas erscheint das Wort prinzipiell mit dem Anspruch, N a m e dieses Etwas zu sein; dieser Anspruch ist das entscheidende »Plus« des Wortes gegenüber dem bloßen Zeichen. Das Wort ist also Zeigen und Nennen in einem; es ist Benennen im Zeigen, Zeigen im Benennen. Das Wort konstituiert sich in der Zeigsituation; jener Anspruch jedoch, Name zu sein, erlaubt es ihm, auf diese Situation zu verzichten, sich aus ihr zu emanzipieren. Das fertige Wort ist nicht Zeichen wie etwa das Etikett »Weinbrand« auf einer Flasche, das auf die hinter ihm befindliche Flüssigkeit zeigt: ein solches Etikett ist nur sinnvoll und erfreulich, wenn es gemeinsam mit demjenigen auftritt, worauf es zeigt; seinem Wesen nach muß es in einer expliziten Zeigsituation verharren. Bühler spricht hier von einem »symphysischen« Gebrauch des Namens: »sie treten dingfest angeheftet an das durch sie Benannte auf«.[42] Zum Wesen, zur Leistung des Wortes gehört es, auf solche »Symphyse« (Verwachsung) nicht angewiesen zu sein. Es bedarf nicht der Anwesenheit des Intendierten im Blickfeld des Sprechenden und Hörenden (das Zeigen hat eine solche Anwesenheit stets zur Voraussetzung). Das Wort zeigt nicht nur auf das Ding, sondern steht f ü r das Ding als sein Stellvertreter; in diesem Sinn ist das Wort prinzipiell »verbum vicarium«: »aliquid stat pro aliquo«.[43] Indem das Wort sich aus dem Zeigakt emanzipiert, wird es selbst – unabhängig von jedem es begleitenden, ihm selbst fremden Zeigen – zu einem Zeigakt, einer Zeigsituation. Ich kann nunmehr von *Haus, Brot, Ei, schlafen, grün* usw. sprechen, ohne daß diese Dinge anwesend wären: ich sage »Haus«, und ein Haus steht vor mir, vor meinem ›inneren Auge‹.

Wir unterscheiden also zwei verschiedene Erscheinungsbedingungen des Wortes: das Wort erscheint im Bewußtsein im Verein mit der Sache – s t a t c u m r e; das Wort erscheint im Bewußtsein ohne die Sache, an Stelle der Sache – s t a t p r o r e. Es ist klar, daß die letztere, dem Wort recht eigentlich

---

[41] K. Bühler, Sprachtheorie, S. 87; wir unterstreichen. Zum Symbolbegriff dieses Autors vgl. ibid., S. 185ff.; er unterscheidet hier zwischen einer »romantischen« und »nichtromantischen« Auffassung des Begriffs und bekennt sich selbst zur letzteren. Vgl. dagegen K. Löwith, Hegel und die Sprache, S. 288f. und Saussure, Cours, S. 101.
[42] Sprachtheorie, S. 159 (der Autor unterstreicht).
[43] Der Begriff der ›Stellvertretung‹ war bereits für die Scholastiker das genus proximum des Zeichenbegriffs. Sie umschrieben die Stellvertretung durch die genannte Formel. Ockham spricht auch von »supponere pro aliquo« (vgl. K. Bühler, Sprachtheorie, S. 40). Es ist charakteristisch für Bloomfields Ansatz, daß er diese Grundleistung des Wortes als »displaced speech« bezeichnet (Language, S. 141). Im übrigen gibt er zu: »The frequency and importance of displaced speech is obvious« (ibid.).

zukommende Erscheinungsform (in absentia rei) durch die erstere (in praesentia rei) bedingt ist. Beim Kind ist zu beobachten, daß es die Wörter weithin nur »symphysisch« gebraucht; hierzu gehört, daß es, sobald ein bestimmtes, ihm namentlich bekanntes Ding in sein Blickfeld tritt, fast zwanghaft dessen Namen artikuliert. Im »symphysischen«, zeigenden Gebrauch konstituiert sich das Wort.

Der Begriff der Zeigsituation muß nunmehr über die zuvor gekennzeichnete Situation hinaus erweitert und differenziert werden. Im Grunde kann jede situationelle und kontextuelle Umgebung, in welche ein Wort eingelassen ist, als eine implizite Zeigsituation, als eine Art stillschweigender Zeigdefiniton betrachtet werden. Die Situation ›zeigt‹ auf das Wort, und die Wörter des Kontextes zeigen aufeinander und definieren sich dadurch gegenseitig. Nehmen wir das Wort *Apfel* in den folgenden Sätzen: ich esse gerne Äpfel, der Baum trägt Äpfel, Äpfel sind gesund, diese Äpfel sind verfault, diese Äpfel sind noch unreif, wir essen nur deutsche Äpfel; alle diese Sätze sind ›autant de définitions‹; jeder von ihnen enthält zumindest einen minimalen Ansatz zur Bildung der Sachvorstellung »Apfel«. Daher kann man den ›Inhalt‹ eines Wortes ermitteln, indem man eine (möglichst lange) Reihe von Kontexten durchläuft, in denen es auftritt. Im Grunde heißt dies nur, daß man eine gewisse Anzahl mehr oder weniger vollständiger ›Zeigdefinitionen‹ zusammennimmt, um aus ihnen eine einzige Definition zu destillieren. Wenn nicht jeder einzelne Kontext so etwas wie eine ›Definition‹ wäre, könnte eine solche auch einer Reihe von Kontexten nicht entnommen werden.

Die Situation, von der wir ausgingen – Vater und Kind vor dem Haus –, ist also weniger künstlich und singulär als es den Anschein hat: sie ist nur die radikalisierte Form dessen, was sich beim Sprechen ständig ereignet. So gesehen ist der Gebrauch der Wörter fast immer mehr oder weniger »symphysisch«; fast immer sind sie an den Zusammenhang »angeheftet«, in dem sie erscheinen, denn zumeist ist »das Nennen in das Sagen eingebettet«.[44] Eine Zeigsituation haben wir also nicht nur in der explizit benennenden Zeigdefinition. Eine solche läßt das Ding selbst erscheinen; im Grunde ist es hier nicht sowohl das Zeichen, das auf das Ding, als vielmehr das Ding, das auf das Zeichen zeigt; hier wird ja im Nennen des Dinges ein Zeichen festgelegt: das Zeichen, das du hier hörst, meint das, was du hier siehst. Ein solcher das Wort festlegender Zeigakt des sichtbar gemachten Dinges auf das Wort ist nun in einer gewiß sehr abgeschwächten und durchaus latenten Form eine jede Situation, ein jeder

---

[44] M. Wandruszka, Die maschinelle Übersetzung und die Dichtung, in: Poetica, I, (1967), S. 3.

Kontext. Jeder Kontext, jeder einzelne Gebrauch des Wortes ist, so gesehen, eine versteckte, implizierte Zeigdefinition.[45] Insofern sind Aussagen wie »le mot n'est que par le contexte et rien par lui-même« durchaus zutreffend (sie sind indessen nicht so gemeint).[46] Andererseits: indem sich das Wort in einer Reihe von Kontexten bewußtseinsmäßig konstituiert, gewinnt es eine von diesen unabhängige, eigenständige Existenz: »There is no getting away from the fact«, sagt Gustav Stern, »that single words h a v e more or less permanent meanings, that they actually do refer to certain referents, and not to others, and that this characteristic is the indispensable basis of all communication.«[47]

Das Wort, so sagten wir, konstituiert sich dadurch, daß im Bewußtsein – vermöge des Zeigakts – eine (wie auch immer hervorgerufene) Dingvorstellung durch eine Lautvorstellung b e s e t z t wird. Gerade in dieser worthaften Besetztheit einer Dingvorstellung erblickte Freud die unerläßliche Bedingung für die »Bewußtseinsfähigkeit« einer Vorstellung: »Was wir die bewußte Objektvorstellung heißen..., zerlegt sich uns jetzt in die W o r t v o r s t e l l u n g und in die S a c h v o r s t e l l u n g...«; plastisch spricht er auch von einer »Überbesetzung«: »das System Vbw (das Vorbewußte) entsteht, indem die Sachvorstellungen durch die Verknüpfung mit den ihnen entsprechenden Wortvorstellungen überbesetzt werden.« Solche »Überbesetzungen« sind es, die, wie Freud vermutet, »eine höhere psychische Organisation herbeiführen«.[48] Es ist klar, daß eine solche Kennzeichnung nicht nur in sprachwissenschaftlichem, sondern auch in anthropologischem Sinne höchst bedeutsam ist.

An den zitierten Stellen und anderswo nennt Freud »Wortvorstellung«, was wir »Lautbild« oder »Lautvorstellung« nannten.[49] Teilt also dieser

---

[45] So betrachtet ist es klar, da die ›Feldfähigkeit‹ – im Sinne K. Bühlers, Sprachtheorie, S. 297 – grundsätzlich zum Wort gehört, daß jedes Wort ›zeigend‹ definiert werden kann.
[46] Vgl. S. Ullmann, Semantics, S. 48ff.; Principles, S. 60–65 (hier weitere Literatur).
[47] Meaning and change of meaning. With special reference to the English language, Göteborg Högskolas Arskrift XXXVIII (1921), S. 85.
[48] Das Unbewußte, S. 38. Das System des Unbewußten (Ubw) enthält, nach Freud, wortlose Objektbesetzungen, was damit zusammenhängt, daß sie in der vorsprachlichen Phase eintreten. »Verdrängt« ist also, was »die Übersetzung in Worte verweigert«. Das »Verdrängte« ist freilich nur ein Teil von Ubw. Diese Auffassungen Freuds zeichnen sich schon in der »Traumdeutung« ab.
[49] An einer Stelle heißt es geradezu, daß die Wortvorstellungen »wesentlich von a k u s t i s c h e n Wahrnehmungen abstammen«. Es ist also kein Zweifel, daß Freud das Wort in erster Linie vom Lautlichen her begreift (Ges. Werke XIII, S. 248).

Autor »die häufig anzutreffende Verwechslung von Wort und Wortkörper (Lautgestalt)«? In dieser Verwechslung sieht Weisgerber (und nicht nur er) einen »verhängnisvollen Fehler«.[50] Gewiß ist es Freud nicht entgangen, daß Wörter (er sagt – wie leider weithin außerhalb und innerhalb der Sprachwissenschaft – »Worte«) »sinnlich-geistige Ganzheiten« (so Weisgerber) sind. Natürlich sind am Wort Lautung und Inhalt (Bedeutung) zu unterscheiden; es ist aber andererseits gar kein Zweifel, daß für das Bewußtsein das Wort so nicht existiert. Für das Bewußtsein ist das Wort nicht ein Etwas, das sich aus zwei ›miteinander verbundenen‹ Elementen zusammensetzt, sondern etwas Einheitliches; es sieht in ihm etwas lautlich so und so Beschaffenes, das ein Ding benennt.[51] Insofern ist die gängige Gleichsetzung von Wort und Wortkörper, die ja ohnehin nicht von ungefähr kommt, keineswegs unangemessen; und es ist höchst treffend, wenn Freud erklärt, für das Bewußtsein »zerlege sich« die »Objektvorstellung« in eine »Wortvorstellung« und eine »Sachvorstellung«.[52] Gerade dies ist der Fall: auf der einen Seite das Ding, auf der anderen das Wort als eine bestimmt geartete Lautgestalt.[53]

Damit ist schon gesagt, daß mit dem Wort eine Vorstellung von dem Gezeigten einhergehen muß: ohne diese Vorstellung könnte das Wort weder zeigen noch benennen. Will ich in jemand die Vorstellung »Rose« hervorrufen, so kann ich ihm entweder eine Rose vor Augen halten und sagen: »sieh dir das an«, oder ich sage einfach, ohne sonst irgendetwas zu unternehmen, »Rose«. Es ist also für das Bewußtsein in bestimmtem Sinne einerlei, ob ihm die Sache oder nur deren Name präsent ist: hierin liegt, was wir die »Dingvertretung« des Wortes nannten. Diese ist dem Worte nur möglich durch die Dingvorstellung, die an ihm haftet: es kann auf das (abwesende) Ding zeigen, weil es von ihm eine Vorstellung hervorrufen kann. Dies ist der Sinn des vielzitierten scholastischen: »voces significant res mediantibus conceptibus.«[54] Dieser Satz meint aber gerade auch, daß das Wort auf das Ding zeigt, nicht auf die Vorstellung

---

[50] Die vier Stufen in der Erforschung der Sprachen, Düsseldorf 1963, S. 45. Vgl. Saussure, Cours, S. 99.
[51] R. Chabal: »Un mot pour le sens commun, c'est un son articulé relié à une chose« (Vers une anthropologie philosophique, II, Paris 1964, S. 78).
[52] Freud spricht auch einmal vom »Wortanteil« der Objektvorstellung (Das Unbewußte, S. 40).
[53] Es ist klar, daß die ›Lautgestalt‹ nicht nur als flatus vocis verstanden werden darf: sie ist kein physikalisches Konkretum, sondern existiert bewußtseinsmäßig als ein »phonematisch geprägtes« Zeichen (vgl. K. Bühler, Sprachtheorie, S. 224–225, 297f.).
[54] Vgl. A. Gardiner, The theory of speech and language, 2. Aufl. Oxford 1951, S. 44.

von ihm im Bewußtsein. Wir sagten zuvor: im Zeigen des Wortes auf das Ding verbinden sich im Bewußtsein Wortvorstellung und Dingvorstellung; jetzt müssen wir umgekehrt sagen: beim Eintritt des Wortes in das Bewußtsein ereignet sich dort vermöge der Dingvorstellung ein Zeigen auf das Ding.

Diese Bestimmung des Wortes unterscheidet sich, in der Akzentuierung, nicht unerheblich von derjenigen Saussures und Ullmanns. Für Saussure ist das Wort »une entité psychique à deux faces«:

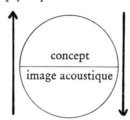

Die beiden ›Elemente‹ des Wortes »s'appellent l'un l'autre«; andererseits stehen sie zueinander in ›Opposition‹. Um diese terminologisch hervortreten zu lassen, nennt Saussure, sich auf den Unterschied der beiden Partizipien stützend, das ›Lautbild‹ S i g n i f i k a n t (»signifiant«) und den durch diesen hervorgerufenen ›Begriff‹ S i g n i f i k a t (»signifié«). Das ›Zeichen‹ selbst (»signe«) ist für ihn »le total«, also die ›Verbindung‹ von Signifikant und Signifikat.[55] Dieses Schema findet sich bei Ullmann in verschärfter Form. Er ersetzt die Ausdrücke »Signifikant« und »Signifikat« (»lend themselves to ambiguous interpretations«) bzw. »Lautbild« und »Begriff« (»not very felicitous terms«, »terminologie quelque peu périmée«) durch »name« (»nom«) und »sense« (»sens«); beide meinen für ihn, wie für Saussure, bewußtseinsmäßige »Niederschriften« (»engrams«).[56] So kommt Ullmann zu dem, was er eine »funktionale«, eine »dynamische« Definition der Bedeutung nennt: diese ist für ihn nicht der mit dem Wort verbundene Inhalt, sondern d i e V e r b i n d u n g (von Inhalt und Lautung) s e l b s t; Bedeutung (»meaning«) ist für ihn: »a reciprocal and reversible relationship between name and sense«.[57] Die Bedeutung ist demnach

---

[55] Vgl. Cours., S. 99. Auch Saussure beklagt hinsichtlich des ›Zeichens‹, daß: »dans l'usage courant ce terme désigne généralement l'image acoustique seule, par exemple un mot (*arbor,* etc.). On oublie que si *arbor* est appelé signe, ce n'est qu'en tant qu'il porte le concept ›arbre‹ de telle sorte que l'idée de la partie sensorielle implique celle du total.« Auch er fragt sich nicht, ob dieser Sprachgebrauch nicht in der Sprache selbst begründet sei.

[56] Principles, S. 69ff.; Précis, S. 20ff. Ullmann stützt sich hierbei auf die Darlegungen von Z. Gombocz.

[57] Semantics, S. 57.

etwas gegenüber Lautung und Inhalt begrifflich unabhängiges Drittes: »it becomes a relation and thus dynamic in its very essence«.⁵⁸ Kennzeichnend für die Auffassung Saussures und Ullmanns ist zunächst, daß das ›Zeigen‹ des Wortes sich in zwei verschiedene (wenngleich zusammenhängende) Vorgänge auseinandergerissen findet: der »Name« zeigt auf den »Sinn«, der »Sinn« zeigt auf das Ding. Das Verhältnis dieser beiden Weisen des Zeigens, ihr ›Zusammenhang‹ wird nicht geklärt; sie werden lediglich nebeneinandergestellt:⁵⁹

Zum zweiten kennzeichnet diese Auffassung (schärfer tritt dieser Zug bei Ullmann hervor), daß sie unter ›Bedeutung‹ etwas im gleichsam ›geschlossenen Raum‹ des Wortes in sich selbst Kreisendes und Verharrendes versteht. Der konstitutive Grundzug des Wortes, des Sprachlichen überhaupt, das Gerichtetsein auf etwas, das nicht es selbst ist, die Intentionalität, tritt in dieser Definition nicht eigentlich hervor. Zustimmend zitiert Ullmann seinen Lehrer Gombocz: »the name refers, not to the thing itself, but to our idea of the thing«.⁶⁰ Gerade dies jedoch ist nicht der Fall: das Wort meint nicht seinen ›Inhalt‹, also etwas, das an ihm selber ist; es zeigt nicht auf eine bestimmte, an ihm selbst hängende Vorstellung von dem Ding; das Wort – als Lautgestalt – zeigt (meint, bezieht sich auf, intendiert, bedeutet) das außerhalb seiner selbst befindliche Ding; freilich, es kann dies nur tun »mediante conceptu«. Der am Wort haftende »con-

---

⁵⁸ Principles, S. 70. Hierzu erklärt H. Weinrich: »Mir mißfällt indes, daß Ullmann ›Bedeutung‹ (meaning) nun als die ›wechselseitige und umkehrbare Beziehung‹ zwischen ›name‹ und ›sense‹ auffassen will. Name und Sense bilden jedoch zusammen das Sprachzeichen, und es ist unnötig, zwischen Zeichenaußenseite und Zeicheninnenseite noch ein Drittes (ein ›Band‹ oder dergleichen) anzunehmen und gar zu hypostasieren. Wenn man es aber doch tut, so läßt sich über diese ›Beziehung‹ gar nichts anderes aussagen, als daß sie eben wechselseitig besteht« (in: Romanistisches Jahrbuch, 1962, S. 187).
⁵⁹ Ullmann: »Dans la première des deux ellipses, le nom *arbre* et le sens ... se trouvent réunis et rattachés l'un à l'autre par des rapports d'évocation réciproque. Dans la deuxième, des relations analogues sont établies entre le sens et la chose« (Précis, S. 22); »the word ›symbolizes‹ a ›thought or reference‹ which in its turn ›refers‹ to the feature or event we are talking about« (Semantics, S. 56).
⁶⁰ Principles, S. 71.

ceptus« ist aber nicht das Gemeinte des Wortes, sondern dasjenige, vermöge dessen es zu meinen vermag. Das Signifikat des Signifikanten ist also nicht, was Saussure so nennt, sondern das Ding selbst; das Ding selbst ist das Gemeinte, das Gezeigte, das Intendierte und Bedeutete: »vox significat res«.

Keinesfalls darf also das Ding (»the thing meant«; Ogden und Richards nennen es korrekt »the referent«: zumindest dies verträgt sich nicht mit der zitierten Bemerkung von Gombocz) von der Definition des Wortes ausgeschlossen bleiben.[61] Zu sagen, daß das Ding nicht zum Wort gehöre, kann nur heißen, daß das Ding nicht materialiter in das Wort eingeht oder mit ihm verbunden ist (natürlich gibt es, so betrachtet, »no direct and immediate relation to the thing meant«:[62] wer wollte dergleichen behaupten?); das Ding gehört aber insofern zum Wort, als dieses darauf intendiert und gerade in dieser Intention seine Worthaftigkeit liegt. Daher kann die Sprachbeschreibung nicht einfach sagen: »the referent, the non-linguistic feature or event as such, clearly lies outside the linguist's province.«[63] Das Ding »als solches« gewiß, nicht aber das Ding, insofern es – vermöge der Dingvorstellung – durch das Wort intendiert ist: τὸ νοούμενον πρᾶγμα, wie die Stoiker sagten.

Das Wort ist also lautliches Zeichen; der Gestus des intentionalen Zeigens, die von sich selbst wegweisende, auf ein anderes als es selbst gerichtete Intentionalität ist sein eigentlicher Kern: in ihm ist vor allem übrigen die Intentionalität, die der Sprache als ganzer konstitutiv zukommt, verankert. Daher ist das Lexikon der Grundbestandteil der Sprache. Die Lautung zeigt dem Bewußtsein ein Ding der Wirklichkeit, und zwar zeigt sie auf dieses Ding als dessen Name. Dies heißt: sie vertritt für das Bewußtsein das gemeinte Ding selbst. Das nennende Zeigen der Lautung auf das Ding, ihr Bedeuten, geschieht vermöge ihres Inhalts, der ihr im Bewußtsein – nur dort – anhaftet: das Wort ›lebt‹ als das bewußtseinsmäßige Miteinander einer lautlichen Form und eines anderen, das nicht lautlich und weniger leicht zu fassen ist und das wir »Inhalt« nennen. Dieser ist der Gegenstand des folgenden Kapitels.

---

[61] Ogden-Richards, The meaning of meaning, 4. Aufl. London 1936, S. 11. Die Harmonisierung zwischen diesen Autoren und Saussure, die Ullmann vornimmt (»no contradiction whatever«, Principles, S. 72), empfinden wir als unberechtigt: es besteht hier, wenn auch kein Widerspruch, so doch ein erheblicher Unterschied.

[62] Principles, S. 73.

[63] Semantics, S. 56. Vgl. R. Chabal: »la chose réelle doit être exclue, elle n'est qu'à l'horizon: les mots ne la touchent en rien« (Vers une anthropologie philosophique, II, Paris 1964, S. 78).

III. Der Inhalt des Wortes

Der Inhalt des Wortes ist eine bewußtseinsmäßige Vorstellung des durch das Wort intendierten Dings. Wir kehren noch einmal zum genetischen Gesichtspunkt zurück und fragen: wie kommt diese Vorstellung zustande?

Sie konstituiert sich, wie ausgeführt, kraft des ersten benennenden Zeigaktes in einem ersten, zumeist unzureichenden Ansatz. Im Gefolge weiterer Zeigakte festigt sich dieser Ansatz im Sinne einer fortschreitenden, von Korrekturen begleiteten, sich weithin allein im Vorbewußten abspielenden Verdichtung.[1] Der Inhalt ist fertig in dem Augenblick, wo die individuelle Dingvorstellung mit der idealtypischen zusammenfällt: wenn also das Individuum unter »Haus« die Gesamtheit der Züge begreift, die konstitutiv an einem Ding sein müssen, damit es, entsprechend dem idealtypischen deutschen Sprachbesitz, durch das Wort *Haus* bezeichnet werden kann. Mein kleiner Sohn nennt »Brot«, was idealtypisch durch die vier Wörter *Brot, Butter, Käse* und *Wurst* benannt wird. Seine Dingvorstellung von Brot hat also mit der allgemein geläufigen bereits einiges zu schaffen; es bedarf aber noch vieler Zeigakte bis die Vorstellung durch Korrektur (Eliminierung von ›Käse‹, ›Wurst‹ und ›Butter‹) und Verdichtung (genauere Vorstellung von dem, was Brot ist) mit der idealtypischen zur Deckung gelangt. Die progressive Inhaltsverdichtung des Wortes geschieht auf drei Wegen.

Sie geschieht einmal durch das usuelle Einrangieren des jeweiligen Wortes in bestimmt geartete situationelle und kontextuelle Zusammenhänge. Ein solches Einrangieren impliziert, wie dargelegt, in jedem Fall einen Zeigakt, eine mehr oder weniger deutliche Zeigdefinition. Diese ›Definitionen‹ hinterlassen im Bewußtsein Erinnerungsspuren. Als ein gleichsam kumulatives Sediment solcher Spuren verdichtet sich der Wortinhalt. So gesehen ist er das Ergebnis einer gewohnheitsmäßigen – situationellen und kontextuellen – Zuordnung: er ist das Produkt einer

---

[1] Den Begriff der Verdichtung gebraucht in einem anderen Sinne auch die Psychoanalyse.

Gewohnheit.[2] Zum zweiten geschieht diese Verdichtung durch das nach und nach erworbene W i s s e n über das vom Wort intendierte Ding. So erfährt das Kind zum Beispiel, daß Brot aus dem Mehl von Getreidekörnern hergestellt wird, daß Äpfel an Bäumen wachsen und daß Eier von Hühnern gelegt werden.

Die Frage stellt sich, ob oder inwieweit ein derartiges Wissen über das Ding zum ›Inhalt‹ des Wortes gehöre, welches das Ding bezeichnet. Selbstverständlich ist es möglich, sich von Brot, Apfel und Ei Dingvorstellungen zu bilden, die das genannte Wissen nicht enthalten: gerade davon ist ja beim kleinen Kind auszugehen, und ohne weiteres kann man sich mit ihm – etwa während des Frühstücks – über diese Dinge verständigen. Andererseits sind diese Kenntnisse bei jedem erwachsenen Angehörigen der Sprachgemeinschaft tatsächlich vorhanden und werden daher beim Sprechen jederzeit vorausgesetzt.[3] Ist es sinnvoll, den Inhalt »Ei« zu definieren, ohne die Tatsache, daß Eier von Vögeln gelegt werden, hereinzunehmen? Gibt es eine ›rein sprachliche‹ Definition des Inhalts? Georges Gougenheim, der in seinem Wörterbuch im Unterschied etwa zum Petit Larousse solche Definitionen anstrebt, schreibt: »corps que pondent (produisent, font) les poules et les autres femelles d'oiseaux«[4], und bei *pain*: »aliment fait avec de la farine de blé travaillée et cuite«. Und wie verhält es sich mit anderen, weniger ›konkreten‹ Inhalten wie »Frühling«, »Geduld«, »Freiheit«, »rot«, »giftig«, »gehen«, »fahren«, »schnurren«? Sind diese Inhalte ohne ein, wenn auch noch so bescheidenes, Wissen über ihre Intenta überhaupt vorstellbar? Es ist hier zu beachten, daß dasjenige, was uns als ›außerinhaltlich‹, als ›außersprachliche‹ Kenntnis über ein bestimmtes Ding erscheinen mag, in Wirklichkeit auf der Kenntnis anderer

---

[2] Vgl. O. Jespersen: »the only unimpeachable definition of a word is that it is a human habit, an habitual act on the part of one human individual ... A word may rightly be compared with such a habitual act as taking off one's hat or raising one's fingers to one's cap ...« (Language. Its nature, development and origin, London 1922, S. 7/8).

[3] Man denke, was das Ei betrifft, etwa an den großartigen Einsatz von G. B. Shaws »Saint Joan«: » R o b e r t. No eggs! No eggs!! Thousand thunders, man, what do you mean by no eggs? ... S t e w a r d. Sir: what can I do? I cannot lay eggs. R o b e r t (sarcastic) Ha! You jest about it. S t e w a r d. No, sir, God knows. We all have to go without eggs just as you have, sir. The hens will not lay.«

[4] Dictionnaire fondamental de la langue française, Stuttgart–Paris 1958; vgl. dagegen die Definition des Petit Larousse (1965), die das Vorwissenschaftliche klar überschreitet: »Cellule résultant de la fécondation, fusion d'un gamète mâle et d'un gamète femelle, et qui, par division, donnera un nouvel être, animal ou végétal ...«

Wortinhalte beruht. Gehört zum Inhalt des Adjektivs *rot* das Wissen, daß Blut rot ist? Am Blut – »cruor« – zeigt sich gewiß diese ›Eigenschaft‹ in einer paradigmatischen Weise: das ist mehr als eine ›Assoziation‹, die sich einstellen kann oder nicht; jedenfalls fehlt dieses Wissen über »rot« bei keinem Angehörigen der Sprachgemeinschaft. Daß nun aber die rote Farbe vor allem anderen dem Blut zukommt, weiß ich, weil ich den Inhalt des Wortes *Blut* kenne.[5] Ebenso weiß ich, daß Eier, wie sie mir in der Küche begegnen, in der Regel von Hühnern stammen, weil ich den Inhalt »Huhn« kenne usw.[6] So erwerben wir gleichzeitig mit dem Wortschatz ein weitgespanntes, Richtiges und Falsches unentwirrbar mischendes vorwissenschaftliches Wissen über die zahllosen Dinge, welche die Wörter intendieren: verba tene, res sequentur.

Drittens ist damit zu rechnen, daß sich die Wortinhalte gegenseitig verdichten, indem sie sich gegeneinander abgrenzen: »dans la langue il n'y a que des différences. Bien plus: une différence suppose en général des termes positifs entre lesquels elle s'établit; mais dans la langue il n'y a que des différences sans termes positifs.« Dies gilt nach Saussure für das Signifikat in gleicher Weise wie für den Signifikanten: es wird bestimmt »par le concours de ce qui existe en dehors de lui« und ist: »ce que les autres ne sont pas«.[7] In diesen sehr weitreichenden Bemerkungen ist die Lehre von den »Wortfeldern«, wie sie Jost Trier und Leo Weisgerber

---

[5] Vgl. G. Gougenheim: »liquide rouge, nécessaire à la vie, qui est dans le corps.« Auch hier muß man fragen: gehört »nécessaire à la vie« zu diesem Inhalt oder ist es bloß ›außersprachliches‹ Wissen? Und entspricht »qui est dans le corps« – 300 Jahre nach Harvey – noch der heute geläufigen vorwissenschaftlichen Dingvorstellung? Müßten wir hier nicht sagen: »qui circule dans le corps«? Wir wählten als Beispiel ein Farbadjektiv, weil bei diesen vielleicht am ehesten von einem ›rein sprachlich‹ konstituierten Inhalt geredet werden kann.

[6] Hier ist die Definition von Gougenheim schwach: »femelle du coq«; weit eher wäre »coq« in bezug auf »poule« als »poule« in bezug auf »coq« zu beschreiben.

[7] Saussure, Cours, S. 166, 160, 162. Vgl. auch: »Dans l'intérieur d'une même langue, tous les mots qui expriment des idées voisines se limitent réciproquement: des synonymes comme *redouter, craindre, avoir peur* n'ont de valeur propre que par leur opposition; si *redouter* n'existait pas, tout son contenu irait à ses concurrents« (S. 160). Schärfer, präziser formuliert Merleau-Ponty: »les signes un à un ne signifient rien, ... chacun d'eux exprime moins un sens qu'il ne marque un écart de sens entre lui-même et les autres ... la langue est faite de différences sans termes, ou plus exactement les termes en elle ne sont engendrés que par les différences qui apparaissent entre eux.« Er spricht von »ce sens naissant au bord des signes, cette imminence du tout dans les parties« (Le langage indirect et les voix du silences, in: Signes, Paris 1960, S. 49, 51).

konzipierten, bereits enthalten. Diese geht davon aus, »daß die Wortinhalte nur sind als Glieder des Sprachinhaltes, daß der Wortschatz eine Ganzheit ist, deren Beziehung zu den einzelnen Teilen, den Worten, durch den Begriff des Sich-Ausgliederns gefaßt werden muß«.[8]

Bei der Lehre von den Wortfeldern handelt es sich um eine bedeutsame und interessante, aber auch äußerst problematische und jedenfalls bisher unbewiesene Annahme; sie ist nicht mehr – und nicht weniger – als eine gerade in ihrer Problematik anregende Arbeitshypothese. Nur durch die Beobachtung könnte sie erhärtet werden. Eine solche Erhärtung haben die bisherigen, zum Teil sehr eingehenden Einzeluntersuchungen nicht gebracht.[9]

Es bleibt also noch zu zeigen, inwieweit die Betrachtung eine gegenseitige Abgrenzung, ein Sich-gegenseitig-Bedingen der Wortinhalte bei der Konstitution der Wörter annehmen darf: inwiefern muß ich, um zu wissen, was *Liebe* meint, auch wissen, was Freundschaft ist? Muß ich, um zu wissen, was ein Sessel ist, auch wissen, was ein Stuhl oder ein Bett ist? Brauche ich zum Inhalt »schnell« den Inhalt »plötzlich«, zum Inhalt »anmutig« den Inhalt »hübsch«?

Es scheint, daß die Verhältnisse komplizierter sind, als es der Absolutheit heischende Anspruch der Feldlehre zuzugeben bereit ist. Namentlich diesem Anspruch gegenüber sind manche Zweifel anzumelden und in der Tat angemeldet worden.[10] Keinesfalls können die Inhalte, wie aus den

---

[8] J. Trier, Deutsche Bedeutungsforschung, in: Germanische Philologie, Festschrift für O. Behaghel, Heidelberg 1934, S. 174. Ausdrücklich verweist Trier auf Saussure und Humboldt; vgl. L. Seiffert, Wortfeldtheorie und Strukturalismus. Studien zum Sprachgebrauch Freidanks, Stuttgart 1968.

[9] Vgl. insbesondere die bewundernswerte Arbeit von E. Oksaar, Semantische Studien im Sinnbereich der Schnelligkeit. Plötzlich, schnell und ihre Synonymik im Deutschen der Gegenwart und des Früh-, Hoch- und Spätmittelalters, Stockholm 1958. Dazu die Kritik L. Weisgerbers in: Die vier Stufen in der Erforschung der Sprachen, Düsseldorf 1963, S. 185 ff. Vgl. auch die kritischen Bemerkungen gegen den Begriff des Wortfeldes von M. Wandruszka in der Besprechung von F. Schalks »Exempla romanischer Wortgeschichte«; sie gipfeln in der Frage: »Ist es nicht an der Zeit, das ›Wortfeld‹ durch ein besseres Strukturmodell der lexikalischen Programme unserer Sprachen zu ersetzen?« Zeitschrift für rom. Philologie, 82, 1966, S. 608).

[10] Nach O. F. Bollnow »greifen« die Begriffe der Sprache »jeweils in besonderer Weise in die Wirklichkeit aus« (Sprache und Erziehung, S. 127 f.): »Von diesen Begriffen, mit denen wir die Welt begreifen, faßt jeder die Welt aus seinem Bedürfnis. Es steckt kein Oberbegriff dahinter, der sich dann differenziert, sondern jeder Begriff greift unmittelbar in die Wirklichkeit. Stuhl, Schemel, Bank usw., sie haben keinen Oberbegriff, wenn wir nicht das künstliche sprachfremde Wort Sitzmöbel einführen wollen. Und Sitzen, Hocken, Kauern usw. haben ebenfalls keinen Oberbegriff, wenn wir nicht den halb-

genannten Äußerungen hervorgeht, nur die Produkte eines solchen Sich-Ausgliederns und der sich dabei ergebenden relationellen »Oppositionen« sein. Unterschiede kann es erst zwischen Dingen geben, die zuvor schon so und so sind; deren Sosein kann also nicht erst das Produkt von Unterschieden zwischen ihnen sein: wie sollte es Unterschiede geben zwischen Dingen, die, da sie erst durch die Unterschiede so und so werden, noch in keiner Weise fixiert sind? In anderen Worten: primär ist ein, wenn auch vielleicht noch unbestimmtes Sosein der Inhalte, sekundär die möglichen Unterschiede zwischen ihnen. Unterschiede zwischen Dingen können nicht diese Dinge selbst hervorrufen, denn sie können nicht vor diesen selbst schon bestehen. Gewiß gilt für die Wortinhalte ebenso wie für den einzelnen Menschen: »on ne se définit qu'en s'opposant«; aber eben: etwas muß doch schon da und so und so sein, damit eine »Opposition« sich überhaupt ergeben kann. Es ist also durchaus zuzugeben, daß bereits bestehende Inhalte durch andere, ihnen benachbarte, zusätzlich bestimmt und verdichtet werden können und daß mit der gegenseitigen Beeinflussung der Inhalte als einem wichtigen Faktor der Verdichtung immer zu rechnen ist.

Was als Inhalt eines Wortes gegenwärtig ist, ist im wesentlichen nichts anderes als eine mehr oder weniger eindeutig umreißbare Vorstellung des durch das Wort intendierten Dings. Ein Wort kennen heißt: wissen, welches Ding es in der betreffenden Sprache bezeichnet.[11] Dies ist nur möglich, wenn ich von dem Ding eine Vorstellung habe; diese muß sich zumindest so verdichtet haben, daß es mir gelingt, jenes Ding von den anderen, besonders den ihm benachbarten, die durch andere Wörter bezeichnet sind, zu isolieren: es für sich zu sehen. Es wird hieraus deutlich, daß ein bestimmtes Wissen über das intendierte Ding notwendig zum Wortinhalt gehört; die Vorstellung von einem Ding kann stets als ein Wissen über dieses Ding betrachtet werden. Man muß beim Gebrauch eines bestimmten Wortes wissen, was das für ein Ding ist, das es meint (die Zweideutigkeit dieser Wendung ist kennzeichnend: in ihr drückt sich bereits sprachlich das von uns Gemeinte aus). Ein erster Ansatz solchen Wissens konstituiert sich mit dem ersten sprachlichen Zeigakt auf das Ding; es verdichtet sich durch usuelle Einrückung (also durch weitere

---

aufrechter Körperhaltungen einführen wollen« (ibid., S. 131). Zur Kritik am Feldbegriff vgl. Ullmann, Semantics, S. 249, Anm. 2. Ullmann selbst nimmt eine gemäßigte, vermittelnde Haltung ein.

[11] Wir können im Deutschen zwar sagen »er kann nicht übersetzen, weil er keine Wörter kann«, nicht aber im Singular: ich »kann« dieses oder jenes Wort. Gerade diese Ausdrucksweise wäre indessen unserer Auffassung angemessen.

Zeigakte) und durch das – zu einem Teil schon durch den Erwerb anderer Wörter bedingte – Einströmen weiteren Wissens über das Ding. Wie weit sich dies Wissen verdichtet, ist insofern unerheblich, als das Wort auf allen Gradstufen der Verdichtung gewissermaßen dasselbe ist; mit dem Wort *Ei* verständigen sich, innerhalb bestimmter Situationen, über dasselbe Ding der Biologe mit all seinem Fachwissen und das Kind, welches das Ei nur durch sein Aussehen und seinen Geschmack von anderen Dingen unterscheidet: beide ›wissen‹, jeder auf seine Weise, was das Ei für ein Ding ist.

Wenn wir sagen, daß der Wortinhalt prinzipiell als ein Wissen über das gemeinte Ding aufzufassen sei, so leugnen wir damit nicht, daß in dieser Hinsicht zwischen den Wörtern Unterschiede bestehen: das Wort *kommen* zum Beispiel unterscheidet sich insofern von *Ei, Haus, Licht, schlafen, Ehrgeiz, kalt* usw., als in seinem Inhalt nicht in der gleichen Weise ein Wissen über sein Intentum anzutreffen ist. Aber auch hier kann ich noch sagen: ich weiß, was das ist, was *kommen* meint; auch von diesem ›Ding‹ habe ich eine Vorstellung. Was »kommen« ist, weiß ich nur durch die Sprache. Dieses Wissen kann daher auch – im Gegensatz zu dem über das Ei – nicht außersprachlich vertieft werden: keine Wissenschaft kann mir näherbringen, was »kommen« ist. Wortinhalte, in welchen sich ein außersprachliches Wissen nicht findet und die also ›rein sprachlich‹ sind, sind aber nicht zahlreich. Schon bei »alt« und »jung« gehört doch wohl zum Inhalt das Wissen, daß das Alte näher bei seinem Ende steht als das Junge, das Junge näher bei seinem Anfang als das Alte.[12]

Wenn der Wortinhalt in einem Wissen über das Ding besteht, andererseits aber dieses Wissen auf dem Wege der Sachkenntnis fast grenzenlos vertieft werden kann, so muß gefragt werden, welches Wissen zum Wortinhalt gehört und welches nicht. Natürlich kann es hierbei nicht darum gehen, all das hereinzunehmen, was in diesem oder jenem Falle mit einem Inhalt an Wissen über das Ding assoziiert werden k a n n. Es geht vielmehr um dasjenige, was nicht fehlen darf, das Unabdingbare. Aber eben dies ist im einzelnen zumeist alles andere als leicht. Sehr häufig gleicht die Lage der beim Ei vorgefundenen: ein wichtiges Element des Wissens

---

[12] Vgl. K. Bühler: »Entscheidend ist die Erkenntnis, daß nur die Nennwörter ihren Gegenstand als ein so und so Beschaffenes charakterisieren, daß nur sie ihren Gegenstand als ein Etwas, unterschieden von anderem, nach seiner Wasbestimmtheit (ποιότης) fassen...« (Sprachtheorie, S. 119). Es ist klar, daß der Begriff des Wissens, den wir hier verwenden, in einem lockeren, durchaus unwissenschaftlichen Sinne zu nehmen ist; ›Wissen‹ heißt hier nur: etwas über das Ding irgend Zutreffendes sagen können.

ist faktisch bei jedermann vorhanden, aber die Dingvorstellung hängt doch nicht eigentlich oder ausschließlich an ihm. Ist es möglich, für jeden Inhalt einen ›Kern‹ unabdingbarer Elemente zu ermitteln? Das Problem stellt sich traditionell in der Synonymik: wann hört der Stuhl auf, wann wird er zum Sessel oder zum Hocker?[13] Von welchem Punkt an wird die Keckheit zur Frechheit, die Freundschaft zur Liebe, die Bescheidenheit zur Demut, das Buch zum Heft, die Straße zur Gasse, der Wind zum Sturm? Die Frage, ob in den Wortinhalten ein solcher Kern lebendig und mit welcher Methode er zu finden sei, lassen wir offen. Wir begnügen uns damit festzustellen, daß die mit dem Wort verbundene Dingvorstellung für weitere, zusätzliche Verdichtungen bei den meisten Wörtern jederzeit offen ist.[14]

Entscheidend ist nun aber, daß innerhalb des idealtypischen Besitzes ein bestimmter **Verdichtungsgrad** für jede Dingvorstellung charakteristisch ist. Unwillkürlich gehen die erwachsenen Sprecher davon aus, daß jeder bei »Haus« an **dasselbe** Ding denkt; der Erfolg ihres Sprechens – die Erfahrung, daß die Verständigung über die Dinge im großen und ganzen gelingt – bestärkt sie in dieser gewiß nicht ganz unproblematischen Annahme. Gerade die Tatsache, daß wir an der zuweilen hervortretenden Unterschiedlichkeit der Dingvorstellungen heftigen Anstoß nehmen, beweist, daß wir ihre Unterschiedslosigkeit als das Übliche, der Sprache von Natur aus Zukommende betrachten.[15] Bereits Aristoteles hat diesen Gedanken in seiner Definition des Sprechens unmißverständlich formuliert: »Ἔστι μὲν οὖν τὰ ἐν τῇ φωνῇ τῶν ἐν τῇ ψυχῇ παθημάτων

---

[13] Vgl. H. Gipper, Sessel oder Stuhl. Ein Beitrag zur Bestimmung von Wortinhalten im Bereich der Sachkultur, in: Sprache – Schlüssel zur Welt, Festschrift f. Leo Weisgerber, Düsseldorf 1959, S. 271–292, und B. Pottier, Recherches sur l'analyse sémantique en linguistique et en traduction automatique, Nancy 1963.

[14] Dies hat insbesondere die (bisherige) Semantik der transformationellen Grammatik nicht berücksichtigt; vgl. H.-M. Gauger, Die Semantik in der Sprachtheorie der transformationellen Grammatik, in: Linguistische Berichte, I (1969), S. 1–18. In dieser Hinsicht ist die Kritik H. Marcuses am Positivismus sehr bemerkenswert (Der eindimensionale Mensch, Neuwied-Berlin 1967, S. 103ff., 184ff.).

[15] Vgl. die in dieser Hinsicht ›klassischen‹ Stellen des Thukydides und des Sallust, die Ullmann zitiert (Semantics, S. 1f.); so etwa auch Celestino bei Montherlant in einem seiner ›Artikel‹: »La condamnation à mort ne peut pas être une formule administrative, qui automatiquement signifie: emprisonnement à vie, c'est-à-dire amnistie au bout de cinq ans, ou bien évasion. En toute circonstance les mots doivent correspondre à une réalité; sinon, ils sont de l'ordure« (Le Chaos et la Nuit, Paris 1963, S. 40). Dies ist der genaue Ausdruck der ›vox populi‹ zu diesem Gegenstand.

σύμβολα, καὶ τὰ γραφόμενα τῶν ἐν τῇ φωνῇ. Καὶ ὥσπερ οὐδὲ γράμματα πᾶσι τὰ αὐτά, οὐδὲ φωναὶ αἱ αὐταί · ὧν μέντοι ταῦτα σημεῖα πρώτων, ταὐτὰ πᾶσι παθήματα τῆς ψυχῆς, καὶ ὧν ταῦτα ὁμοιώματα πράγματα ἤδη ταὐτά.«[16] Ungleich sind also die Schreibzeichen (γράμματα) und die Lautzeichen (φωναί) – hier fehlt dem Aristoteles etwas dem Bühlerschen »Prinzip der abstraktiven Relevanz« Entsprechendes –, gleich jedoch sind die Dinge (πράγματα) und die seelischen Vorstellungen (παθήματα τῆς ψυχῆς). Um die letzteren geht es hier: Aristoteles deutet sie als »ὁμοιώματα«, als »angleichende Darstellung der Dinge«.[17]

Aus der Genese des Wortinhaltes folgt, daß er nicht ›begrifflich‹ angelegt sein kann. Die idealtypische Verdichtung der Dingvorstellung ist keine fortschreitende Verbegrifflichung. Unter ›Begriff‹ wird gemeinhin etwas aus einer Mannigfaltigkeit gedanklich Abstrahiertes verstanden.[18] Gerade als eine solche Abstraktion ist aber die mit dem Wort verbundene Dingvorstellung im Bewußtsein keineswegs lebendig. Die Dingvorstellung besteht, wie Freud formuliert, »in der Besetzung, wenn nicht der direkten Sacherinnerungsbilder, doch entfernterer und von ihnen abgeleiteter Erinnerungsspuren.«[19]

Die Beschreibung der Dingvorstellung als Erinnerungsbild kommt der Wirklichkeit des Wortes entschieden näher als die begriffliche Auf-

---

[16] De interpretatione, 16 a; M. Heidegger übersetzt ein wenig überinterpretierend: »Es ist nun das, was in der stimmlichen Verlautbarung (sich begibt), ein Zeigen von dem, was es in der Seele an Erleidnissen gibt, und das Geschriebene ist ein Zeigen der stimmlichen Laute. Und so wie die Schrift nicht bei allen (Menschen) die nämliche ist, so sind auch die stimmlichen Laute nicht die nämlichen. Wovon indes diese (Laute und Schrift) erstlich ein Zeigen sind, das sind bei allen (Menschen) die nämlichen Erleidnisse der Seele, und die Sachen, wovon diese (die Erleidnisse) angleichende Darstellungen bilden, sind gleichfalls die nämlichen« (Unterwegs zur Sprache, S. 244). In »Sein und Zeit« hatte Heidegger »παθήματα« weniger etymologisierend mit »Erlebnisse« übersetzt (§ 44).

[17] Zu der weitreichenden philosophischen Problematik der ὁμοίωσις, adaequatio vgl. M. Heidegger, Sein und Zeit, S. 214ff.

[18] Vgl. O. F. Bollnow: »Nach überlieferten Auffassungen werden die Begriffe durch Abstraktion aus der gegebenen Mannigfaltigkeit gewonnen und in Definitionen bestimmt. Die Definition erfolgt schulgerecht durch Angabe des nächsthöheren Oberbegriffs und des unterscheidenden Merkmals ... Und weil man in der Reihe der Begriffe zu immer höheren aufsteigen kann, ordnet sich die Gesamtheit der Begriffe in einer Begriffspyramide, deren oberster und allgemeinster der des Seins ist.« (Sprache und Erziehung, S. 125). Vgl. zum Begriff der Abstraktion H. Lipps, Die Verbindlichkeit der Sprache, 2. Aufl. Frankfurt 1958, S. 32.

[19] Das Unbewußte, S. 38.

fassung des Wortinhalts.[20] In der Tat: sprechen wir ein Wort aus, so ›sehen‹ wir sein Intentum vor uns: Haus, Ei, Blume, Auto, grün, rauh, alt, schlafen, suchen, springen. Zudem: wenn wir hören »Blume«, so sehen wir nicht die Blume an sich, ihren abstrahierten Inbegriff, sondern eine bestimmte Blume, eine Rose etwa, und wiederum nicht die Rose an sich, sondern ein bestimmtes, etwa rotes, Exemplar der Spezies.[21] Die Blume, die Rose im allgemeinen, »l'absente de tous bouquets«, wie Mallarmé sagt, können wir uns nicht eigentlich ›vorstellen‹, ebensowenig wie das Auto, »l'absent de tous garages«.[22] Nicht anders bei den übrigen genannten Wörtern: auch »Ei«, »Haus«, »alt«, »schlafen« sind weit mehr etwas einheitlich V i s u a l i s i e r t e s als etwas aus mehreren Elementen begrifflich Zusammengesetzes. In natürlich geringerem Maße gilt dies auch noch für ›Abstrakta‹ wie etwa Liebe, Einfalt, Sehnsucht, Demokratie: selbst solche Vorstellungen werden insofern ›visualisiert‹, als sie an anderem, seinerseits Visualisierbarem festgemacht erscheinen. Das Erleben des Wortes ist in gewisser Weise tatsächlich, um eine Formulierung Husserls zu gebrauchen, das »Erleben eines gleichzeitigen Phantasmas«.[23] Insofern ist die traditionelle ›Abbildvorstellung‹ nicht völlig im Unrecht; sie ist es aber insofern, als der Wortinhalt das Ding im Bewußtsein nicht ›abbildet‹ wie eine Photographie, auf der alle Elemente des anvisierten Objekts festgehalten sind. Das Wort w e i s t auf die Sache, aber es bildet sie nicht ab. Seine Dingvorstellung ist nur soweit ausgebildet, daß sie ein solches Weisen ermöglicht. Der Wortinhalt ist dabei wie ein Sprungbrett, welches das Bewußtsein dazu bringt, vom Wortzeichen zu dessen Intentum überzuspringen.[24] Freud trägt dem in der zitierten Stelle dadurch Rech-

---

[20] Vgl. Saussure: »concept« (Cours, S. 98 und 158ff.); so auch wieder J. J. Katz und J. A. Fodor (vgl. H.-M. Gauger, Semantik).
[21] Auf dieser Tatsache beruhen die Witze von der Art: »Haben Sie schon einmal ein fliederfarbenes Pferd gesehen?« – »Fliederfarbenes Pferd?!« – »Es gibt auch weißen Flieder.« Weder denken wir bei Flieder an weißen Flieder, noch bei Pferd an einen Schimmel.
[22] Mallarmé schreibt in seinem »Avant-dire« zu René Ghils »Traité du Verbe«: »Je dis: une fleur! et... musicalement se lève, idée même et suave, l'absente de tous bouquets.« Freilich ist auch daran etwas Richtiges. Es gibt so etwas wie das ›unbestimmte Vorstellen‹ der Dinge einer Klasse; aber eben: b e s t i m m t können wir uns die Blume an sich nicht vor-, d. h. vor unser ›inneres‹ Auge stellen.
[23] Logische Untersuchungen, II 1, S. 183.
[24] Vgl. H. Lipps: »Die eigentliche ›Bedeutung‹ der Wörter, die hierbei als Ausdruck für... verwendet werden, ist dabei etwas, was lediglich den Durchgang vermittelt zu dem, worauf man den anderen hinweisen, was man ihm deutlich machen will« (Die Verbindlichkeit der Sprache, S. 37).

nung, daß er den Begriff des ›Erinnerungsbildes‹, in einem zweiten Ansatz korrigierend zurücknimmt: es handle sich eher um »entferntere und von ihnen (den Erinnerungsbildern) abgeleitete Erinnerungsspuren«. Mit diesem Ausdruck scheint uns das Wesen des am Wort haftenden Inhalts zutreffend gekennzeichnet: einerseits läßt er eine gewisse Verbindung zum Visuellen bestehen; andererseits distanziert er sich sowohl von der Bildchen-Vorstellung des Wortinhalts als auch von dessen begrifflicher Deutung.[25] Er bleibt zurückhaltend in einer angemessenen Unbestimmtheit, die der Unsicherheit unserer Kenntnis auf diesem Gebiet entspricht. Es sind hier ja überall die schwierigsten Probleme verborgen: weit mehr als um positive Kennzeichnungen muß es hier vor allem darum gehen, vorschnelle, präjudizierende Festlegungen zu vermeiden. Als eine solche erscheint uns die verbreitete, selten näher qualifizierte Bestimmung des Wortinhaltes als mit dem Wort verbundener ›Begriff‹ des intendierten Dings.

Daß die Wortinhalte keine Begriffe im üblichen Verstande sind, hat Hans Lipps, von anderer Seite herkommend, in seiner »Hermeneutischen Logik« scharfsinnig dargelegt. Er nennt die ›Begriffe‹ der Sprache »Konzeptionen«. Diese erschließen sich uns »in ihrer Umgänglichkeit«: »Konzeptionen vermitteln ein Weiterkommen. Es sind gekonnte Griffe, mit denen man etwas zu fassen, worin man selbst Halt bekommt.«[26] Ein Wort kennen (= ›können‹!) heißt in der Tat: mit ihm sprachlich handelnd umgehen können, mit ihm zurecht kommen. Dies Können beruht nicht auf dem Besitz eines definierbaren Begriffs. »Definierbare Begriffe«, sagt Otto Friedrich Bollnow im Anschluß an Lipps, »gibt es im Grunde nur, wo ein konstruktiver systematischer Aufbau möglich ist. Sobald wir dagegen in die gewachsene Sprache des täglichen Lebens übergehen, hört diese Möglichkeit sehr bald auf... Solche Begriffe ergeben sich nicht in einer theoretischen Erkenntnisleistung, indem wir gewisse Gegenstände nach äußeren Ähnlichkeitsbeziehungen zusammennehmen, sondern nur im praktischen Umgang mit der Welt und sind nur von da her zu begreifen. Sie erwachsen, mit Heidegger zu sprechen, aus der Welt

---

[25] Auch Ogden-Richards sprechen von »engrams« und erklären diese als »residual traces of an adaptation made by the organism to a stimulus« (The meaning of meanig, S. 53).
[26] H. Lipps, Untersuchungen zu einer hermeneutischen Logik, Frankfurt 1938, S. 56. Vgl. O. F. Bollnow, Sprache und Erziehung, S. 126ff. und die Weiterführung S. 138ff. Diesem Autor zufolge hat Lipps »am tiefsten in diese Zusammenhänge hineingeführt« (ibid., S. 138). Vgl. auch H. Lipps, Die Verbindlichkeit der Sprache, 2. Aufl. Frankfurt 1958, S. 26–38.

des Zuhandenen und entziehen sich als solche dem Zugriff der überlieferten Logik.«[27]

Wenn nun die Wortinhalte dem Bewußtsein nicht als Begriffe gegenwärtig sind, sondern als memorielle Spuren bestimmter Bewußtseinserlebnisse, wenn sie sich in ihrer »Umgänglichkeit« konstituieren, dann ist es klar, daß sie nur innerhalb ihrer Vollzüge, im konkreten Sagen, eigentlich zu greifen sind: beim Sprechen oder Hören versteht man die Wörter, ohne zu merken, wie man sie verstanden hat.[28]

An einer viel zitierten Stelle seiner »Confessiones« sagt Augustin: »Quid est ergo tempus? Si nemo ex me quaerat, scio, si quaerenti explicare velim, nescio.«[29] Dieses eigentümliche, von Augustin nur im Vorübergehen angedeutete Dilemma hat Paul Valéry mit großer Exaktheit beschrieben: »Je me méfie de tous les mots, car la moindre méditation rend absurde que l'on s'y fie. J'en suis venu, hélas, à comparer ces paroles par lesquelles on traverse si lestement l'espace d'une pensée, à des planches légères jetées sur un abîme, qui souffrent le passage et point la station. L'homme en vif mouvement les emprunte et se sauve; mais qu'il insiste le moins du monde, ce peu de temps les rompt et tout s'en va dans les profondeurs. Qui se hâte a compris; il ne faut point s'appesantir: on trouverait bientôt que les plus clairs discours sont tissus de termes obscurs.«[30] Diese Äußerungen werden bei Ullmann im Zusammenhang

---

[27] Sprache und Erziehung, S. 126. Vgl. J. Stenzel: »Die Bestimmung, die ›Definition‹ wissenschaftlicher Begriffe erfolgt durch den Bezug auf einen ›systematischen‹ Zusammenhang« (Sinn, Bedeutung, Begriff, Definition, Darmstadt 1958, S. 60). Auch Stenzel fordert eine »Erweiterung der bisherigen, auf eine zu enge Begrifflichkeit gestellten Schullogik« (ibid., S. 10).
[28] Vgl. H.-M. Gauger, Synonymik, S. 254. So auch, sehr entschieden, H. Lipps: »Diese Konzeptionen gibt es nur im Vollzug als Griff. Deshalb können sie allenfalls wohl veranschaulicht, aber nicht wie die vorstellungsmäßigen Begriffe, unter die subsumiert wird, bestandhaft vorgeführt werden« (Hermeneutische Logik, S. 56f.).
[29] Confessiones, 11, 14. Vgl. S. Ullmann, Précis, S. 132.
[30] Monsieur Teste, 45. Aufl. Paris 1946, S. 89 (Lettre d'un ami). Wir weisen auf das schöne Beispiel für ›Synonymie‹ (»mots«, »paroles«) zu Beginn dieser Stelle hin. Drei Jahrzehnte später hat Valéry den Gedanken erneut und in verschärfter Formulierung ausgesprochen: »Dès que le regard s'y attarde, aussitôt il y voit une confusion d'exemples et d'emplois très différents qu'il n'arrive jamais à réduire. Ce qui était clair au passage, et si vivement compris, se fait obscur quand on le fixe... Insistez, par exemple, le moins du monde, sur des noms (!) comme *temps, univers, race, forme, nature, poésie* etc. et vous les verrez se diviser à l'infini, devenir infranchissables. Tout à l'heure, ils nous servaient à nous entendre; ils se changent à présent en occasions de nous confondre... On dirait en vérité, que les mots en mouvement et en

mit der ›Ungenauigkeit‹ der Bedeutungen zitiert. In Wirklichkeit meinen sie etwas anderes. Die Bedeutungen sind ja, in ihren Vollzügen betrachtet, keineswegs ›ungenau‹ oder ›unklar‹; vielmehr sind sie, ist nur der Text klar, immer so klar, wie es für den Sinnzusammenhang, in welchem sie stehen, erforderlich ist (gerade Valéry macht es deutlich: »les plus clairs discours«; Ullmann bricht sein Zitat vor dieser Stelle ab). Aber diese Klarheit setzt die Eile der Vollzüge voraus. Unklar erscheinen die Inhalte erst jenem ›Insistieren‹ auf ihnen, das der Wirklichkeit des Sprechens zuwiderläuft. Freilich ist dies Insistieren unvermeidlich, wenn die Inhalte überhaupt Gegenstand der Beschreibung werden sollen. Die Seinsweise der Wörter innerhalb der Sprechvollzüge, die eigentümliche ›Absenz‹ ihrer Inhalte im Vollzug der Äußerung, müssen wir nunmehr kurz umreißen.

Zunächst: im dingvertretenden Zeigen des Wortes ist dieses in seiner Lautgestalt gleichsam getilgt; es ist wie weggedrückt durch seine Bedeutung. Die Aufmerksamkeit springt von dem akustischen Zeichen, das als solches nicht ins Bewußtsein tritt, sofort über zu dem Ding, das es intendiert. Treffend findet sich dieser Sachverhalt wieder bei Löwith umrissen: »Sofern man die Worte lesend oder hörend als Worte versteht, verschwindet das bloß Hörbare und Sichtbare von Sprachlaut und Schriftbild. Man versteht ohne weiteres die Wortbedeutung, also etwas Geistiges, durch den Geist... Das Zeichen tilgt den unmittelbaren Gehalt der Anschauung.«[31]

Aber nicht nur der lautliche Teil des Wortes, auch sein Inhalt kommt als solcher beim Sprechen zumeist nicht zum Vorschein: er bleibt in einem halbbewußten, deskriptiv gesprochen oft geradezu unbewußten Hintergrund. Diese höchst wichtige Erscheinung hat Julius Stenzel, an Bemerkungen von Leibniz anknüpfend, als »Bedeutungsentleerung« gekennzeichnet.[32] Für Leibniz ist das Sprechen, was die Wörter angeht,

---

combinaison sont tout autres choses que les mêmes mots inertes et isolés!« (Propos sur l'intelligence, in: Oeuvres de P. Valéry, I, Ed. de la Pléiade, Paris 1957, S. 1041f.).

[31] Hegel und die Sprache, S. 288. Vgl. auch H.-M. Gauger, Synonymik, S. 255f. Erst in den »defizienten Modi« treten das Schriftbild des Wortes oder seine Lautgestalt in die »Enge des Bewußtseins«. Vgl. M. Heidegger: »Eigentlich ›erfaßt‹ wird das Zeichen gerade dann nicht, wenn wir es anstarren, als vorkommendes Zeigding feststellen... Das umsichtige Übersehen erfaßt nicht das Zuhandene...« (Sein und Zeit, S. 79).

[32] Philosophie der Sprache, München 1934, S. 61ff. In unserer Dissertation haben wir die Erscheinung im Blick auf die Synonymie umrissen; sie führte uns zu der Unterscheidung zwischen ›synonymischen‹ und ›nicht-synonymischen Kontexten‹ (Synonymik, S. 255ff.); bei Löwith findet die Erscheinung keine Erwähnung.

so etwas wie ein ›bargeldloser Zahlungsverkehr‹. Man macht sich von den einzelnen Bedeutungen kein »eigentliches Bildniss«. Täte man es, so »würde man überaus langsam sprechen oder vielmehr verstummen müssen«. Man gebraucht die Wörter »gleichsam als Wechsel-Zeddel des Verstandes«. Das Wort vertritt die Sache, gerade dies aber hat zur Folge, daß es als Wort zumeist nicht in die »Enge des Bewußtseins« tritt, und zwar weder in seiner Lautung noch in seinem Inhalt: »Denn gleichwie man in großen Handels-Städten, auch im Spiel und sonsten, nicht allezeit Geld zahlet, sondern sich an dessen Statt der Zeddel oder Marken bis zur letzten Abrechnung oder Zahlung bedienet; also thut auch der Verstand mit den Bildnissen der Dinge [hier treffen wir wieder auf die ὁμοιώματα des Aristoteles], zumahl wenn er viel zu denken hat, daß er nehmlich Zeichen dafür braucht, damit er nicht nöthig habe, die Sache jedesmahl, so oft sie vorkommt, von neuen zu bedenken. Daher wenn er sie einmahl wohl gefaßt, begnüget er sich hernach oft nicht nur in äußerlichen Reden, sondern auch in Gedanken und innerlichen Selbstgespräch das Wort an die Stelle der Sache (zu) setzen.«[33]

Die Seinsweise der Wörter im Sprechen oder Schreiben, im Hören oder Lesen gleicht in gewisser Weise der Seinsweise der Dinge (πράγματα), mit denen wir es, wie Heidegger sagt, »im besorgenden Umgang (πρᾶξις)« zu tun haben, und die er als »Zeug« thematisiert: wie das »Hammerding« wird das Wort, wie es drastisch heißt, als solches nicht »begafft«, es verschwindet vielmehr als etwas »Vorhandenes« im »gebrauchendhantierenden Umgang« mit ihm: in seiner »Zuhandenheit«.[34] Es ist klar, daß ein solches ›Verschwinden‹ nicht negativ bewertet werden darf; die leicht pejorative Nuance, die Stenzel mit dem Ausdruck »Bedeutungsentleerung« verbindet, ist durchaus unangemessen: mit »mechanischem Funktionieren« und »papierner Unanschaulichkeit« hat diese Erscheinung nichts zu tun. Die Bedeutungsentleerung ist auch nicht kennzeichnend für das »gedankenlose Sprechen«: »zumahl wenn er v i e l zu denken hat«, sagte Leibniz, bedient der Verstand sich der Wörter als »Zeddel«.

---

[33] Diese Ausführungen finden sich in der Abhandlung »Unvorgreifliche Gedanken betreffend die Ausübung und Verbesserung der deutschen Sprache«. Wir zitieren nach J. Stenzel, Philosophie der Sprache, S. 61.
[34] Sein und Zeit, S. 68ff. In keiner Weise ist dadurch das Wort als ganzes charakterisiert; eine solche Deutung würde, bereits auf der Stufe von »Sein und Zeit«, wo der Autor vor »hemmungsloser Wortmystik« warnt (S. 220), den Intentionen Heideggers nicht entsprechen. Doch zeigt die Möglichkeit einer teilweisen Analogisierung von »Wort« und »Zeug« den immer möglichen puren Werkzeugcharakter des Sprachlichen.

Auch im literarischen, im dichterischen Sprechen ist die Erscheinung jederzeit zu beobachten.

Der (von Stenzel nicht aufgenommene) Begriff des Vorbewußten, wie wir ihn im ersten Kapitel darlegten, bietet sich gerade bei dieser Erscheinung an. Stenzel betont: »der eigentliche Sinn eines Wortes muß doch auch im schnellen, beschwingten Denken und Ausdrücken in irgendeiner Form da sein, auch wenn er nicht aktuell bewußt ist«.[35] Der Ort, an dem die Inhalte beim Sprechen »in irgendeiner Form« sind, ist die Provinz des Vorbewußten. Weil diese Inhalte dort sind, können sie jederzeit ins Bewußte gehoben werden. Das literarische Sprechen hat verschiedene Verfahren ausgebildet, beim Hörer oder Leser eine solche »Bedeutungserfüllung« zu bewirken, ja zu erzwingen.[36] Aber auch der Inhalt des entleerten Wortes ist nicht einfach ›nicht da‹; er entfaltet sich im Vorbewußten, und er kann dort auch, unbewußt durch das Bewußte, weiter ›rumoren‹; Hofmannsthal notiert es in einem geistreichen Distichon: »Manche Worte gibt's, die treffen wie Keulen, doch manche / schluckst du wie Angeln und schwimmst weiter und weißt es noch nicht.«[37] Im Vorbewußten ist auch das akustische Wortzeichen als solches, »der unmittelbare Gehalt der Anschauung«, nicht getilgt; hier muß er »in irgendeiner Form« anwesend sein, und so kann er, wie der Inhalt des Wortes, dem Bewußten gegenwärtig werden. Davon wird, anläßlich der ›Motivation‹, im nächsten Kapitel zu sprechen sein.

Mit der Erscheinung der Inhaltsentleerung des Wortes hat sich die Sprachwissenschaft zu wenig beschäftigt. Diese Erscheinung ist nicht bloß ›von psychologischem Interesse‹. An ihnen darf die Sprachbeschreibung nicht vorübergehen, denn sie gehören untrennbar zu dem, was die Sprache leistet und ist. Auch die Interpretation von literarischen Texten sollte sie, mehr als sie es tut, in Rechnung stellen: sie darf nicht davon ausgehen, daß jedes einzelne Wort als eine gleichsam ›geballte Ladung‹ mit dem vollen Gewicht seines Inhaltes und all dessen Implikationen vom Dichter in bewußtem Bedacht gesetzt worden sei. Vielleicht ist an der Nichtbeachtung jener Erscheinungen durch die Sprachwissenschaft die Starrheit der Saussureschen Dichotomie von »langue« und »parole«, die – allem Anschein nach – sich fortsetzt in der von Chomskys »Kompetenz« und »Performanz«, nicht unbeteiligt. Wie soll, hinsichtlich der Wörter, der

---

[35] Philosophie der Sprache, S. 63.
[36] Wir haben eines dieser Verfahren, den ›synonymischen Kontext‹, dargestellt in unserer Dissertation: Synonymik, S. 219ff.
[37] Gedichte und lyrische Dramen. Stockholm 1946, S. 106. Zit. bei O. F. Bollnow, Sprache und Erziehung, S. 180.

Sprachbesitz beschrieben werden, ohne daß seine ›Verwendung‹ in der Äußerung in Betracht gezogen wird? Wie ist es möglich, den Wortinhalt als rein virtuelles Element zu fassen?[38]

Der Tatsache, daß der Wortinhalt nur in den konkreten Vollzügen greifbar ist, daß das Wort nur **in seinem Gebrauch** im vollen Sinne Wort ist, hat ebenso treffend wie beredsam Ortega y Gasset Ausdruck verliehen: »Die Wortliste, das Lexikon, sind das genaue Gegenteil der Sprache, und die Wörter sind nur Wörter, wenn sie von jemandem zu jemandem gesprochen werden. Nur so, indem sie als konkrete, als lebendige Handlung eines Menschenwesens wirksam sind, haben sie Wirklichkeit als Wörter. Und da die Menschen, zwischen welchen die Wörter kreuzen, menschliche Leben sind, und da jedes Leben sich in jedem Augenblick in einer bestimmten Situation befindet, ist es offenkundig, daß die Wirklichkeit ›Wort‹ nicht getrennt werden darf von demjenigen, der es spricht, von demjenigen, an den es gerichtet ist, und von der Situation, in welcher es stattfindet. Jede andere Weise, das Wort zu fassen, verwandelt es in eine Abstraktion, entkräftet und verstümmelt es: was sie in Händen hält, ist nur ein lebloses Bruchstück von ihm.«[39] Wir geben also Wittgenstein durchaus recht, wenn er in einem berühmten Dictum geradezu erklärt: »Die Bedeutung eines Wortes ist sein Gebrauch in der Sprache«.[40] Nur ist damit das Problem nicht gelöst, sondern bloß gekennzeichnet: liegt für die Beschreibung das Dilemma nicht gerade darin, daß

---

[38] Gerade in dieser Hinsicht ist der Standpunkt der transformationellen Grammatik eigentümlich naiv: »It is first necessary to know what is acquired and used before it is sensible to ask how it is acquired and used« (J. J. Katz und J. A. Fodor, The structure of a semantic theory, in: J. A. Fodor, J. J. Katz, The structure of language. Readings in the philosophy of language, Englewood Cliffs, N.J. 1964, S. 482). Dagegen, sehr energisch, von marxistischer Seite: W. Schmidt, Lexikalische und aktuelle Bedeutung. Ein Beitrag zur Theorie der Wortbedeutung, Berlin 1963.

[39] »... el vocabulario, el diccionario, es todo lo contrario del lenguaje y las palabras no son palabras sino cuando son dichas por alguien a alguien. Sólo así, funcionando como concreta acción, como acción viviente de un ser humano, tienen realidad verbal. Y como los hombres entre quienes las palabras se cruzan son vidas humanas y toda vida se halla en todo instante en una determinada circunstancia o situación, es evidente que la realidad »palabra« es inseparable de quien la dice, a quien va dicha y de la situación en que esto acontece. Todo lo que no sea tomar así la palabra, es convertirla en una abstracción, es desvirtuarla, amputarla y quedarse sólo con un fragmento exánime de ella« (Ortega y Gasset, El hombre y la gente, in: Obras completas VII (1948–1958), Madrid 1961, S. 242).

[40] Philosophische Untersuchungen, Frankfurt 1967, S. 35; vgl. O. F. Bollnow, Sprache und Erziehung, S. 142.

es nicht wirklich glücken will, das ›Erlebnis‹, das den Gebrauch des Wortes begleitet, in eine inhaltliche Beschreibung, eine ›Definition‹ umzusetzen? Es gehört zum Wesen des ›Erlebnisses‹, daß es nur ›erlebt‹ werden kann, daß also eben diese Umsetzung nicht gelingt: »Bewußtseinserlebnisse haben nicht nur vermöge unserer unvollkommenen Erkenntniskraft für derartige Gegenstände, sondern a priori keine letzten Elemente und Relationen, die sich der Idee fester begrifflicher Bestimmbarkeiten fügten, für die also die Aufgabe approximativer Bestimmung unter festen Begriffen vernünftig zu stellen wäre.«[41] Das, was als die ›Bedeutung‹ oder der ›Inhalt‹ des Wortes ›beschrieben‹ werden kann, ist stets – und sei die Beschreibung noch so vollständig und einfühlsam – das Produkt einer isolierenden Abstraktion, die sich von dem Wort, wie es in der konkreten Wirklichkeit des Sprechens erscheint, schon immer entfernt hat. Auch noch die vorsichtigste ›Definition‹ des Wortinhalts muß ein ›Etwas‹ aus dem machen, was eigentlich kein ›Etwas‹ ist, und daher hat sie unvermeidbar etwas Gewaltsames.

Wortinhalte sind ihrem Wesen nach flüssige Inhalte; sie »entziehen sich« nicht nur, wie Bollnow hervorhebt, »jeder begrifflich faßbaren Fixierung«, sondern – in gewisser Weise – der Beschreibung überhaupt.[42] Sie sind etwas Akthaftes und dürfen nicht als ›Substanzen‹ oder in Analogie zu substanzhaften Gebilden aufgefaßt werden.[43] Damit wenden wir uns natürlich nicht gegen die Bemühung, die Inhalte zu beschreiben, und keineswegs behaupten wir die schlechthinige Nichtbeschreibbarkeit des Wortinhalts.[44] Wir behaupten lediglich, daß die Beschreibung der Wörter unausweichlich etwas Behelfsmäßiges hat – mit Recht spricht Bloomfield von »makeshift devices« –, daß sie prinzipiell nicht zu Rande kommen

---

[41] E. Husserl, Cartesianische Meditationen, den Haag 1950, S. 86. Zuvor hatte Husserl erklärt: »Ein Bewußtseinserlebnis als identischen Gegenstand auf Grund der Erfahrung so bestimmen zu wollen wie ein Naturobjekt – also schließlich unter der idealen Präsumption einer möglichen Explikation in identische und durch feste Begriffe faßbare Elemente – wäre freilich ein Wahn.«
[42] O. F. Bollnow, Sprache und Erziehung, S. 143.
[43] Vgl. dagegen ausdrücklich B. Pottier: »Le lexème, par son caractère de forme contenant une substance représentant une sélection de la matière pensable, a un caractère prédicatif (Apport de substance sémantique)« (Systématique des éléments de relation, Paris 1962, S. 107).
[44] Vgl. N. Morciniec: »So gibt noch Sperber ... seiner Überzeugung Ausdruck, daß die vollständige Erfassung der Bedeutung unmöglich ist. Damit ist allerdings zugleich die Unmöglichkeit einer Erkenntnis der Wortbedeutung zum Ausdruck gebracht worden« (Die Wortzusammensetzung, S. 65): zu leugnen, daß die Bedeutung vollständig zu fassen sei, heißt nicht behaupten, sie sei überhaupt nicht zu fassen.

kann und sich nie an die Stelle des Worterlebnisses selbst zu setzen vermag. Dieser Behelfsmäßigkeit sollte sich gerade die wissenschaftliche Wortbetrachtung ständig bewußt sein; sie sollte sich den Inhaltsbegriff so flüssig wie möglich erhalten und sich davor hüten, ihn substanzhaft zu verhärten.[45]

Nun ist auch klar, weshalb es, wie Rohrer sagte, nicht gelingen konnte, eine »wissenschaftliche« Definition des Wortes zu geben, »welche die intuitive Vorstellung, die der Laie vom Wort besitzt, genau erfaßt und klar darlegt«: die mit dem Wort ›Wort‹ idealtypisch verbundene Dingvorstellung teilt den Charakter der übrigen Wortinhalte: auch sie ist eine »Konzeption«, kein Begriff. Der Sprechende weiß, was ein Wort ist, weil und indem er damit umzugehen versteht: dieses ›Wissen‹, da es sich nicht zum ›Begriff‹ kristallisiert, läßt sich aber gerade nicht ›definitorisch‹ nach genus proximum und differentia specifica ergreifen. Eine ›exakte‹ Definition des Wortes kann daher nur eine Nominaldefinition sein (eine solche ist weder wahr noch falsch); unmöglich jedoch kann sie zugleich eine Realdefinition sein wollen, die den Inhalt des Wortes ›Wort‹ als eine in der Welt vorkommende Sache zutreffend und vollständig beschriebe.

Wir sind, der Einfachheit halber, davon ausgegangen, daß mit einem Wort nur eine Dingvorstellung verbunden sei, daß es also nur ein Ding (logisch gesprochen: eine »Klasse« von Dingen) benenne. Tatsächlich ist die Situation insofern erheblich komplizierter, als dasselbe Wort verschiedene Dinge und also verschiedene Wörter dasselbe Ding benennen können. Man spricht im ersten Fall – ein Wort: zwei oder mehrere Inhalte – entweder von Polysemie oder von Homonymie. Polysemie liegt vor, wenn die verschiedenen, durch das eine Wort besetzten Dingvorstellungen bewußtseinsmäßig zusammenhängen (dies heißt, daß die intendierten Dinge dem Bewußtsein als zusammengehörend erscheinen; zum Beispiel: er gab seinen *Geist* auf; der Mann hat *Geist*; der *Geist* der französischen Sprache; der Heilige *Geist*; dem Hamlet erschien der *Geist* seines Vaters). Homonymie liegt vor, wenn gerade dies nicht der Fall ist, wenn also die verschiedenen Dingvorstellungen getrennt und beziehungslos nebeneinander stehen; bewußtseinseigen betrachtet handelt es sich hierbei um ver-

---

[45] Vgl. J. Orr: »il est salutaire parfois de réagir contre cette impression de fixité et de stabilité que l'on ressent à la vue de mots alignés par ordre alphabétique revêtus d'un uniforme académique, dotés d'une étymologie unique et présentés, qu'on le veuille ou non, sous la forme d'autant de pièces de mécanique ou d'éléments de rouage, dont l'ensemble composerait l'horlogerie du langage« (Three studies on homonymics, Edinburgh, S. 65).

schiedene Wörter, wobei im übrigen gerade diese Verschiedenheit vom Bewußtsein nicht thematisiert wird: es muß auf die Homonymie gewaltsam gestoßen werden (der König ritt, auf einem stolzen *Schimmel*, ein in die Stadt; ein ekelhafter grünlicher *Schimmel* hatte das Brot überzogen).[46] Im zweiten Falle – zwei oder mehrere Wörter: ein Inhalt – spricht man von S y n o n y m i e. Die ›natürlichen‹ Sprachen erfüllen somit in gar keiner Weise eine der Hauptforderungen, welche die Logik an ihre ›künstlichen‹ Sprachen stellt: die E i n - e i n d e u t i g k e i t in der Relation zwischen Zeichen und Bezeichnetem. Im Sprechen der ›natürlichen‹, der geschichtlichen Sprachen finden wir auf Schritt und Tritt E i n - m e h r d e u t i g k e i t e n und M e h r - e i n d e u t i g k e i t e n. Die Synonymie und die Polysemie sind für die bewußtseinseigene Betrachtung höchst bedeutsam: beide Erscheinungen müßten (was uns hier zu weit abführen würde) gerade innerhalb dieser Sicht neu durchdacht werden.[47]

Der Inhalt des Wortes, so sagten wir, ist eine Dingvorstellung. Zum Inhalt des Wortes gehört aber auch – mit wechselnder Stärke hervortretend – eine W o r t v o r s t e l l u n g. Diese ist schwach bei dem Wort *Hund* etwa, sehr stark jedoch bei dessen Synonym *Köter*: gewiß sind hier auch die Dingvorstellungen nicht identisch, aber daneben w e i ß der Sprechende – und darin besteht seine Wortvorstellung –, daß *Köter* ein

---

[46] Bei Giuseppe Tomasi di Lampedusa lesen wir: »Padre Pirrone, poi che santamente non era insensibile al fascino muliebre nel quale si compiaceva di ravvisare una prova innegabile della Bontà Divina, sentí fondere tutte le proprie opposizioni dinanzi al tepore della g r a z i a (col g minuscolo); e le mormorò: ›Veni, sponsa de Libano‹« (Il Gattopardo, Mailand 1958, S. 96). Dies ist ein Scherz: eine Schwierigkeit, *Grazia* ›Gnade‹ und *grazia* ›Anmut‹ auseinanderzuhalten, besteht nicht. Solche Stellen wird man nicht viele finden; unausgesetzt aber finden wir in Texten Aussagen wie: wenn ich dieses Wort gebrauche, dann meine ich nicht x, sondern y; Golo Mann: »Politik sollte durchdacht und vergeistigt sein, obgleich nicht ›intellektuell‹ im deutschen Sinne des Wortes« (Die Neue Rundschau, 1965, S. 594).

[47] Das Wort ›Polysemie‹ stammt, Ullmann zufolge, von M. Bréal (vgl. Précis, S. 199). Zu diesem Begriff: Ullmann, Principles, S. 177ff.; derselbe, Semantics, S. 159ff. Zur ›Homonymie‹: derselbe, Principles, S. 125ff. und Semantics, S. 176ff. (hier weitere Angaben); Versuch einer Neubesinnung bei K. Heger, Homographie, Homonymie und Polysemie, Zeitschrift für romanische Philologie, 79 (1963), S. 471–491 und bei J. Dubois, La résolution des polysémies dans les textes écrits et structuration de l'énoncé, in: Actes du premier colloque international de linguistique appliquée, Nancy 1966, S. 72–91. Zum Problem der ›Synonymie‹ vgl. H.-M. Gauger, Synonymik, S. 149–262; W. Müller, Probleme und Aufgaben deutscher Synonymik, in: Die wissenschaftliche Redaktion I (1965), S. 90–101; O. Ducházek, Différents types de synonymes, in: Orbis 13 (1964), S. 35–49; L. Söll, Synonyme und Bedeutungsgleichheit, in: Germanisch-Romanische Monatsschrift, 1966, S. 90–99.

›herabziehendes‹ Wort für den Hund ist; er weiß also genau, was er tut, wenn er zu einem Hundebesitzer sagt: »Nehmen Sie gefälligst Ihren Köter an die Leine.«[48] Die Wortvorstellung ist ein intuitives, durchaus aber nicht ›unbewußtes‹ W i s s e n darüber, was das betreffende Wort für ein Wort ist: ein altes, ein neues, ein seltenes, ein ernstes, ein feierliches, ein lustiges, ein ironisches, ein kräftiges, ein vornehmlich von Frauen, von Halbwüchsigen, von Arbeitern, von Norddeutschen usw. gebrauchtes, ein poetisches, ein edles, ein gemeines Wort.[49] Besonders bei den Synonymen tritt die Wortvorstellung greifbar hervor: *Insel, Eiland; Frühjahr, Frühling, Lenz; Wiese, Au; Ufer, Gestade; Gesicht, Antlitz; Samstag, Sonnabend.* Diese Beispiele zeigen auch, daß Wortvorstellung und Dingvorstellung nicht klar zu trennen sind: irgendwie meinen viele dieser Synonyme doch auch ›etwas anderes‹, oder sie meinen dasselbe auf eine verschiedene Weise. Daß es jedenfalls so etwas wie eine Wortvorstellung gibt und daß diese zum Inhalt des Wortes selbst gehört, beweist einmal mehr die ›Bewußtseinshaftigkeit‹ der Sprache: sie w e i ß etwas von sich selbst, insofern die Sprechenden etwas von ihr wissen.

Wir sagten im vorhergehenden Kapitel (im Anschluß an Freud), die Wortvorstellung sei primär auf den l a u t l i c h e n Teil des Wortes zu beziehen: für das Bewußtsein sei das Wort dessen Lautung. Tatsächlich jedoch ist bewußtseinsmäßig das ›Lautbild‹ des Wortes nicht in jeder Hinsicht eindeutig von seinem Inhalt zu trennen: die lautliche Beschaffenheit kann selbst – nicht nur bei den sogenannten Onomatopoetica – zu einem Element seines Inhalts werden. Die scharfe Trennung von Lautlichem und Inhaltlichem am Wort ist eine Fiktion; eine Fiktion, deren Zweckmäßigkeit, ja Unumgänglichkeit wir freilich nicht bestreiten. Zur

---

[48] Vgl. die folgende Stelle aus Giraudoux »La guerre de Troie n'aura pas lieu«; Andromache sagt, glücklich über die friedfertige Stimmung der Trojaner: »Vois c a v a l i e r de l'avantgarde se baisser sur l'étrier pour caresser un c h a t dans ce créneau.« Dieselbe Beobachtung beschreibt fast unmittelbar darauf Cassandra: »Et les cuirassiers se baissent maintenant sur l'étrier pour caresser les m a t o u s dans les créneaux!«: sie ersetzt also, obwohl sie – »referentiell«, »extensional« – genau dasselbe meint, die entscheidenden Wörter *cavalier* und *chat* durch die realistisch desillusionierenden *cuirassier* und *matou*.

[49] Vgl. die sehr hübsche Stelle bei Rabelais (Quart Livre, Kap. 56), die S. Ullmann zitiert (Semantics, S. 37); es handelt sich um die Episode der ›gefrorenen Wörter‹: »Lors nous jecta sus le tillac pleines mains de paroles gelées, et sembloient dragées perlées de diverses couleurs. Nous y vismes des mots de gueule, des mots des sinoples, des mots d'azur, des mots dorés. Lesquels estre quelque peu eschauffés entre nos mains fondoient comme neiges, et les oyons réalement.«

Wortvorstellung als Teil des Wortinhalts können jedenfalls Elemente gehören, die unmittelbar aus der so und so gearteten Lautung des Wortes resultieren. Ein drastisches Beispiel findet sich bei Sartre in »Les Mots«; der kleine Poulou liest eines Tages mit Entsetzen über seinen Lehrer die folgende Inschrift auf einer Wand der Schule: »Le père Barrault est un con«; dann heißt es: »Mon coeur battit à se rompre, la stupeur me cloua sur place; j'avais peur. ›Con‹, ça ne pouvait être qu'un de ces ›vilains mots‹ qui grouillaient dans les bas-fonds du vocabulaire et qu'un enfant bien élevé ne rencontre jamais; court et brutal, il avait l'horrible simplicité des bêtes élémentaires. C'était déjà trop de l'avoir lu: je m'interdis de le prononcer, fût-ce à voix basse.«[50] Die Stelle ist interessant, einmal weil sie zeigt, daß der ›Inhalt‹ des Wortes hier gleichsam nur aus der Wortvorstellung besteht (Sartre selbst betont, daß er eine Dingvorstellung mit ihm nicht verband: »je ne faisais qu'en augurer le sens«), zum anderen, weil sie sichtbar macht, wie allein vom Lautlichen her (»court et brutal«) das Wort sich inhaltlich zu füllen scheint, obwohl es sich hier gewiß um ein ›lautmalendes‹ Wort nicht handelt.[51] Die Tatsache, daß es Wortvorstellungen gibt, die nicht rein individuell sind, sondern dem idealtypischen Sprachbesitz als eine Art ›Aura‹ des Wortes fest zugehören, ist eine der wesentlichen Voraussetzungen dafür, daß so etwas wie ›Stil‹ möglich ist. Das Wort ist, insofern diejenigen leben, die es gebrauchen, etwas Lebendiges: »Alles Lebendige«, sagt Goethe, »bildet eine Atmosphäre um sich her«.[52]

Wie steht es, nach allem Gesagten, mit der Beschreibung der Wortinhalte?

Die Beschreibung der Dingvorstellung reduziert sich zumeist auf die (mehr oder weniger vollständige) Zusammenstellung der unabdingbaren

---

[50] Les Mots, Paris 1964, S. 63/64.
[51] Die spanische Übersetzung (Manuel Lamana) setzt an Stelle des französischen Wortes das völlig ungeeignete »imbécil« und läßt dann auch die Kennzeichnung »court et brutal« unübersetzt (Las Palabras, Buenos Aires 1964, S. 54). Übrigens bemerkt Sartre, daß ihn die despektierliche Wendung »le père Barrault« stärker schockierte. Weniger zimperlich übersetzt H. Mayer: »Der alte Barrault ist ein Arschloch« (Die Wörter, Berlin 1968, S. 46). Nur ist dann die Kennzeichnung »kurz und brutal« unsinnig. Die Schwierigkeiten für die Übersetzung sind dann unüberwindlich, wenn im Text ein sprachlicher Zug selbst kommentierend zum Gegenstand wird.
[52] Maximen und Reflexionen, Nr. 52; vgl. hierzu die (durchaus bewußtseinseigene) Bemerkung von O. Jespersen: »When people speak of the life of words — as in celebrated books with such titles as La vie des mots, or Biographies of Words — they do not always keep in view that a word has no ›life‹ of its own: it exists only in so far as it is pronounced or heard or remembered by somebody...« (Language, S. 7).

Elemente des vulgären Wissens über das Ding: ich beschreibe, soweit ich
es weiß, was das ist, das ich mit dem Wort ›meine‹. Die Definitionen der
Wörterbücher, auch der bewußt ›rein sprachlichen‹, wie etwa die des
»Dictionnaire fondamental« von Georges Gougenheim, beschreiben im
Grunde Dinge, und zwar soweit wir, indem wir sie sprachlich intendieren,
über sie Bescheid wissen:

arbre:	»plante très haute, avec des branches«
impôt:	»somme que l'on doit payer chaque année à l'Etat«
maison:	»bâtiment (en pierres, en briques, en bois etc.) où l'on habite«
libre:	»qui peut faire ce qu'il veut«
bleu:	»qui est de la couleur du ciel quand il fait très beau«
rossignol:	»oiseau qui chante très bien«
dormir:	»se reposer en fermant les yeux«
rire:	»faire un mouvement de la bouche et des joues (en découvrant un peu les dents) qui montre qu'on s'amuse«
venir:	»aller dans une ville, chez quelqu'un«

Die Definitionen des »Petit Larousse« unterscheiden sich von denjenigen
Gougenheims nur dadurch, daß sie über die idealtypische Dingvorstellung
mehr oder weniger weit hinausgehen und also das Ding in einem präzi-
seren, vollständigeren, ›wissenschaftlicheren‹ Sinne umreißen; nur insofern
sind sie weniger ›sprachlich‹:

arbre:	»plante ligneuse dont la tige, ou tronc, fixée au sol par des racines est nue à la base et chargée de branches et de feuilles à son sommet«
impôt:	»contribution exigée pour assurer le fonctionnement de l'Etat et des collectivités locales«
maison:	»construction destinée à l'habitation humaine«
libre:	»qui a le pouvoir d'agir ou de ne pas agir; qui ne subit pas la domination étrangère...«
bleu:	»de couleur d'azur, de la couleur du ciel sans nuages«
rossignol:	»oiseau passereau à plumage brun clair séjournant l'été dans nos bois et parcs, et dont le mâle est un chanteur remarquable«
dormir:	»reposer dans le sommeil«
rire:	»marquer un sentiment de gaieté par un mouvement des lèvres, de la bouche, et souvent avec bruit«
venir:	»se transporter d'un lieu dans un autre; se rendre chez quelqu'un«

Die sprachwissenschaftliche Definition der Wortinhalte kann, obwohl sie sich auf Wörter – ›nomina‹ – bezieht, keine Nominaldefinition sein: sie sucht die Wortinhalte als unabhängig von ihr vorhandene Dinge z u - t r e f f e n d zu beschreiben. Sie erhebt also den Anspruch, w a h r zu sein; ein Anspruch, den die Nominaldefinition nicht stellt, weshalb ihr gegenüber die Wahrheitsfrage unangemessen ist. Die sprachwissenschaftliche Definition muß eine R e a l d e f i n i t i o n sein; wenn ich einen Inhalt wie »Haus« definiere, verfahre ich nicht anders als wenn ich irgendeine Sache, ein Auto oder eine bestimmte historische Person ›definiere‹: ich habe dann nicht nur (wie in der Nominaldefinition) den definierten Begriff und das Wort, das ihn bezeichnet, sondern ich muß auch die Sache selbst, den Inhalt »Haus«, die unabhängig von meinem Definieren existiert, berücksichtigen: »Da (die Realdefinitionen) wahr oder unwahr sind, der Definierende bei ihnen ebenso an die Sache gebunden ist wie in der Erkenntnis, da sie auf Erkenntnis fußen und Erkenntnis liefern können, sind sie... Urteile im vollen Sinne des Wortes, Behauptungen.«[53]

Nun kann man über die idealtypischen Dingvorstellungen der Sprache ohne Zweifel zutreffende Behauptungen aufstellen; man kann jedoch, wie wir festgestellt haben, diese Dingvorstellungen gerade nicht definitorisch auf Begriffe bringen, ohne sie zu etwas anderem zu machen als sie – im Bewußtsein der Sprechenden – sind:

»denn eben wo Begriffe fehlen,
da stellt ein Wort zur rechten Zeit sich ein.«

Sucht man die Dingvorstellungen begrifflich zu explizieren (was häufig, aus den verschiedensten Gründen, unvermeidlich ist), so gerät man über das tatsächlich in ihnen Enthaltene hinaus. Hinsichtlich der Dingvorstellungen lassen sich lediglich die Elemente angeben, die ideal-typisch zu ihnen gehören; dasselbe gilt für die Wortvorstellung. Nur insofern sind die Wortinhalte überhaupt zu beschreiben; aber auch hier gebricht es an einem verläßlichen Kriterium, das es erlaubt, das unabdingbar Dazugehörende vom bloß Mitlaufenden (Beispiel: *Ei*) zu trennen.

Realiter definieren kann man im eigentlichen Sinne nur die Dinge selbst: den Präzisierungen und Vervollständigungen sind bei ihnen keine Grenzen gesetzt. Leonard Bloomfield hat hier etwas richtig gesehen: was

---

[53] B. v. Freytag gen. Löringhoff, Logik. Ihr System und ihr Verhältnis zur Logistik, 2. Aufl. Stuttgart 1955, S. 48. A. Menne spricht hier von »erklärenden oder analytischen Definitionen« (Einführung in die Logik, Bern 1966, S. 29) und definiert so den Begriff »Messer«: »ein Schneidinstrument..., bei dem ein geschärftes, längliches, verhältnismäßig dünnes ›Blatt‹, die Klinge, an einem Ende einen Griff besitzt, der normalerweise in seiner Länge etwa der Breite der menschlichen Hand entspricht.«

das ist, was wir meinen, wenn wir »Salz« sagen, sagt uns die Chemie. Sein Fehler liegt nur darin, daß er, auf Grund seines positivistischen Vorurteils und unter Verkennung der Zeichenhaftigkeit des Wortes die Bedeutung, die dem Wort im Bewußtsein anhaftet, außerhalb des Bewußtseins angesiedelt sieht.

Weiter ist zu fragen, inwiefern es sinnvoll und von sprachwissenschaftlichem Interesse sei, die in der Sprache lebendigen Dingvorstellungen zu beschreiben: diese – nicht nur bei Wörtern wie *le temps*, sondern auch bei schlichteren wie *la chaise* und *la maison* – oft so kümmerlichen Rudimente dienen ja nur dazu, dem Namen das dingvertretende Zeigen zu ermöglichen; was ist gewonnen, wenn wir mit Gougenheim *le sel* und *la dent* definieren als »petits grains blancs qu'on met dans les aliments pour leur donner du goût« und »un des petits os qui se trouvent sur le devant de la bouche«? Haben wir damit mehr oder anderes geliefert als eine unzulängliche Beschreibung der Sache selbst?

Die Beschreibung der Dingvorstellungen wird aber dort höchst sinnvoll und gerade sprachwissenschaftlich interessant, wo die Unterschiede zwischen den Dingen vornehmlich oder einzig darauf beruhen, daß sie durch die Sprache als so und so beschaffene gesehen werden. Dies trifft besonders, wenn auch keineswegs ausschließlich, in dem großen Bereich des intellektuellen und psychologischen Wortschatzes zu. In solchen Fällen finden sich die Dinge dadurch abgegrenzt, daß die Dingvorstellungen der sie intendierenden Namen sich gegenseitig abgrenzen; in diesem Bereich sind die Dinge außerhalb ihrer Evaluationen durch die sprachlichen Dingvorstellungen überhaupt nicht zu fassen, und zuweilen handelt es sich, wie etwa bei *kommen*, um Dinge, deren Wesen uns keine wie immer geartete Sachkenntnis, keine Wissenschaft näherzubringen vermag als es die Sprache selbst schon tut. Aber auch hier ist es weder angemessen noch eigentlich möglich, die Inhalte für sich allein, ohne ein Eingehen auf die Dinge selbst ›qua intenta‹, zu beschreiben. Diese Inhalte bilden keine in sich selbst ruhende und sich selbst genügende »sprachliche Zwischenwelt«: sie greifen stets aus auf die Welt, sie sind eingelassen in die Welt und sie gehören selbst, da sie Inhalte des Bewußtseins sind, zur Welt, denn das Bewußtsein, den Menschen überhaupt, betrachten wir nicht als extramundan. Die Vorstellung von einer »sprachlichen Zwischenwelt« als einer gleichsam »zweiten Welt in der hiesigen« (so Jean Paul von der Poesie) ist problematisch, ganz abgesehen von ihrer Bedingtheit durch den subjektivistischen Denkansatz der idealistischen Philosophie.

Fassen wir zusammen. Zum Wortinhalt gehört eine Dingvorstellung und eine Wortvorstellung. Die Wortvorstellung, die primär am Lautlichen des Wortes hängt, ist ein Wissen darüber, was das betreffende Wort für ein Wort ist. Die Dingvorstellung, die den ›Kern‹ des Inhalts ausmacht, ist ein Wissen darüber, was das durch das betreffende Wort intendierte Ding für ein Ding ist. Sie ist also eine gewisse K e n n t n i s des Dings, insofern dieses von der Sprache gemeint wird. Diese Dingvorstellung, die sich in der ersten Z e i g d e f i n i t i o n ansatzweise im Bewußtsein bildet, erfährt eine fortschreitende V e r d i c h t u n g und erreicht schließlich den für den idealtypischen Sprachbesitz charakteristischen V e r d i c h t u n g s g r a d. Die Verdichtung geschieht auf drei Wegen: durch den situationellen und kontextuellen Gebrauch des Wortes (dieser enthält unwillkürlich zumindest das Rudiment einer Zeigdefinition); durch das hereinströmende Wissen über das Ding; drittens durch das gegenseitige Sichabgrenzen der Wortinhalte untereinander. Die Dingvorstellung existiert nicht als Begriff: sie ist etwas einheitlich so und so V i s u a l i s i e r t e s bzw. die davon abgeleitete » E r i n n e r u n g s s p u r « (Freud). Je greifbarer für die vulgäre Kenntnis das intendierte Ding, desto sicherer und umreißbarer die Dingvorstellung (Beispiele: *Tisch, Zigarette, Schlüssel, Ei, hell, rot, schlafen, lesen*); je flüchtiger und schwerer identifizierbar das Ding, desto schwankender und unbestimmter die Dingvorstellung (Beispiele: *Freiheit, Zeit, Mitleid, sanft, anmutig, albern, wissen, gehen, säuseln*). Nur in seinem Gebrauch, in der konkreten Äußerung, ist das Wort für das Bewußtsein eigentlich es selbst; daher ist das Wort nur im k o n k r e t e n V o l l z u g o d e r N a c h v o l l z u g eigentlich zu fassen; nur hier begegnet es dem Betrachter als das, was es ist: etwas A k t h a f t e s, nicht Substanzhaftes, ein seiner Natur nach flüssiges und nur behelfsmäßig zu umschreibendes, ein letztlich nur erlebbares E r l e b n i s d e s B e w u ß t s e i n s.

IV. Die Form des Wortes

Die lautliche Form der Wörter einer bestimmten Sprache kann unter zwei Aspekten betrachtet werden: man kann sie allein für sich selbst zum Gegenstand machen und man kann sie im Blick auf ihren Inhalt untersuchen.

Im ersteren Fall wird nach den charakteristischen Lautformen einer Sprache gefragt, und die Untersuchung bemüht sich, die besondere Typik aufzuzeigen, die hierbei herrscht. Sie erhält auf diese Weise Einblick in die ›Regeln‹, nach welchen die Wörter einer bestimmten Sprache lautlich beschaffen sind. Derartige Untersuchungen – sie sind in der letzten Zeit häufig angestellt worden – sind von großem, insbesondere sprachtypologischen Interesse.[1] Auch für die bewußtseinseigene Sprachbetrachtung sind sie nicht unerheblich, denn sie explizieren das intuitive Wissen, das die Sprechenden über die Beschaffenheit der Lautungen ihrer Sprache besitzen. Dem Spanier zum Beispiel käme eine Lautung wie etwa *ransilt nicht ›spanisch‹ vor; er weiß, daß sie den in seiner Sprache typischen Wortformen nicht entspricht. Dagegen empfände er, ohne eine Vorstellung damit zu verbinden, eine Lautung wie *chacurro ohne weiteres als ›spanisch‹.[2]

Wir wollen im folgenden auf diese Betrachtungsweise nicht eingehen, sondern uns ganz an die zweite der beiden genannten halten. Wir unter-

---

[1] Vgl. P. Menzerath und W. Meyer-Eppler, Sprachtypologische Untersuchungen, in: Studia linguistica, 4 (1950), S. 54–93; P. Menzerath, Die Architektonik des deutschen Wortschatzes, Bonn 1954; M. Wandruszka, Das Problem der phonetischen Motivation, in: Romanistisches Jahrbuch, XVI (1965), S. 45 (hier weitere Angaben); A. Sauvageot, Portrait, S. 36ff. (»La matérialité du mot«).

[2] Vgl. A. Martinet, Eléments, S. 95 (»la forme canonique«) und die Bemerkungen von R. Lapesa zu Sigeln wie *Ciap, Cepsa, Sniace, Campsa* im Spanischen: »monstruos... cuyo cuerpo sonoro... se eriza de combinaciones fonéticas inusitadas para nuestros oídos« (La lengua desde hace cuarenta años, in: Revista de Occidente, 1963, S. 201). Er bezieht sich hier auf ein Gedicht von Dámaso Alonso gegen »este gris ejército esquelético (»Del siglo de oro a este siglo de las siglas«). Vgl. ferner E. Lorenzo, La lengua española en 1965. Tradición e innovación, Publicaciones de la Universidad Internacional Menéndez Pelayo 23, Santander 1965, S. 30.

suchen also die Form des Wortes im Blick auf den Inhalt, der mit ihr verbunden ist. Es geht uns demnach, ganz allgemein, um die Frage: warum hat sich in einem bestimmten Wort gerade d i e s e Form mit gerade d i e s e m Inhalt verbunden? Unsere Untersuchung der Wortformen ist also durchaus i n h a l t s b e z o g e n. Ihr Ausgangspunkt ist, nach dem im ersten Kapitel Gesagten, klar: das Französische – als Sprachbesitz, als Sprachkönnen verstanden – enthält ein großes Arsenal von Wörtern; diese Wörter liegen in der Kopräsenz vor, s i e s i n d i m S p r a c h b e s i t z d e r S p r e c h e n d e n d a. Die Tatsache, daß neue Wörter gebildet werden und von außen her in die Sprache strömen, ist – so betrachtet – peripher. Wir fragen nun: wie sind die französischen Wörter der gegenwärtigen Kopräsenz f o r m a l beschaffen? Und zwar im Blick auf ihren I n h a l t : besteht zwischen dem Inhalt und der Form dieser Wörter ein notwendiges Band? Welches Verhältnis besteht zwischen bestimmten Veränderungen des Inhalts und bestimmten Veränderungen der Form *(la pomme, le pommier)*? Diese Fragen werden gemeinhin unter den (zusammenhängenden) Titeln M o t i v a t i o n und W o r t b i l d u n g behandelt. Gerade hier finden sich, mehr vielleicht als anderswo, in der Literatur bewußtseinseigene und bewußtseinsfremde Kriterien in einer unerfreulichen, verwirrenden, von den Autoren nicht erkannten Vermengung. Daraus sind eine Reihe von Scheinfragen und Scheinantworten entsprungen, die es aufzulösen gilt. Die inhaltsbezogene Wortbetrachtung kann also nicht nur schlechthin ›inhaltsbezogen‹ betrieben werden; auch hier müssen (und können) die bewußtseinseigene und die bewußtseinsfremde Sicht auseinandergehalten werden. Wir betrachten demnach die W o r t f o r m e n in b e w u ß t s e i n s e i g e n e m Sinne im Blick auf die ihnen zugehörenden W o r t i n h a l t e. Wir setzen ein bei dem Problem der M o t i v a t i o n.

1. Motivation

Das Problem der Motivation ist eines der ältesten der Sprachbetrachtung, denn schon für Plato, der es im »Kratylos« behandelt, war es traditionell: das Problem der »Richtigkeit der Namen« (»ὀρθότης τῶν ὀνομάτων«). Wir greifen es auf, so wie es bei Saussure, Bally, Ullmann und Sauvageot erscheint.[3]

---

[3] Xenophon berichtet, wie dieses Thema im Athen des 5. Jahrhunderts diskutiert wurde (Memorabilia, Lib. III, 14, 2); vgl. H. Steinthal, Geschichte der Sprachwissenschaft bei den Griechen und Römern, 2. Aufl. Berlin 1890, I, 76ff. – Zum Problem der Motivation das umfassende Referat von R. Engler, Théorie et critique d'un principe saussurien: l'arbitraire du signe, in: Cahiers F. de Saussure 19 (1962), S. 5–66 und Compléments à l'arbitraire, in: Cahiers F. de Saussure 21 (1964), S. 25–32.

Zwei Grundcharaktere sind es, die Ferdinand de Saussure am sprachlichen Zeichen hervorhebt: es ist arbiträr, und es ist linear. Wir befassen uns nur mit dem ersteren: »le signe linguistique est arbitraire«.[4] Mit dieser These meint Saussure: die Tatsache, daß sich eine bestimmte Lautung mit einem bestimmten Inhalt zu einem Wort verbunden hat, ist willkürlich, zufällig, unmotiviert. Im Inhalt des Wortes ist nichts, das seine Form bedingte. Die lautliche Beschaffenheit des Wortes findet in seinem Inhalt kein Motiv: die Lautgestalt der Wörter ist – »synchronisch« gesehen – nicht notwendigerweise, sondern zufällig so, wie sie ist; hierin unterscheidet sich, nach Saussure, das Zeichen vom Symbol. Die Ausdrücke ›arbiträr‹ und ›unmotiviert‹, die Saussure promiscue verwendet, beziehen sich demnach auf die Signifikanten: die Wortform ist im Blick auf den Wortinhalt arbiträr, unmotiviert (es ist klar, daß die Kennzeichnung des Wortes als ›arbiträr‹ nicht auf die Sprechenden bezogen werden darf: diesen ist die Möglichkeit einer freien, willkürlichen Wahl der Lautungen nicht gegeben; sie müssen sie genau so nehmen, wie sie die Sprache, in welche sie hineingeboren wurden, ihnen diktiert). Über die Gruppe von Wörtern, die traditionell als ›lautmalend‹ behandelt werden und die hinsichtlich der Arbitrarietät eine Ausnahme zu machen scheinen, urteilt Saussure: sie seien einmal von peripherer Natur und enthielten zum anderen immer auch Elemente des Arbiträren.[5]

Unter den Wörtern – sie sind für Saussure mehr oder weniger insgesamt arbiträr – unterscheidet er nun aber zwei Arten: absolut arbiträre und relativ arbiträre. So ist *la poire* absolut arbiträr, *le poirier* dagegen nur relativ: »(il) rapelle le mot simple *poire* et ... le suffixe *-ier* fait penser à *cerisier, pommier* etc.«[6] Saussure spricht von einer relativen Motivation: das Wort ist motiviert, weil seine Form durch seinen Inhalt bedingt ist; die Motivation ist relativ, weil sie nur ein Stück weit geht: die Formanten *poire* und *-ier* des motivierten Wortes sind für sich selbst genommen wiederum arbiträr. Zum relativ motivierten Wort gehört

---

[4] Cours, S. 100.
[5] Vgl. die Stelle aus den »Sources manuscrites«: »Il y a la vague question des onomatopées. Ici, il y aurait bien lien intérieur, dira-t-on. Mais [1°] on exagère beaucoup [le] nombre des onomatopées. Des mots peuvent paraître onomatopées qui, dans leur ascendance, ne le sont plus (latin *pluit = il pleut*, précédemment *plovit*, etc.). Mais [2°] il est évident que nous en avons, mais tellement noyés dans la masse qu'ils passent sous le régime des mots quelconques (*tic-tac, glou-glou* etc.). La preuve du peu d'importance (valeur) des onomatopées, c'est que nous pouvons très bien nous y tromper et en voir où il n'y en a pas« (bei R. Engler, Compléments à l'arbitraire, S. 30).
[6] Cours, S. 181.

ein doppeltes: eine »syntagmatische Beziehung« (ein Element bestimmt das andere) und eine »assoziative Beziehung« (das Wort ist im Bewußtsein mit mehreren anderen verbunden); das doppelte Beziehungsverhältnis verleihe dem Wort »une partie de la valeur«.[7]

Die Erscheinung des relativ Arbiträren (oder Motivierten) ist nach Saussure aufzufassen als das Ergebnis der Bemühung des »Geistes«, das »irrationale Prinzip der Arbitrarität des Zeichens« durch die Einführung rationaler »Ordnungsprinzipien« einzugrenzen: »la limitation de l'arbitraire«, ... »une correction partielle d'un système naturellement chaotique«.[8] Alles Systemhafte, alles Grammatische in der Sprache ist Einschränkung des Willkürlichen, eine Bresche, die der Geist in seinen stumpfen Stoff geschlagen hat. Saussure kommt auf diese Weise zu einer gewissen Identifizierung von Lexikon und Arbitrarität einerseits, von Grammatik (System) und Motivation andererseits.[9] So wären demnach die relativ motivierten Wörter vom Typ *poirier* ein Stück Grammatik im Lexikon, dessen Grundprinzip – im Lautlichen – an sich die Willkür ist. In dem Unterschied zwischen relativer und absoluter Arbitrarität erblickt Saussure das wesentliche Kriterium einer Sprachtypologie: es gebe extrem lexikalische Sprachen wie das Chinesische, extrem grammatische wie das Indoeuropäische und das Sanskrit; zwischen den Polen des Lexikalischen und des Grammatischen bewegten sich, auch im historischen Sinne, alle Sprachen; so sei etwa das Französische gegenüber dem Lateinischen »durch einen enormen Zuwachs an Arbitrarität« gekennzeichnet.[10]

Daß Saussure den Begriff des Arbiträren ausschließlich auf den Signifikanten anwendet, ist zumindest nach den Formulierungen des »Cours de linguistique générale« unabweisbar: »l'idée de ›soeur‹ n'est liée par aucun rapport intérieur avec la suite des sons s-ö-r qui lui sert de signifiant«, und: »le signifiant... est immotivé, c'est-à-dire arbitraire par rapport au signifié.«[11] Auch die Wendung, »das Band, das den Signifikanten mit dem Signifikatum verbindet«, sei arbiträr, kann nichts anderes

---

[7] ibid., S. 182. Die Ausführungen S. 158–169 stehen hierzu in einem gewissen, von Saussure nicht thematisierten Gegensatz.
[8] ibid., S. 182f. Auch hier wird man fragen dürfen, inwiefern sich der Begriff des ›Systems‹ mit dem des ›Chaotischen‹ verträgt: ist ›chaotisches System‹ nicht ›hölzernes Eisen‹?
[9] Vgl. den von R. Engler aus den »Sources manuscrites« zitierten Satz: »Tout ce qui fait d'une langue un système ou un organisme grammatical demande (dans notre conviction) d'être abordé sous ce point de vue où on ne l'aborde guère en général, à savoir comme une limitation de l'arbitraire par rapport à l'idee« (Compléments à l'arbitraire, S. 53).
[10] Cours, S. 184.
[11] ibid., S. 100 und 101.

meinen.¹² Wie steht es nun aber mit dem Signifikatum? Ist nicht auch dieses arbiträr? Der Inhalt des Wortes konstituiert sich, Saussure zufolge, ausschließlich durch gegenseitige Determinierung: »son contenu n'est vraiment déterminé que par le concours de ce qui existe en dehors de lui«.¹³ Damit ist zwar nicht schon gesagt, der Inhalt des Wortes sei gegenüber dem Ding arbiträr, d. h. willkürlich und zufällig so, wie er ist; immerhin steckt aber hier die Frage, wie sich der Inhalt in dieser Hinsicht verhalte und ob es nicht auch für ihn eine ›Motivation‹ gebe. Die Darlegungen des »Cours« sind, was diese Frage angeht, ausweichend. Saussure wendet hier weder den Begriff des Arbiträren, noch den der Motivation auf die Signifikata an.¹⁴ Nach Robert Godel hat Saussure, was er eigentlich zum Arbiträren zu sagen hatte, im »Cours« aus didaktischen Gründen vereinfacht: er behaupte in Wirklichkeit nicht nur den arbiträren Charakter des Signifikanten, sondern auch den des Signifikatum.¹⁵ Wenn es sich so verhielte, wäre Saussure gewiß zu tadeln, denn es ist nicht zulässig, das als richtig Erkannte aus welchen Gründen auch immer zu vereinfachen, es sei denn, die Vereinfachung werde ausdrücklich als solche gekennzeichnet. Eine Theorie oder ihre Darstellung darf nicht einfacher sein wollen als die Erscheinungen, auf die sie sich bezieht. Wir möchten eher annehmen, der Gelehrte sei sich der Tatsache bewußt gewesen oder ihrer nach und nach bewußt geworden, daß die (mögliche) Arbitrarietät des Signifikatums Fragen impliziert, die sich von den durch die Arbitrarietät des Signifikanten aufgeworfenen erheblich unterscheiden und im übrigen außerordentlich weitreichend sind.¹⁶ Wie immer es damit stehen mag, Saussure zögert

---

[12] ibid., S. 100. Vgl. hierzu die Auseinandersetzung von M. Lucidi mit E. Benveniste: L'equivoco de ›L'arbitraire du signe‹. L'iposema, jetzt in: M. Lucidi, Saggi linguistici, Neapel 1966, S. 46–74.
[13] Cours, S. 160; vgl. S. 163: »la partie conceptuelle de la valeur est constituée uniquement par des rapports et des différences avec les autres termes de la langue.« Dasselbe gilt für den Signifikanten. Saussure unterscheidet hier (S. 158ff.) zwischen »signification« und »valeur«.
[14] Eine Ausnahme macht vielleicht die (unklare) Stelle S. 157: »les valeurs restent entièrement relatives, et voilà pourquoi le lien de l'idée et du son est radicalement arbitraire.« Nach R. Engler handelt es sich hier um einen »Fehler«: die »valeurs« sind relativ, weil das Band arbiträr ist (Compléments à l'arbitraire, S. 29, 62).
[15] R. Godel, Les sources manuscrites du Cours de linguistique générale de F. de Saussure, Genf–Paris 1957, S. 243. Dieser Meinung schließt sich R. Engler trotz bestimmter Vorbehalte an (Compléments à l'arbitraire, S. 52).
[16] Vgl. die von R. Engler (ibid., S. 58) zitierte Stelle: »Si l'un des deux côtés du signe linguistique pouvait passer pour avoir quelque base en soi, ce serait le côté conceptuel... l'idée comme base du signe.« Wichtig ist hier die sogenannte »note onymique«: hier geht es um das Problem Zeichen und Ding (vgl. ibid., S. 58ff.).

jedenfalls, kurzerhand von einem »arbitraire du signifié« und von einer »motivation du signifié« zu sprechen, wie dies nach ihm Bally und Sechehaye tun. In den Schwierigkeiten, die sich bei der Anwendung des Begriffs ›arbiträr‹ auf den Wortinhalt zeigen, erblicken wir einen bedeutsamen Hinweis auf die Unhaltbarkeit der Sprachauffassung Saussures.

Mit den Darlegungen seines Lehrers zum Arbiträren erklärt sich Charles Bally einverstanden, sie seien lediglich zu »vervollständigen« und zu »systematisieren«.[17] Indessen sind seine eigenen Ausführungen zu diesem Gegenstand erheblich weniger kohärent als diejenigen Saussures; diese Inkohärenz beruht zu einem beträchtlichen Teil eben auf der Hereinnahme des Signifikatums in diese Fragestellung.

Ein sprachliches Zeichen wie etwa *l'arbre* ist nach Bally arbiträr »in seinem Signifikatum und in seinem Signifikanten«. Ausdrücklich beruft sich der Autor auf Saussure: dieser sehe den arbiträren Charakter des Sprachzeichens in der »theoretisch unbegrenzten Vielfalt der oppositiven Assoziationen« begründet.[18] Dies entspricht jedenfalls nicht den Darlegungen des »Cours«; hier wird die Arbitrarietät keineswegs auf diese Weise ›erklärt‹. Vier Typen der Motivation sind es, die Bally unterscheidet: *le pommier; craquer; la jument; la marche*. Bei dem ersten sei die Form des Wortes durch seinen Inhalt motiviert; bei dem zweiten der Inhalt des Wortes durch seine Form.[19] Wiederum ist zu bemerken, daß Saussure hinsichtlich der Motivation zwischen *poirier* und *craquer* nicht in dieser Weise unterschieden hatte. Der lautlichen Motivation, der Lautsymbolik überhaupt, gesteht Bally eine erheblich größere Bedeutung zu als Saussure.[20] Den dritten Typ *(jument)* bezeichnet Bally als »implizite« oder »innere« Motivation: sie ist für ihn Motivation im eigentlichen Sinne.[21] Der Inhalt des Wortes *jument* ist motiviert durch ein ›Syntagma‹, das (wie jedes Syntagma) aus einem determinierenden und einem determinierten Gliede besteht; das Wort *jument* ist ein implizites Syntagma, sein Inhalt beruht »auf einer einzigen, obligatorischen inneren Assoziation«: *femelle de cheval*.[22] Diese Motivation ist ein besonderer Typ der Erscheinung, die Bally unter »cumul des signifiés« behandelt;[23] daher spricht er auch von »motivation par cumul«. Auch bei diesem Typ sieht Bally die Motiviertheit auf der Seite des Inhalts, denn die Form von *jument* ist ja gerade nicht motiviert; von Saussure ausgehend wäre dies

---

[17] Linguistique générale, S. 128.
[18] »la multiplicité, théoriquement illimitée, des associations oppositives que le signe contracte avec les autres signes de la langue ...« (ibid).
[19] Vgl. ibid., S. 129.   [20] ibid., S. 129–133.
[21] ibid., S. 133–137; S. 139.   [22] ibid., S. 136.
[23] ibid., S. 149–153.

Wort – im Gegensatz etwa zu *l'ânesse* – nicht weniger arbiträr als *le cheval*.[24] Den vierten Typ *(la marche)* nennt Bally »motivation par signe zéro«: *la marche* ist motiviert durch ein Nullzeichen, das etwa dem Suffix *-age* in *le lavage* entspricht.[25] Nun gehört *lavage* zum Motivationstyp *pommier*. Im Widerspruch zu dem dazu Gesagten (»signe motivé par son signifié«) redet Bally bei *la marche*, wo doch der nämliche Fall vorliegen sollte, von einer Motivation durch den Signifikanten (»signe zéro«).

Gewiß ist Bally nicht vorzuwerfen, daß er hinsichtlich des Begriffs der Motivation abweicht von Saussure; zu beanstanden ist jedoch, daß er diese Abweichung und deren Sinn seinen Lesern (vermutlich auch sich selbst) nicht zu Bewußtsein bringt. Tatsächlich verwendet er völlig unvermittelt zwei erheblich verschiedene, ja disparate Begriffe von Motivation und Arbitrarietät. Der erste, den er einleitend umreißt, deckt sich mit dem seines Lehrers: »on sait ... qu'un signe arbitraire ne contient rien d a n s s o n s i g n i f i a n t q u i se rapporte au sens du mot«.[26] Nachher jedoch heißt es: »le propre du signe motivé serait de reposer sur u n e s e u l e association i n t e r n e o b l i g a t o i r e, le propre du signe totalement arbitraire d'être relié à t o u s les autres signes par des associations e x t e r n e s f a c u l t a t i v e s.[27] Das motivierte Zeichen ist dann ein solches, das gleichsam aus sich selbst heraus lebt (»vit davantage sur son propre fonds«[28]), das arbiträre ein solches, das nach dem »principe différentiel des valeurs« (Engler) durch oppositive Assoziationen zu anderen Zeichen lebendig ist. Es ist klar, daß damit die erste Definition verlassen ist; es handelt sich bei der zweiten, wie immer ihre Berechtigung beurteilt wird, um ein anderes Phänomen.[29] Auch Ullmann weist in einer allgemeinen Wendung darauf hin.[30]

Die Darlegungen Stephen U l l m a n n s zum Problem der Motivation zeichnen sich – wie alle Äußerungen dieses Autors – durch Klarheit und behutsam abwägende Vernünftigkeit aus. Den Terminus ›arbiträr‹ ersetzt er durch ›konventionell‹ und unterscheidet somit zwischen Motivation und

---

[24] Abgesehen vom weiblichen Artikel.
[25] ibid., S. 137; vgl. S. 160ff.
[26] ibid., S. 127; wir unterstreichen.
[27] ibid., S. 136; Bally unterstreicht.
[28] ibid., S. 133.
[29] Zu Ballys Auffassung von Motivation und Arbitrarietät vgl. auch Langue et parole, in: Journal de psychologie normale et pathologique, 23 (1926), S. 693–701; Mécanisme de l'expressivité linguistique, in: Le langage et la vie, Paris 1935, S. 113–149; Réponse à la question: Quelles sont les méthodes les mieux appropriées à un exposé complet et pratique de la grammaire d'une langue quelconque?, in: Actes du premier congrès de linguistes tenu à La Haye, Leyden 1928, S. 33–36 (mit A. Sechehaye); L'arbitraire du signe. Valeur et signification, in: Le Français Moderne, 8 (1940), S. 193–206.
[30] Principles, S. 86, Anm. 2.

Konventionalität.³¹ Schärfer und entschiedener als Bally und Saussure faßt Ullmann das Problem der Motivation.

Zwei Fragen sind es, die ihm zufolge zu stellen sind. Erstens: gibt es ein Motiv dafür, daß das Englische ein Wort mit dem Inhalt »Baum« besitzt? Zweitens: gibt es ein Motiv dafür, daß das Wort des Englischen mit dem Inhalt »Baum« *tree* lautet?

Eindeutig ist nach Ullmann die erste Frage zu bejahen: daß es im Englischen ein Wort mit dem Inhalt »Baum« gibt, findet in der Tatsache ein Motiv, daß es das gibt, was wir mit *tree* bezeichnen: die Existenz eines ihm entsprechenden Designatums ›rechtfertigt‹ den sprachlichen Inhalt. Dies gelte mehr oder weniger für alle Wörter, auch für die ›Abstrakta‹. Der Autor fügt hinzu, daß ›Rechtfertigung‹ nicht mit Notwendigkeit (»inescapable necessity«) gleichzusetzen sei; die Wirklichkeit könne sprachlich so oder so gefaßt werden: ›Rechtfertigung‹ meine hier nur, daß irgendein Motiv stets vorhanden, der Inhalt also nie ›rein konventionell‹ sei (»will never become purely conventional«).³² Die Wortinhalte sind also nicht ›frei‹; sie sind außerhalb der Sprache verankert: lediglich i n n e r - h a l b dieser Verankerung (Ullmann selbst spricht von »moorings outside language«) bleibt ihnen ein gewisser Spielraum. Die Frage, ob oder in welcher Weise sich die prinzipielle ›Motiviertheit‹ der Wortinhalte durch die Dinge mit dem von Ullmann nicht zurückgewiesenen, vielmehr unter Vorbehalten aufgenommenen Prinzip der a u s s c h l i e ß l i c h d i f f e r e n - z i e l l e n Ausgliederung vertrage, wird von ihm nicht gestellt.

Die zweite der beiden genannten Fragen ist nach Ullmann mit Entschiedenheit zu verneinen: daß das Englische den Inhalt »Baum« mit der Lautung *tree* verbindet, ist absolut konventionell und durch kein denkbares Motiv zu ›rechtfertigen‹. Entsprechend diesem Befund, so folgert Ullmann, seien die Begriffe ›Konventionalität‹ (›Arbitrarietät‹) und ›Motivation‹ ausschließlich auf die Signifikanten zu beziehen: »pure conventionality is a characteristic of the name... Consequently, the correlative

---

³¹ Principles, S. 83f.; zu Unrecht unterstellt er Saussure, er sei hinsichtlich des Begriffs ›arbiträr‹ »somewhat uneasy«.

³² Principles, S. 85f.; vgl. derselbe, Word-form and word-meaning, in: Archivum linguisticum 1 (1949), S. 128: »behind each sense there is always some external reality towards which we reach out, to which we intend to refer by means of the word. Under normal conditions, the sense is never purely conventional, even though an element of conventionality may enter into its make up.« Vgl. dagegen die merkwürdige Feststellung P. Guirauds: »Que le sens des mots soit conventionnel, c'est-à-dire résulte toujours et en tout état de cause d'un accord entre les sujets parlant (sic), cela ne fait aucun doute; la conventionnalité est l'essence du signe de communication« (La Sémantique, Paris 1955, S. 17).

term ›motivation‹ is also peculiar to the name.«[33] Dies entspricht im Ergebnis, nicht aber im Ansatz den Darlegungen Saussures: dieser hatte die Begriffe von vornherein auf die Wortformen bezogen. Das Kriterium für die Anwesenheit oder Abwesenheit von Motivation formuliert Ullmann somit wie folgt: »Is there any intrinsic and synchronously perceptible reason for the word having this particular form and no other?«[34] Unter Voraussetzung dieses Kriteriums findet Ullmann drei Grundtypen von Motivation: *to splash, leader, the foot (of a hill)*.

Im ersten Fall spricht er von ›phonetischer‹, im zweiten von ›morphologischer‹, im dritten von ›semantischer Motivation‹. Unter dem dritten Typ, der sich weder bei Saussure noch bei Bally findet, versteht Ullmann den figurativen Wortgebrauch.[35] Die Typen *leader* und *foot (of a hill)* unterscheiden sich von dem ersten darin, daß sie beide nur ›relativ‹ sind: »phonetic motivation alone can account for ultimate constituents«, und: »onomatopoeia is the only form of motivation which can be described as ›absolute‹«.[36] Die phonetische Motivation hat also gleichsam einen höheren Rang. Ihre Bedeutung schätzt Ullmann weit größer ein als Saussure.[37] Das Problem der Motivation in den einzelnen Sprachen reduziert sich für Ullmann auf ein solches der Dosierung; zu einer so allgemeinen Aussage wie »le signe linguistique est arbitraire« findet er sich nicht bereit: »We know now that it is pointless to ask whether language is conventional or ›motivated‹: every idiom contains words which are arbitrary and opaque, without any connexion between sound and sense, and others which are at least to some degree motivated and transparent.«[38] Die relative Frequenz von opaken und transparenten Wörtern und die Frequenz der einzelnen Motivationstypen innerhalb der letzteren nennt Ullmann an erster Stelle unter den von ihm vorgeschlagenen Kriterien für eine semantische Sprachtypologie.[39] Auf Grund der relativen Schwäche des morphologischen Motivationstyps im Französischen ist diese Sprache für ihn, wie auch für Saussure, Bally und Wartburg, »la langue de l'arbitraire«.[40]

---

[33] Principles, S. 86.   [34] ibid., S. 86f.
[35] Vgl. Semantics: »The principle of relative motivation was first formulated by Saussure, but he limited it to compounds and derivates whereas figurative language obviously works in the same way« (S. 92).
[36] Principles, S. 89; Semantics, S. 92.
[37] Vgl. besonders Semantics, S. 82–91; Principles, S. 90.
[38] Semantics, S. 81; Principles, S. 92.
[39] Semantics, S. 257.
[40] Vgl. Précis, S. 125ff.: »Le Français, Langue de l'Arbitraire« und Semantics, S. 105ff.; Ch. Bally, Linguistique générale, 341ff.; W. von Wartburg, Einführung, S. 133f., und: La posizione della lingua italiana, Florenz 1940, S. 93ff.

Einen weiteren Typ der ›Motivation‹ nennt Aurélien Sauvageot: er bezeichnet ihn als »indirekte oder semantische Motivation« im Gegensatz zur »direkten«, worunter er den Typus *poirier* versteht: »elle tend à grouper des mots de formes différentes, mais qui ressortissent à ce qu'on pourrait appeler le même ›centre d'intéret‹«;[41] Beispiel: *oeil – ophtalmologie*. Auch dieser Motivationsbegriff ist ganz auf den Wortinhalt bezogen: »la motivation réside uniquement dans la signification«.[42] Diesem Motivationstyp komme gerade im dissoziierten Wortschatz des Französischen eine außerordentliche Bedeutung zu; Sauvageot zeigt es an einigen Beispielen. Es ist jedoch erstaunlich und zeigt die Ungeklärtheit der Begriffe, daß der Autor, ohne die Unterschiedlichkeit hervorzuheben, vielmehr unter ausdrücklicher Berufung auf Saussure, gerade dort von ›Motivation‹ redet, wo dieser von ›Arbitrarietät‹ gesprochen hatte.

Wir haben nun also die folgenden Typen von ›motivierten‹ Wörtern:

1 *craquer*
2 *le pommier*
3 *la mouche* (»l'espion«)
4 *la jument*
5 *la marche*
6 *l'ophtalmologie*

Mit dem Begriff der Motivation, wie er hier dargelegt wurde, müssen wir uns nunmehr auseinandersetzen.

Erstens: In Übereinstimmung mit Ullmann und unserem eigenen Ansatz – inhaltsbezogene Betrachtung der Wortformen – halten wir es für zweckmäßig, die Begriffe Motivation und Arbitrarietät ausschließlich auf die *Form* des Wortes zu beziehen: beim arbiträren Wort ist die Form arbiträr (im Blick auf ihren Inhalt); beim motivierten Wort ist die Form motiviert (im Blick auf ihren Inhalt). Da wir im Inhalt eine Vorstellung des intendierten Dings erblicken, können wir auch formulieren: das arbiträre (motivierte) Wort ist in seiner Form arbiträr (motiviert) im Blick auf das Ding, welches es intendiert.[43] Aus dem im vorhergehenden Kapitel Gesagten geht hervor, daß wir – wiederum in Übereinstimmung mit Ullmann – den Inhalt des Wortes, wenn die Begriffe schon auf ihn bezogen werden, grundsätzlich nicht als ›arbiträr‹ betrachten. Er kann zwar Elemente des Arbiträren enthalten, d. h. er ist nicht bedingt in dem

---

[41] Portrait, S. 61 [42] ibid., S. 62.
[43] Wir stimmen hierin – gegen Ullmann – mit E. Benveniste überein: »Ce qui est arbitraire, c'est que tel signe et non tel autre, soit appliqué à tel élément de la réalité et non à tel autre« (Nature du signe linguistique, in: Acta Linguistica, I (1939), S. 26); vgl. Ullmann, Principles, S. 83, Anm. 2, und R. Godel, Les sources manuscrites, S. 255.

Sinne, daß ein der Sprache vorgegebenes Ding einen bestimmten Inhalt zwangsläufig in ihr hervorriefe. Er ist aber bedingt in dem Sinne, daß in ihm stets etwas lebendig ist, das aus dem Intentum stammt und diesem ent-spricht: »Reality is at the base of every concept« (Sir Alan Gardiner).[44] Auch noch die Vorstellung der Chimära rechnet Descartes unter die »rerum imagines«, denn: »pictores ipsi, ne tum quidem, cum Sirenas et Satyriscos maxime inusitatis formis fingere student, naturas omni ex parte iis possunt assignare, sed tantummodo diversorum animalium membra permiscent.«[45] Das Problem des Verhältnisses der sprachlichen Vorstellungen zur ›Wirklichkeit‹ ist damit gewiß nicht entschieden; dies komplexe Problem ist aber nicht zu fassen mit den allzu groben Entweder-Oder-Kategorien von ›Motivation‹ und ›Arbitrarietät‹.

Zweitens: Wenn wir von der Bedingtheit der Form durch den Inhalt bzw. durch das Intentum sprechen, so meinen wir damit nicht, daß die Form durch diese im Sinne der ›condicio necessaria‹ oder gar ›sufficiens‹ bedingt sei. Der Begriff der Motivation meint keine restlose Verursachung oder Rechtfertigung; er meint nur, daß im Inhalt bzw. im Intentum ein Motiv für die Form der Lautung enthalten sei. Wir gebrauchen den Begriff also in einem ähnlichen Sinne, wie ihn der Psychologe oder der psychologisierende Strafrechtler verwenden, wenn sie vom ›Motiv‹ einer Tat sprechen: auch diese wollen ja nicht sagen, daß die Eifersucht die Mordtat ›verursacht‹ habe oder daß diese durch jene ›gerechtfertigt‹ sei.[46]

Setzt man diesen Begriff der Motivation voraus, so sind die Typen 4 *(la jument)* und 6 *(l'ophtalmologie)* sogleich auszuscheiden: diese Wörter sind für uns ebenso arbiträr wie alle übrigen arbiträren auch. Auszuscheiden ist auch, was Ullmann als »semantische Motivation« bezeichnet (Typus 3: *la mouche* »l'espion«). Ein Problem der Wortform wird durch den figurativen Gebrauch eines Wortes nicht aufgeworfen. Es ist in dieser Hinsicht auch unerheblich, ob jener Gebrauch lexikalisiert ist oder nicht. Stets handelt es sich hier um ein und dasselbe Wort, wenn auch die Dingvorstellungen differieren. Mit Polysemie geht der figurative Gebrauch stets

---

[44] De Saussure's Analysis of the »signe linguistique«, in: Acta Linguistica, IV (1944), S. 109.
[45] Meditationes III, 5; I, 6; der Gedanke wird hier weitergeführt bis zu jenen »magis simplicia, et universalia vera«, die in allen Vorstellungen, ob wahr oder falsch, enthalten seien.
[46] Eine höchst bedeutsame Rolle spielt der Begriff der ›Motivation‹ in der neueren, insbesondere angelsächsischen Psychologie; längst ist in den Vereinigten Staaten das Wort in das gängige Vokabular der ›Gebildeten‹ eingegangen: die Stärke der Vietkong, heißt es da etwa, liege in deren stärkerer »motivation«.

einher, denn er beruht gerade auf dem (als solchem gefühlten) Zusammenhang z w e i e r gleichzeitig anwesender Dingvorstellungen. Der von Bally eigens herausgestellte Typus 5 schließlich *(la marche)* ist nur eine besondere Ausprägung des Typus 2 *(le pommier)*. Es bleiben also nur die beiden ersten Typen, die einzigen, die sich auch aus den Darlegungen Saussures ergeben: *craquer* und *le pommier*. Es gibt somit unter dem Gesichtspunkt der Motivation überhaupt nur d r e i A r t e n v o n W ö r t e r n : arbiträre wie *la lune*, lautlich motivierte wie *craquer*, kompositiv motivierte wie *le pommier*.[47] Einen besonderen Typ der Motivation hatte Saussure in Wörtern wie *craquer* nicht erblickt: von dem arbiträren Charakter des Wortes ist er so durchdrungen, daß er in der Onomatopoiie ein marginales, fast sprachpathologisches Phänomen erblickt. Von vielen Autoren ist diese Meinung inzwischen zur Genüge korrigiert worden.[48] Gegenüber der lautlichen Motivation, die ›direkt‹ ist, hat die kompositive einen bloß relativen, gleichsam minderen Charakter: letztlich ist ein Wort wie *pommier* ebenso arbiträr wie *la lune*. Die Frage ist, ob beide Worttypen – *craquer* und *pommier* –, wie dies bei Ullmann hervortritt, wirklich dem gemeinsamen Oberbegriff ›Motivation‹ zu subsumieren sind, ob sie sich also e i n h e i t l i c h von Wörtern wie *la lune* unterscheiden und nur als verschiedene Ausprägungen e i n u n d d e r s e l b e n Erscheinung, der Motivation, zu beurteilen sind. Wir unterscheiden also *la lune, craquer* und *pommier*.

Drittens: Zum Wesen des Motivationsbegriffs gehört seine Bezogenheit auf ein B e w u ß t s e i n. Wenn ich sage, das Wort *craquer* sei motiviert, so ist damit notwendig ein Bewußtsein mitgemeint, f ü r w e l c h e s das Wort motiviert ist, ein Bewußtsein, dem es so vorkommt. Die Tatsache, daß Motivation vorliegt, kann daher nicht für sich selbst ausgesagt werden, so wie ich zum Beispiel feststellen kann: »der Elefant hat zwei Stoßzähne«. Dieser Satz kann rein in bezug auf den Elefanten ausgesagt werden: sein Inhalt ist für sich selbst sinnvoll, unabhängig davon, ob jemand von ihm Notiz nimmt. Nicht so der Satz »das Wort *craquer* ist motiviert«; hier muß auch das Bewußtsein genannt werden, welches sich dieser Motiviertheit bewußt ist: M o t i v a t i o n i s t n o t w e n d i g M o t i v a t i o n f ü r j e m a n d e n. Dasselbe gilt für ihren Gegenbegriff, die Arbitrarietät.

Auf welches Bewußtsein sind diese Begriffe zu beziehen? Saussure hebt es nicht ausdrücklich hervor; dennoch ist kein Zweifel, worauf e r sie be-

---

[47] So auch W. von Wartburg, Einführung, S. 129.
[48] Vgl. H. Wissemann, Untersuchungen zur Onomatopoiie I: Die sprachpsychologischen Versuche, Heidelberg 1954, und die Angaben bei Ullmann, Principles, S. 88, Anm. 1; Semantics, S. 82ff.

zieht: auf das Bewußtsein des durchschnittlichen Sprechers; für diesen ist das motivierte Wort motiviert, das arbiträre arbiträr. Ausdrücklich tritt dies bei Ullmann hervor: »Like onomatopoeia... morphological and semantic motivation involves a subjective element. For a word to be so motivated, it must be f e l t to be a compound, a derivative, or a figurative expression«; und: »on ne tiendra compte que du sentiment linguistique des usagers: on réunira ce qu'ils réunissent et séparera ce qu'ils séparent.«[49] Das ›subjektive Element‹ dieser zentralen Erscheinung ist nicht ein ihr anhaftender, in Kauf zu nehmender Mangel: es ist ihr konstitutives Moment. Jene Begriffe sind daher notwendig »synchronisch«; sie sind nur sinnvoll, wenn sie an eine bestimmte Bewußtseinskopräsenz gebunden sind.[50] Es stellt sich demnach die Frage: unterscheidet das durchschnittliche Sprachbewußtsein tatsächlich zwischen Wörtern, die ihm als arbiträr erscheinen, und anderen, die es als motiviert empfindet?

»En synchronie«, erklärt Rudolf Engler, »la motivation est une limitation de l'arbitraire. Mais l'arbitraire, lui, n'est pas un fait de conscience«.[51] Wenn aber der Unterschied zwischen motivierten und arbiträren Wörtern eine Realität für das Bewußtsein wäre, so dürfte die Arbitrarietät nicht die bloße Abwesenheit von Motiviertheit sein: sie müßte selbst einen positiven und als solchen gefühlten Charakter haben. Im Gegensatz zu dem, was Engler in seiner apologetischen Exegese bemerkt, wird dies von Saussure auch unmißverständlich behauptet: er spricht von »notre sentiment très vif de l'arbitraire du signe«.[52] Diese Behauptung muß als

---

[49] Semantics, S. 93; Précis, S. 125. So schon M. Grammont: »un mot n'est une onomatopée qu'à condition d'être senti comme tel« (zit. bei Ullmann, Précis, S. 111).
[50] Vgl. Ullmann, Principles, S. 90f. Hier heißt es sogar: »In no other context is the sharp opposition of synchronistic and diachronistic approach more legitimate and more profitable than in the assessment of motivation and conventionality« (S. 90).
[51] Complément à l'arbitraire, S. 57.
[52] ibid., S. 105. Dieses Gefühl, sagt der Autor, suggeriere uns die Meinung, die sprachlichen Zeichen seien durch die Menschen frei verabredet worden. Vgl. dagegen allerdings die von Engler zitierte Stelle aus den »Sources manuscrites« (ibid., S. 57). Grundsätzlich geht es uns hier nicht um die Frage, inwieweit die Darlegungen des »Cours« den tatsächlichen Ansichten Saussures entsprechen. Die Aufdeckung dieser Ansichten ist von großem, aber bloß historischem Interesse: systematische Fragen können durch sie unmöglich beantwortet werden; es bliebe nach einer solchen (höchst verdienstlichen) Aufdeckung ja noch immer die systematische Aufgabe, zu zeigen, warum die Ansichten Saussures richtig sind: die Richtigkeit oder die Irrtümlichkeit einer sprachwissenschaftlichen Meinung kann nicht durch den Nachweis erhärtet werden, daß der Genfer Gelehrte sie tatsächlich vertrat oder nicht vertrat.

absolut falsch bezeichnet werden: ein solches Gefühl ist dem Sprechenden zutiefst und in jeder Hinsicht fremd. Wäre es in ihm lebendig, so hieße dies etwa, daß der ›idealtypische‹ deutsche Sprecher von dem »sehr lebhaften Gefühl« beherrscht wäre, statt *Pferd* auch *Maus* oder *Papagei* sagen zu können, wenn die deutsche Sprache diese Wörter nicht ›zufällig‹ festgelegt hätte. Natürlich kann man dem Sprechenden klarmachen, daß die Lautungen **an sich** beliebig austauschbar, daß sie arbiträr **sind**. Aber ein solches Wissen ist nicht von vornherein in ihm lebendig. Es muß ihm mit einer gewissen Gewalt aufgedrängt werden.

Bei Hans-Georg Gadamer lesen wir: »Die innige Einheit von Wort und Sache ist aller Frühzeit so selbstverständlich, daß der wahre Name wie ein Teil des Trägers dieses Namens, wenn nicht gar in seiner Stellvertretung als er selbst erfahren wird. Der Name aber ist, was er ist, dadurch daß einer so heißt und auf ihn hört. Er gehört seinem Träger. Die Richtigkeit des Namens findet ihre Bestätigung darin, daß einer auf ihn hört. Er scheint also dem Sein selbst angehörig.«[53] Ist die für den idealtypischen Sprecher kennzeichnende Auffassung vom Wort nicht in gewisser Weise eben diese der »Frühzeit«? Liegt der Unterschied nicht bloß darin, daß sich jener Sprecher seine Auffassung nicht explicite zu Bewußtsein bringt? Ist nicht auch für ihn – ganz unreflektiert – das Wort so etwas wie ein Element dessen, das es bezeichnet?[54]

Das Wort ist für das Bewußtsein, so sagten wir, **Name** eines Dings: von Namen, vom **Eigennamen** her, wird es verstanden. Gerade bei diesem ist das Gefühl, daß er zu seinem Träger irgendwie gehört oder doch ›paßt‹, durchaus in uns lebendig. Nicht von ungefähr wird dieses Gefühl literarisch so häufig genützt. Im Bereich des Deutschen hat es gewiß Thomas Mann mit der größten Bewußtheit und Sicherheit getan; in den folgenden Namen zum Beispiel aus »Königliche Hoheit« zeigt sich mehr als ein humoristisches, übrigens künstlerisch heikles Spiel; hier ist vielmehr etwas lebendig, das der Sprache selbst, unserem ›Gefühl von ihr‹, entgegenkommt: Staatsminister Doktor Baron **Knobelsdorff**, Finanzminister Doktor **Krippenreuther**, Hofprediger Oberkirchenratspräsident D. **Wislizenus**, der »noch jugendliche« Flügeladjutant Graf **Lichterloh**, General der Infanterie Graf **Schmettern**, Oberhofmarschall von **Bühl zu Bühl**, Oberhofmeisterin Freifrau von **Schulenburg-Tressen**, Hoffinanzdirektor Graf **Trümmerhauff**, der Dichter **Axel**

---

[53] Wahrheit und Methode, 2. Aufl. Tübingen 1965, S. 383.
[54] Auch A. Martinet, gewiß kein Schwärmer, erklärt: »Cette identification du mot et de la chose est peut-être la condition d'un maniement inconscient [!] et sans accroc du langage« (Eléments, S. 5). Die pauschale Kennzeichnung »inconscient« ist zu streichen.

Martini, Verfasser von »Evoë!«, Schulrat Dröge, Gymnasialprofessor Kürtchen, Geheimrat Professor Klinghammer, Geheimrat Grasanger, Dr. Raoul Überbein, Fräulein Isenschnibbe, Gräfin Löwenjoul, der schüchterne junge Ortsarzt (»obendrein jüdischer Abstammung«) Doktor Sammet, Samuel Spoelmann, der amerikanische Milliardär, seine Sekretäre, die Herren Phleps und Slippers, schließlich Witwe Klaasen (»von dem Stand am Markt«), Herr Stavenüter, der Wirt der Fasanerie, und der Schuster Hinnerke.[55]

Irgendwie gehört zum Besitz des Wortes das schwer abweisbare Gefühl: es muß so sein wie es ist. Keinesfalls jedoch ist das Erlebnis eines Wortes durch das »sehr lebhafte Gefühl« für die Zufälligkeit seines Soseins geprägt. Kein Wort ist in der Weise lebendig, daß sein Besitz von dem Gefühl begleitet wäre: es ist so, es könnte auch anders sein. »Sont motivés«, definiert Ullmann, »tous les mots dont la forme n'est pas purement fortuite aux yeux du sujet parlant.«[56] Setzt man diese Definition voraus, dann sind sämtliche Wörter der Sprache als motiviert zu betrachten, denn kein Wort erscheint dem Sprechenden in seiner Lautung als zufällig, als willkürlich so, wie es ist.

Vor allem ist festzuhalten: selbst wenn dies Wissen im Sprechenden gelegentlich aufleuchtet, so ist es doch für sein Sprechen niemals konstitutiv. Konstitutiv für sein Sprechen ist gerade das Umgekehrte, die Tatsache nämlich, daß vom Bewußtsein die Frage nach dem Warum des Miteinanders von Inhalt und Form hinsichtlich der Wörter in keiner Weise thematisiert wird. Daher fehlt dem Sprechenden das Wissen von der Willkürlichkeit seiner Wortlautungen. Daß dies Wissen fehlt, ist nun aber nicht einfach als Mangel zu begreifen. Sein Fehlen hat einen positiven Charakter: wir könnten im Grunde nicht sprechen, geschweige denn dichten und uns an Dichtung erfreuen, wir könnten in dem ›Haus‹ unserer Sprache nicht heimisch sein, wenn uns jenes Wissen wirklich gegenwärtig wäre. Das fraglose Heimischsein in einer Sprache ist ja die notwendige Bedingung des rechten Umgangs mit ihr (dagegen würden wir keinesfalls sagen, wie dies Karl Löwith tut, daß es dann »überhaupt keine Wahrheit und Richtigkeit der Erkenntnis« gäbe.[57] Die Sprache kann nur sein was

---

[55] Natürlich beruhen die (oft sehr schwer formulierbaren) Wirkungen dieser Namen auf verschiedenen Ursachen. Eine systematische Untersuchung der Namen in den Werken Thomas Manns wäre von großem, über das Stilistische weit hinausführendem Interesse.

[56] Précis, S. 103.

[57] »Wenn das Wort bloß νόμῳ und τύχῃ, aber nicht φύσει wäre, dann würde es überhaupt keine Wahrheit und Richtigkeit der Erkenntnis geben, und der Weg wäre frei für jede beliebige Festsetzung bestimmter Worte für bestimmte

sie ist, wenn das Bewußtsein, das sich auf sie bezieht, die Frage nach der »Richtigkeit« der Wörter, den Zweifel am Wort, nicht aufkommen läßt. Das Wissen, daß die Wörter arbiträr sind, ist ein Wissen nicht der Sprechenden, sondern des Sprachwissenschaftlers, des Philosophen: nur für ihn, für sein Bewußtsein, ist die Form des Wortes *lune* zufällig so, wie sie ist. Der Fehler Saussures, Ballys und Ullmanns liegt also darin, daß sie die Begriffe ›Arbitrarietät‹ und ›Motivation‹ auf das falsche Bewußtsein beziehen: sie schreiben den Sprechenden zu, was allein für den ›aufgeklärten‹, den distanzierten Sprachbetrachter gilt.[58] Die Berechtigung, ja, die Notwendigkeit unseres Ansatzes zeigt sich hier.

Nach Edouard Pichon, der den arbiträren Charakter des Wortes zurückweist, erklärt sich die zitierte Behauptung Saussures aus dessen helvetischer Zweisprachigkeit; diese habe ihn in die Irre geführt, er sei hier also das Opfer einer exzeptionellen Sprachsituation.[59] Diese Erklärung überzeugt kaum; gewiß ist aber zu bemerken, daß Zweisprachigkeit, ebensowenig wie das stückweise Eindringen in eine fremde Sprache, automatisch ein Gefühl der Willkürlichkeit der Wörter hervorruft. Hierzu bedarf es einer spezifischen Einstellung zur Sprache; diese ist dem Sprechenden durchaus fremd. Auch der Sprachwissenschaftler taucht, indem er nur eben spricht, in den Strom des Vergessens ein und zweifelt nicht an der »Richtigkeit« seiner Wörter.

Bei dieser Sachlage ist die Deutung der »Volksetymologie«, wie sie sich etwa bei Ullmann findet, abzulehnen: »The driving force behind popular etymology is the desire to motivate what is, or has become, opaque in language.«[60] Zustimmend zitiert Ullmann Vendryes, der erklärt: »l'étymologie populaire est une réaction contre l'arbitraire du signe. On veut à tout prix expliquer ce dont la lange est bien incapable de fournir l'explication.«[61] Diese Deutung impliziert geradezu, daß die Sprache unter

    Dinge. Es wäre dann z. B. nicht einzusehen, weshalb der Mensch nicht Pferd und das Pferd nicht Mensch heißen könnte« (Hegel und die Sprache, S. 280). Diese Bemerkungen leiden auch daran, daß die Bezogenheit der Begriffe auf Form oder Inhalt oder auf beide zusammen nicht geklärt ist.

[58] Der Fehler Saussures und seiner Gefolgschaft liegt also nicht darin (wie oft behauptet wird), daß er die Bedeutung des Arbiträren ›übertreibe‹.

[59] Vgl. R. Engler, Compléments à l'arbitraire, S. 22.

[60] Semantics, S. 101f.

[61] J. Vendryes, Sur la dénomination, in: Bulletin de la Société Linguistique de Paris, 48 (1952), S. 6. In der ersten Ausgabe des »Cours« war die Volksetymologie konsequent als ein »pathologisches Phänomen« gekennzeichnet. In den folgenden Ausgaben fehlt diese Kennzeichnung (vgl. I. Iordan und J. Orr, An Introduction to Romance Linguistics, London 1937, S. 173, Anm. 1). Zu dem Problem selbst vgl. Ullmann, Semantics, S. 101ff. und dessen Angaben; ferner V. Pisani, L'etimologia, Mailand 1947, S. 140–153.

der Arbitrarietät ihrer Zeichen leide und darum gegen sie ankämpfe. Die Sprache kann allein deshalb nicht auf das Arbiträre reagieren, weil sie es überhaupt nicht empfindet. Die mit dem (mißlichen) Ausdruck »Volksetymologie« bezeichnete Erscheinung muß daher eine andere Wurzel haben.

Wenn wir leugnen, daß im Bewußtsein die Wörter als ›arbiträr‹ erscheinen, so behaupten wir damit nicht, sie seien für das Bewußtsein motiviert. Die Wörter sind für das Bewußtsein der Sprechenden weder arbiträr noch motiviert: sie s i n d. Das Bewußtsein fragt nicht hinter sie zurück. Gewiß ist es durchdrungen von der »Richtigkeit« der Wörter, aber nicht in dem Sinne, daß es sich in dem Widerstreit zwischen Motivation und Arbitrarietät auf die Seite der ersteren schlüge. Jene Überzeugung ist in ihm auf eine dumpfe, unreflektierte, begrifflich nicht artikulierte Weise lebendig. Zu dem Problem der Motivation ist in bewußtseinseigener Sicht lediglich zu sagen, daß es für das Bewußtsein schlechterdings n i c h t e x i s t i e r t: zwischen *la lune* und *craquer* besteht kein Unterschied in dem Sinne, daß das eine Wort dem Bewußtsein als motiviert, das andere als arbiträr erschiene. Worin der Unterschied zwischen beiden Wörtern in b e w u ß t s e i n s e i g e n e m Sinne tatsächlich besteht, davon wird im nächsten Abschnitt zu sprechen sein.[62]

Das Problem der Motivation beruht also auf einer durchaus b e w u ß t s e i n s f r e m d e n, sprachäußerlichen Fragestellung. Es setzt voraus, daß der Betrachter sich in kritischer Distanzierung gewaltsam losreißt von der Sprache, in der er lebt, daß er sich gleichsam aus ihr h e r a u s s e t z t. Eine Sprache wird dann von außen her anvisiert und als ein unter anderen vorliegendes, mit anderen vergleichbares Objekt betrachtet.

Dies zeigt sich bereits an dem Hauptbeweisstück, das seit jeher und auch bei Saussure für die Arbitrarietät der Wörter vorgebracht wird: die Tatsache, daß verschiedene Sprachen für dasselbe verschiedene Wörter haben, also letztlich die Tatsache der S p r a c h v e r s c h i e d e n h e i t selbst: *Hund, dog, chien, cane, perro, cao, sobaka, kelb* usf. Die Sprachverschiedenheit spielt in der Bewußtseinskopräsenz des durchschnittlichen Sprechers, zumindest während dieser nur einfach spricht, ohnehin keine Rolle. Ebensowenig die Erscheinung der H o m o n y m i e, die ebenfalls – und mit Recht – als Beweis für die Arbitrarietät ins Feld geführt wird: völlig verschiedene Dinge werden durch identische Lautungen bezeichnet. Dasselbe gilt für die Tatsache des S p r a c h w a n d e l s: er wird zwar zu einem Teil vom Bewußtsein thematisiert, aber doch nicht so, daß er hinsichtlich

---

[62] Vgl. H.-G. Gadamer: »Der Einzelne, der spricht, kennt die Frage nach der Richtigkeit des Wortes... jedenfalls nicht« (Wahrheit und Methode, S. 383).

der Wortformen zu einem Gefühl der Beliebigkeit führte: im eigentlichen Sinne existiert er doch nur für den Sprachhistoriker. Das einzige der Kopräsenz entnommene Argument für die Arbitrarietät ist der Hinweis auf die Erscheinung der S y n o n y m i e : Ähnliches oder Gleiches wird durch ganz verschiedene Lautungen bezeichnet. Gewiß spielt die Synonymie bewußtseinsmäßig eine bedeutsame Rolle, aber da gerade bei ihr die Diversität des Bedeuteten – im Vergleich der Synonyme – ganz im Vordergrund steht, berührt sie kaum jene unreflektierte Überzeugtheit von der »Richtigkeit« der muttersprachlichen Namen. Die Argumente, welche den arbiträren Charakter der Wortformen beweisen, sind also, vom letzten in gewisser Weise abgesehen, insgesamt b e w u ß t s e i n s f r e m d.

Das Problem der Motivation, wie es üblicherweise in der Sprachtheorie erscheint, ist somit das Musterbeispiel einer (höchst wichtigen und berechtigten) bewußtseinsfremden Fragestellung: die Aufdeckung der Arbitrarietät der Sprachzeichen gehört nicht eigentlich zur Beschreibung der Sprache, zur Beschreibung der Art und Weise, wie sie arbeitet, sie ist vielmehr – ebenso wie die Aufdeckung der sprachlichen Bedingtheit der Welterfassung – Teil einer philosophischen Aufklärung über die Sprache. Sie ist, hinsichtlich der Sprache, eine ›Entmythologisierung‹. Die Erkenntnis der Willkürlichkeit der Wortgestalten ist für das Denken eine entscheidende Befreiung und markiert auf dem Weg der Befreiung des Menschen von seiner Sprache einen bedeutsamen Schritt.

Die Bewußtseinsfremdheit der Frage nach der Motivation, ihren primär p h i l o s o p h i s c h e n Sinn, zeigt eindeutig ein Blick auf den historischen Augenblick ihrer Entstehung. Die griechische Philosophie hat, wie Gadamer hervorhebt, »geradezu mit der Erkenntnis eingesetzt, daß das Wort n u r Name ist, d. h. daß es nicht das wahre Sein vertritt. Das ist eben der Einbruch des philosophischen Fragens in die zunächst unbestrittene Voreingenommenheit durch den Namen. Wort-Glaube und Wort-Zweifel bezeichnen die Problemsituation, in der das Denken der griechischen Aufklärung das Verhältnis von Wort und Sache sah.«[63] Es geht also um das Verhältnis von Wort und Sache: führt ein Weg von der Erkenntnis der Wörter zu der des Seienden? Innerhalb dieser Thematik läßt Platon im »Kratylos« die Frage nach der »ὀρθότης τῶν ὀνομάτων« verhandeln: sind die Wörter von Natur aus oder durch Herkommen? Eine solche Frage setzt voraus, daß es in der griechischen Aufklärung

---

[63] ibid., S. 383. In dem Lehrgedicht des Parmenides heißt es: »deshalb ist alles nur Name, was die Sterblichen gesetzt haben, meinend, es sei wahr: Entstehen und Vergehen, bald Sein, bald Nichtsein, Wandel des Orts und Wechsel der leuchtenden Farbe«.

möglich und üblich geworden war, die Legitimität des Herkommens, des Nomos – »νόμος ὁ πάντων βασιλεύς« hatte Pindar gesagt – prüfend in Frage zu stellen; zum Herkommen, der »Gesamtheit der nicht geschriebenen, sondern gelebten Vorschriften«, gehört auch die Sprache, der Sprachgebrauch.[64] Der Physei-Standpunkt (»ὀνόματος ὀρθότητα εἶναι ἑκάστῳ τῶν ὄντων φύσει πεφυκυῖαν«) wird von Sokrates »auffallend versöhnlich« (Gadamer) abgelehnt.[65] Entscheidend ist jedoch – und hierin zeigt sich jene Befreiung aus der Sprache –, daß für Plato »in der Sprache, in dem Anspruch auf Sprachrichtigkeit (»ὀρθότης τῶν ὀνομάτων«) keine sachliche Wahrheit (»ἀλήθεια τῶν ὄντων«) erreichbar ist und daß man ohne die Worte (»ἄνευ τῶν ὀνομάτων«) das Seiende erkennen müsse rein aus sich selbst (»αὐτὰ ἐξ ἑαυτῶν«)«.[66] Noch ausdrücklicher findet sich diese sprachskeptische Ansicht in dem Exkurs des siebten Briefes formuliert. Die platonische Problematik von »physei« und »thesei« ist nur zu verstehen, wenn man sie in diesem sachlichen Zusammenhang sieht: Platon geht es um die Befreiung des Denkens aus der Macht der Wörter (»δύναμις τῶν ὀνομάτων«); daher wird die Frage nach ihrer »Richtigkeit« von ihm prinzipiell diskreditiert: das Wort ist nicht Abbild (»εἰκών«), sondern Zeichen (»σημεῖον«, »σημαῖον«).[67]

Fassen wir zusammen. In bewußtseinsfremder Betrachtung sind die Wörter arbiträr: der Sprachbetrachter vermag in ihrem Inhalt (oder ihrem Intentum) kein Motiv für ihr lautliches Sosein zu entdecken. Dies gilt für die Wörter vom Typus *lune* und für die Konstituenten der Wörter vom Typus *poirier*; aber selbst die Wörter vom Typus *craquer* enthalten stets auch arbiträre Elemente. Arbiträr heißt hier: geschichtlich-zufällig, nicht sachlich-notwendig so wie es ist. In bewußtseinsfremdem Sinn verwendet ist der Terminus ›arbiträr‹ kaum zu beanstanden, obwohl wir den Ausdruck ›kontingent‹ vorzögen. Wichtig ist nur, daß hier bloß n e g a t i v e

---

[64] Vgl. W. Porzig, Das Wunder der Sprache, S. 15ff.
[65] »das Konventionsprinzip müsse dort ergänzend hinzutreten, wo das Ähnlichkeitsprinzip versage« (Wahrheit und Methode, S. 387).
[66] H.-G. Gadamer, Wahrheit und Methode, S. 384. Vgl. noch: »das Denken enthebt sich so sehr des Eigenseins der Wörter, nimmt sie als bloße Zeichen, durch die das Bezeichnete, der Gedanke, die Sache in den Blick gerückt wird, daß das Wort in ein völlig sekundäres Verhältnis zur Sache gerät. Es ist bloßes Werkzeug der Mitteilung, als das Heraustragen (ἐκφέρειν) und Vortragen (λόγος προφορικός) des Gemeinten im Medium der Stimme« (ibid., S. 391).
[67] Vgl. zum »Kratylos« I. Abramczyk, Platons Dialog Kratylos und das Problem der Sprachphilosophie, Breslau 1928; E. Haag, Platons Kratylos, Tübinger Beiträge zur Altertumswissenschaft, Heft 19, Stuttgart 1933; auch K. Löwith, Hegel und die Sprache, S. 279–281, und E. Cassirer, Philosophie der symbolischen Formen I, Darmstadt 1956, S. 61ff.

Ausdrücke (unmotiviert, zufällig, arbiträr, kontingent) verwendet werden, nicht solche, die positiv aussagen, wie ›konventionell‹ (es wäre ja unsinnig sich vorzustellen, die Wörter seien ›vereinbart‹ worden).[68]

In bewußtseinseigener Sicht kann das Problem einer möglichen Motivation der lautlichen Form durch den Inhalt (oder das Intentum) sich nicht stellen. Zwischen *la lune* einerseits, *craquer* und *le pommier* andrerseits, besteht – innerhalb dieser Sicht – kein Unterschied dieser Art: da *la lune* nicht als ›arbiträr‹ lebendig ist, können sich *craquer* und *le pommier* nicht dadurch von ihm unterscheiden, daß sie als ›motiviert‹, im Bewußtsein der Sprechenden hervorträten. Das Problem der Motivation ist durchaus bewußtseinsfremd.

Damit ist nicht gesagt, daß in bewußtseinseigenem Sinn zwischen jenen drei Wörtern keine Unterschiede bestünden; tatsächlich sind diese Wörter – gerade vom Sprachbewußtsein her – auf eine bedeutsame Weise verschieden: jedes repräsentiert, hinsichtlich des jeweiligen Verhältnisses von Form und Inhalt – einen besonderen Typ. Es wird die Aufgabe der beiden folgenden Abschnitte sein, die Unterschiede, die zwischen diesen Typen bestehen, aufzuzeigen. Wir befassen uns zunächst mit dem Unterschied zwischen *la lune* und *craquer*, danach – ausführlicher – mit dem zwischen *la lune* und *le pommier*.

2. Lautsymbolische Wörter

Worin besteht, in bewußtseinseigenem Sinne, der Unterschied zwischen einem Wort wie *la lune* und einem Wort wie *craquer*? Wir sagten vom sprachlichen Zeichen, daß seine Lautgestalt, wenn es in einer Äußerung erscheint, für das Bewußtsein getilgt sei: wenn wir das Wort hören, halten wir uns bei seiner Lautung nicht auf, sondern sind gleich bei der Sache. Es gibt nun Wörter, bei denen dies nicht oder doch in weit geringerem Maße der Fall ist. Sie drängen sich in ihrer Lautung dem Bewußtsein auf; sie sind als ihr Intentum ›treffende‹ in ihm lebendig: das »Zuhandene«, mit Heidegger zu sprechen, fällt in seiner Vorhandenheit dadurch auf, daß es sich als besonders zuhanden zeigt. So empfindet der Franzose bei dem Wort *craquer*: »ce mot veut bien dire ce qu'il dit«. Ein Wort dieser Art erlebt der Sprechende als besonders treffend, hübsch, malend, anschaulich, plastisch, geladen, ausdrucksstark. Dies heißt nicht, daß ihm *la lune* als

---

[68] S. Ullmann, der diesen Ausdruck verwendet, sieht sich gezwungen, sogleich zurückzunehmen, was dieser meint (Principles, S. 84). S. Koopmann übersetzt ihn mißlich mit »traditionsgebunden« (Grundzüge der Semantik, Berlin 1967, S. 77): ›traditionsgebunden‹ sind alle Wörter, auch die ›motivierten‹.

ein weniger gutes und passendes Wort erschiene; nur drängt sich ihm bei diesem unter normalen Umständen die Lautung als solche nicht auf. Überhaupt gibt es in dieser Hinsicht zwischen den Wörtern keine bruchhaften Unterschiede; ob ein Wort als ›malend‹ empfunden wird oder nicht, hängt von verschiedenen, auch kontextuellen Faktoren ab.

Unbestreitbar ist jedenfalls, daß es unter den Wörtern die Erscheinung gibt, die man traditionell als Lautmalerei bezeichnet. Auf einer Reklame (in »Paris-Match«) für eine Schokolade, die Reiskörner enthält und als »Crunch« bezeichnet wird, sehen wir ein Mädchen, das (mit geschlossenen Augen) ein Stück dieser Schokolade an seinem Ohr zerbricht; daneben steht: »crr... crunch... croustillant« und darunter: »vous l'entendez déjà croustiller. Crunch. crr... crr... 1000 bulles de riz croustillantes – pétillantes – dans une nappe fondante de chocolat au lait Nestlé... Crunch... une sensation nouvelle... crr... crr... Crunch«; auf der Tafel Schokolade selbst heißt es: »Chocolat au lait au riz croquant«. Man sieht, wie hier ganz bewußt (eine bewußtere Sprache als die der Reklame gibt es nicht) das Gefühl für die malende Qualität eines Namens ›angesprochen‹ wird. Wir brauchen keine Beispiele solcher Wörter zu nennen; sie sind jedenfalls auch im Französischen, einer Sprache, die in dieser Hinsicht als vergleichsweise ›arm‹ gilt, außerordentlich häufig.[69]

Gewiß ist es richtig, daß auch die ›malenden‹ Wortlautungen Elemente enthalten, die sich aus der imitativen Funktion keineswegs notwendig ergeben und also – bewußtseinsfremd gesehen – ›arbiträr‹ sind. Dies zeigt namentlich der häufig angestellte Vergleich solcher Wörter mit gleichbedeutenden imitativen Wörtern anderer Sprachen.[70] Es ist auch richtig, daß eine Lautung nicht für sich allein schon ›malt‹, sondern erst im Verein mit dem ihr verbundenen Inhalt.[71] Man kann also ein Wort wie *craquer* nicht allein durch seine lautliche Beschaffenheit ›verstehen‹: man muß,

---

[69] Vgl. A. Sauvageot, Portrait, S. 183ff.
[70] Humorvoll glossiert Kr. Nyrop die Tatsache, daß die dänischen Enten, die »rap-rap« sagen, außerstande sind, wie die französischen, einen Nasallaut zu produzieren: »couin-couin« (Ordenes Liv, Kopenhagen 1901, S. 9–10). Vgl. S. Ullmann, Semantics, S. 85ff. A. Sauvageot geht soweit zu sagen: »la convention n'est pas moins maîtresse des onomatopées que des autres mots...« (Portrait, S. 188).
[71] Vgl. A. Sieberer: »Lautbedeutsamkeit entzündet sich erst, wenn die in einer bestimmten Lautung schlummernden Ausdrucksmöglichkeiten durch die Berührung mit einer kongenialen Bedeutung gleichsam zum Leben erweckt werden« (Primäre oder sekundäre Lautbedeutsamkeit?, Österreichische Akad. d. Wiss., Philosoph.-hist. Klasse, Anzeiger, LXXXIV (1947), S. 40). Vgl. A. Sauvageot, Portrait, S. 190.

gerade um seine imitative Qualität zu empfinden, seinen Inhalt kennen.[72] Dies alles hindert aber nicht, daß diese Wörter tatsächlich als i m i t a t i v e Wörter im Bewußtsein lebendig sind: darauf allein kommt es hier an. Gewiß tritt in den lautsymbolischen Ausdeutungen von einzelnen Wörtern oder von Dichtwerken viel Beliebiges, auch Törichtes zutage: »Kein Wort würde Axt besser aussagen als das Wort Axt; kein Bild, selbst nicht die Wirklichkeit einer Axt, würde die Kraft haben, den eigentlichen Begriff des Dinges in unserem Bewußtsein mit dieser Sicherheit, in diesem Umfang, mit dieser Sinnhaftigkeit und sinnlichen Wahrnehmbarkeit auszudrücken als das Wort: Axt, dieses kurze, schneidende a, dieses ächzende x und dies abhackende t. Kein Wort der Welt, kein anderer Mund als der deutsche könnte die ganze runde rauschende Fülle eines Baumes aussagen für das indogermanische Sprachgefühl als das Wort Baum: diese schwellende Weiche des b, die volle Dehnung des geräumigen halbdunklen au, das raunende m am Ende.«[73] Mißlich ist hier vor allem der nationalistisch gereizte, das Eigene blind exaltierende Ton. So töricht jedoch solche Äußerungen sind, sie sind, zumindest in ihrem Ansatz, nicht einfach von der Hand zu weisen: es ist etwas daran. Wir sagten, daß die Überzeugung des Sprechers von der »Richtigkeit« seiner Wörter eine dumpfe und begrifflich nicht artikulierte sei; es ist daher nicht verwunderlich, daß der Versuch, jene Überzeugung begrifflich zu explizieren, notwendig etwas Schiefes hat. Auch Heinz Wissemann, der sich mit dem Phänomen eingehend befaßt, hebt es hervor: »Diese Erfassung des ›onomatopoetischen Charakters‹ ist unmittelbar. Der onomatopoetische Charakter eines Wortes wird erlebt, nicht verstanden, hat subjektive nicht objektive Evidenz, es scheint zu seinem Wesen zu gehören, daß er nur e r l e b b a r, nicht in seinen Eigenschaften im einzelnen begrifflich faßbar ist.«[74]

Diejenigen sind also im Unrecht, welche die Bedeutung der so evidenten Erscheinung der Onomatopoiie – sich unbelehrbar auf Saussure berufend – zu verkleinern trachten.[75] Mit Entschiedenheit betont Eugenio

---

[72] Vgl. A. Sauvageot, Portrait, S. 180. Daher ist auch die dargelegte Auffassung Ballys zurückzuweisen, in *craquer* sei der Inhalt des Wortes durch dessen Form motiviert.
[73] R. G. Binding, Von der Kraft des deutschen Wortes als Ausdruck der Nation. Die Deutsche Rundschau, Berlin 1933, Bd. 1, S. 806 (zit. in der Duden-Grammatik, Mannheim 1959, S. 394).
[74] Untersuchungen zur Onomatopoiie, S. 8 (wir unterstreichen).
[75] So P. Delbouille, Poésie et Sonorités. La critique contemporaine devant le pouvoir suggestif des sons, Bibliothèque de la Faculté de Philosophie et de Lettres de l'Université de Liège, Fasc. CLXIII, Paris 1961; vgl. M. Wandruszka, Poésie et sonorités und das Problem der phonetischen Motivation, in: Romanistisches Jahrbuch, XVI (1965), S. 34, und derselbe, Ausdruckswerte

Coseriu die »Evokation durch die Lautsubstanz«: »die Phoneme sind, zusätzlich zu ihrer diakritischen Funktion oft für sich selbst schon symbolisch, sie symbolisieren unmittelbar das bedeutete Ding. Es ist kein Zweifel, daß Wörter wie (spanisch) *piar* oder *chirriar* nicht nur bedeuten, weil sie von anderen unterschieden sind, sondern auch vermöge ihrer Substanz«. Und ganz im Sinne unserer bewußtseinseigenen Betrachtung fügt der Autor hinzu, man dürfe nicht »vergessen oder verkennen, daß die Wörter nicht für den Sprachwissenschaftler oder den Lexikographen Bedeutung haben, sondern für die Sprechenden.«[76]

Der Begriff der ›Lautmalerei‹, mit welchem herkömmlich diese Erscheinung umschrieben wird, entspricht dem bewußtseinsmäßig Vorliegenden: was der Maler mit den Farben macht, macht die Sprache mit ihren Lauten: ut pictura vocabulum. Das Wort dieses Typs ahmt auf irgendeine Weise nach, was es bezeichnet.[77] Daß diese Deutung dem Bewußtsein der Sprache von sich selbst zumindest sehr entgegenkommt, zeigt auch die Tatsache, daß der Begriff der ›Lautmalerei‹ ganz in die allgemeine Sprache eingedrungen ist. Hier handelt es sich tatsächlich um eine Wissen, das zur Sprache selbst gehört. Natürlich bedarf dieses Wissen der präzisierenden Korrektur durch die abständige wissenschaftliche Betrachtung; diese Betrachtung selbst muß jedoch an jenes anknüpfen und darf es nicht einfach als gegenstandslosen »impressionistischen« Humbug vom Tische fegen.[78]

Der bewußtseinsmäßige Unterschied zwischen *craquer* und *lune* besteht also darin, daß das eine Wort als ›malend‹, als ›imitativ‹ erlebt wird, das andere, das darum keineswegs als ›arbiträr‹ empfunden wird, jedoch nicht.

---

der Sprachlaute, in: German.-Roman. Monatsschrift, XXXV (1954), S. 131 –140; derselbe, Der Streit um die Deutung der Sprachlaute, in: Festgabe E. Gamillscheg, Tübingen 1952, S. 214–227.

[76] »los fonemas, además de ser diacríticos de los signos, son a menudo simbólicos de por sí, simbolizan directamente la cosa significada. No hay duda de que palabras como *piar* o *chirriar* no significan sólo porque se distinguen de otras, sino también por su sustancia ... Lo que no se puede olvidar ni desconocer es que las palabras no significan para el lingüista o para el lexicógrafo, sino para los hablantes« (Teoría, S. 205f.).

[77] Auch K. Bühler, der dem Problem ein eher skeptisches Kapitel widmet, spricht von »sprachlicher Lautmalerei« und von den »Malpotenzen der Lautmaterie« (Sprachtheorie, S. 195–215). Interessant sind hier insbesondere seine Bemerkungen zum »Syntax-Riegel« und zum »Phonem-Riegel«. Kr. Nyrop spricht von »mots imitatifs« (Grammaire historique de la langue française, III, Kopenhagen 1908, S. 17).

[78] So geschieht es in der Theorie der transformationellen Grammatik (vgl. H.-M. Gauger, Die Semantik in der Sprachtheorie der transformationellen Grammatik, in: Linguistische Berichte I (1969), S. 8f.).

Auch das Wort *lune* erscheint dem Sprechenden als zu seinem Designatum ›passend‹; aber bei Wörtern vom Typus *craquer* gehört das Ergreifen ihres imitativen Charakters n o t w e n d i g zu seinem Besitz; bei diesen Wörtern thematisiert das Bewußtsein selbst ihre Form, bei den anderen nicht oder doch nicht notwendigerweise. Es ist selbstverständlich, daß es zwischen beiden Typen von Wörtern keine eigentlich feste Grenze gibt; allein deshalb, weil die subjektiven Faktoren (auch Ullmann hebt es hervor) hier so bedeutsam sind.

Natürlich gehören zum Typus *craquer* nicht nur Bezeichnungen für Geräusche; der Begriff des Imitativen ist hier in einem weiteren Sinne zu nehmen: es geht, wie Ullmann sagt, nur um »irgendeinen Parallelismus oder irgendeine Analogie« zwischen Lautung und Intentum.[79] Doch bilden die imitativen Geräuschbezeichnungen wohl den bewußtseinsmäßigen Kernbestand des Typs.

Wörter dieses Typs scheinen uns durch die Begriffe des I m i t a t i v e n oder L a u t s y m b o l i s c h e n – aus unserer bewußtseinsbezogenen Sicht – am zutreffendsten gekennzeichnet. Sie sind im Unterschied zu dem der ›Lautmalerei‹ unmetaphorisch und allgemeiner; andererseits sind sie weniger allgemein als der ebenfalls sehr geläufige des ›Expressiven‹, den zum Beispiel Sauvageot gebraucht: »le vocabulaire expressif«.[80] Expressiv können Wörter auch allein auf Grund ihres Inhalts oder aus anderen Gründen sein. Sauvageot selbst erklärt, das (gewiß nicht imitative) Wort *gangster* habe im Französischen eine »force expressive« einmal dank der »précision du terme en question«, zum anderen dank der Tatsache, daß es wegen seiner »forme absolument insolite« isoliert im Wortschatz stehe.[81]

Lautsymbolik erscheint in der Sprache in zwei Formen: in einem einzelnen Wort vom Typus *craquer* und in literarischen Äußerungen. Innerhalb solcher Äußerungen können auch solche Wörter ›symbolisch‹ werden, die es für sich selbst betrachtet nicht sind; hier erst können sich die »Malpotenzen« der Sprache, die »Evokationen durch die Lautsubstanz« recht eigentlich entfalten:

> Weithin erklirrte jeder Schritt,
> und der auf einem Rappen ritt,
> saß samten und bequem.

---

[79] »›totter‹ is motivated by some parallelism or analogy between the sounds which make up the name and the movement referred to by the sense« (Principles, S. 87). Treffend unterscheidet K. Bühler in dieser Hinsicht zwischen »Erscheinungstreue« und »Relationstreue« (Sprachtheorie, S. 208).
[80] Portrait, S. 175ff.
[81] ibid., S. 65.

> Und der zu seiner Rechten ging,
> der war ein goldner Mann,
> und der zu seiner Linken fing,
> mit Schwung und Schwing
> und Klang und Kling,
> aus einem runden Silberding,
> das wiegend und in Ringen hing,
> ganz blau zu rauchen an.

Diese Verse aus Rilkes »Die Heiligen Drei Könige« zeigen in ihrer anmutigen, selbstgefälligen Verspieltheit, wohin die Erscheinung des Imitativen auch gehört: sie gehört zu dem, was wir den latent *narzisstischen Zug* des Sprachlichen nannten, also zu jenem Zug, der seinerseits bedingt ist durch die grundlegende Tatsache, von der wir ausgegangen sind: daß das Sprechen nicht einfach nur ›abläuft‹ wie irgendeine, wenngleich höchst komplizierte, vegetative Funktion, sondern daß es von dem Bewußtsein, in dem es ansässig ist, in seinem Sosein ergriffen wird oder doch jederzeit ergriffen werden kann.

Von den zahlreichen, so oft erörterten Fragen, welche die Erscheinung der Lautsymbolik stellt, soll hier nicht gesprochen werden; wir wollten nur zeigen, wie Wörter vom Typus *craquer* in die bewußtseinseigene Untersuchung der Wortformen einzuordnen sind.

3. Durchsichtige Wörter

Der bewußtseinsmäßige Unterschied zwischen *la lune* und *craquer* ist ein solcher des Grades. Prinzipiell und scharf jedoch ist in dieser Hinsicht der Unterschied zwischen *la lune* und *le pommier*. Wir sprechen im Blick auf diese beiden Typen von **Durchsichtigkeit** und **Undurchsichtigkeit**, wie dies Mario Wandruszka in seinem Aufsatz »Etymologie und Philosophie« angeregt hat: »Das Begriffspaar ›motivé‹ und ›arbitraire‹ ist nicht sehr glücklich so bezeichnet, man würde besser von in ihrer Bildung durchsichtigen und undurchsichtigen Wörtern sprechen.«[82] Der Ausdruck ›transparent‹ findet sich im übrigen, allerdings beiläufig und ohne Präzisierung, bereits bei Saussure. Auch Ullmann verwendet ihn, sogar in der Überschrift zu seinem Kapitel über die Motivation: »Transparent and opaque words«.[83] Ullmann gebraucht diese Ausdrücke unterschiedslos neben »motivated«, »self-explanatory«, »conventional«, »arbitrary«,

---

[82] in: Etymologica. Walther von Wartburg zum siebzigsten Geburtstag, Tübingen 1958, S. 861.
[83] Semantics, S. 80.

»unanalysable«.[84] Im Unterschied zu diesem Autor gebrauchen wir die Ausdrücke ›durchsichtig‹ und ›undurchsichtig‹ ausschließlich für den Typus *pommier*, denn wir sehen in *craquer* und *pommier* nicht zwei verschiedene Ausprägungen ein und derselben Erscheinung, sondern zwei verschiedene, nicht unter einen Begriff subsumierbare, ja, bewußtseinseigen gar nicht vergleichbare Erscheinungen.

Le pommier ist also, im Gegensatz zu *la lune*, ein durchsichtiges Wort. Was ist damit gesagt? Das durchsichtige Wort gewährt Durchsicht auf ein anderes Wort: auf dasjenige, an welchem es im Bewußtsein der Sprechenden festgemacht ist. Die Beobachtung enthält ein Doppeltes. Erstens: das durchsichtige Wort ist ein Wort, das an ein anderes Wort gebunden ist. Es steht in der Sprache nicht kraft seiner selbst, sondern es lehnt sich an ein anderes Wort. Zweitens: es ist gerade auf dasjenige Wort hin durchsichtig, an welches es sich lehnt. Wäre der Ausdruck nicht besetzt, könnte dieses Wort treffend als das ›Lehnwort‹ bezeichnet werden. Wir wollen es das ›Grundwort‹ nennen: das Wort, in dem das durchsichtige gründet. Zwischen dem durchsichtigen Wort und seinem Grundwort besteht ein Verhältnis derivationeller A b h ä n g i g k e i t. Dieser Begriff meint die bewußtseinsmäßige Abhängigkeit eines Wortes – als Wort – von einem anderen Wort: eine konstante, in der Kopräsenz jederzeit verfügbare, ja, sich unwillkürlich und unvermeidlich aufdrängende Abhängigkeit. Diese Abhängigkeit ist einsinnig: *le pommier* ist von *la pomme*, nicht aber *la pomme* von *le pommier* abhängig; so wenig *le pommier* ohne *la pomme* existieren kann, so wenig ist *la pomme* – als Wort – auf *le pommier* angewiesen.

Wir fügen sogleich hinzu, daß die derivationelle Abhängigkeit mit Bewußtseinsabhängigkeit nicht schlechthin gleichgesetzt werden kann. Es gibt eine inhaltliche Abhängigkeit zwischen Wörtern außerhalb derjenigen, die durch derivationelle Bedingtheit entsteht. *La jument* gehört bewußtseinsmäßig nicht weniger eng zu *le cheval* als *l'ânesse* zu *l'âne*; dies hindert aber nicht, daß das W o r t *l'ânesse* sich anders zu dem W o r t *l'âne* verhält als das W o r t *la jument* zu dem W o r t *le cheval*.[85] Jede Durchsichtigkeit bedeutet Abhängigkeit, aber nicht jede Abhängigkeit oder inhaltliche Zusammengehörigkeit braucht in der Form der Durchsichtigkeit zu erscheinen.

---

[84] Vgl. »every idiom contains words which are arbitrary and opaque, without any connexion between sound and sense, and others which are at least to some degree motivated and transparent... That many words are entirely opaque and unanalysable is a fact so self-evident that it hardly requires any proof« (Semantics, S. 18); »...the word is to some extent motivated, i. e., self-explanatory« (Principles, S. 87).

[85] Vgl. den oben dargelegten Begriff Ballys der ›impliziten Motivation‹.

Die derivationelle Abhängigkeit kann auch in einem zeitlichen Sinne verstanden werden. Das durchsichtige Wort ist von demjenigen abhängig, von welchem es herkommt. ›Herkunft‹ ist dabei nicht bloß im Sinne eines einmaligen Vorgangs innerhalb der Sprachgeschichte zu verstehen; dieser Begriff darf nicht nur auf den Augenblick der Bildung des durchsichtigen Wortes bezogen, sondern er muß ›statisch‹ gesehen werden. Das durchsichtige Wort ist im Bewußtsein als ein von einem anderen herkommendes Wort lebendig. Die derivationelle Abhängigkeit enthält, mehr oder weniger stark hervortretend, ein Element des Geschichtlichen, ein Unterscheiden von Vorher und Nachher. Ein solches Unterscheiden eignet der Kopräsenz – wir haben es in unserer Kritik am Synchronie-Begriff hervorgehoben – infolge ihrer geschichtlichen Anlage durchaus: gerade bei der so zentralen Erscheinung der derivationellen Abhängigkeit tritt diese Anlage greifbar hervor; das Bewußtsein geht unwillkürlich davon aus, daß das Grundwort ›zuerst‹ da war und daß das abgeleitete ›nachher‹ gekommen ist. Die entscheidende Tatsache bleibt aber die bewußtseinsmäßige Verankerung des durchsichtigen Wortes in einem anderen Wort: *le pommier* ist als ein von *la pomme* abgeleitetes, von ihm herkommendes Wort im Französischen lebendig.

Der durchsichtige Charakter eines Wortes wie *le pommier* bewirkt, daß der Blick des Betrachters an ihm nicht hängen bleibt: er geht durch es hindurch auf ein anderes Wort. Das durchsichtige Wort weist von sich selbst weg, und es gibt in diesem Wegweisen zu verstehen: ich bin als Wort nur insofern ich durch jenes andere Wort bedingt bin, auf welches hin meine Form durchscheinend ist. Dieser Zug des durchsichtigen Wortes, sein von sich selbst **wegweisender** Charakter, ist derjenige, der es prinzipiell vom undurchsichtigen unterscheidet. Das undurchsichtige ist das undurchdringliche Wort: der Blick dringt in es ein, er dringt aber nicht durch es hindurch, er verfängt und verliert sich in ihm. Anders beim durchsichtigen Wort: in ihm kann der Blick sich nicht verfangen oder verlieren, da er durch es hindurch zum Grundwort weiterdringt, von dem es bedingt ist. Das undurchsichtige Wort verharrt bei sich selber. »Selig scheinend in ihm selbst«, bedarf es keines anderen, um inhaltliche Lebendigkeit zu gewinnen: es lebt kraft seiner selbst. Das durchsichtige Wort lebt kraft eines anderen: *le pommier* ist nur deshalb als das Wort lebendig, das es in der französischen Sprache ist, weil in dieser und in ihm selbst *la pomme* lebendig ist; striche man dieses Wort aus der Sprache, müßte mit ihm auch jenes fallen (jedenfalls als das Wort, das es tatsächlich ist), während *la lune* durch die Eliminierung irgendeines bestimmten anderen Wortes als das Wort, das es ist, nicht aufgehoben werden könnte. Wörter wie *la lune* und *le pommier* unterscheiden sich also, obwohl beide in vollem

Sinne Wörter sind, durch ihre Seinsweise, die Weise ihrer ›Lebendigkeit‹ innerhalb der Sprache. Das undurchsichtige Wort hat eine eigenständige, sich selbst genügende, unvermittelte Lebendigkeit: es ist ein **unabhängiges Wort**. Die Lebendigkeit des durchsichtigen Wortes dagegen ist durch ein anderes vermittelt: es ist ein **abhängiges Wort**.

Derivationelle Abhängigkeit geben wir mit dem folgenden Schema wieder: *le pommier* (→ *la pomme*). Wir sagen, *le pommier* ›lehne‹ sich an *la pomme* oder sei auf *la pomme* ›gerichtet‹. Dieses Schema und diese Formulierung entsprechen der tatsächlichen Seinsweise des durchsichtigen Wortes und der des Grundwortes in der Sprache. Der Pfeil des Schemas ist im Sinne einer Dynamik zu verstehen, die innerhalb der ›Statik‹ der Kopräsenz geschieht, er entspricht in seiner Richtung der Bewußtseinsverankerung des durchsichtigen Wortes in seinem Grundwort und bringt den von sich selbst wegweisenden, auf das Grundwort hinweisenden Charakter des durchsichtigen Wortes zum Ausdruck. Das Schema: durchsichtiges Wort (→ Grundwort) ist daher das einzige, das einer bewußtseinseigenen Betrachtung möglich ist. Das in den Darstellungen namentlich der Wortbildungslehre geläufige Schema *la pomme* → *le pommier* ist dagegen bewußtseinsfremd; es entspricht der offen oder verkappt historischen Ausrichtung, welche jene Art der Wortbetrachtung kennzeichnet. Dieses Schema kann sich, so wie es ist, nur auf den Augenblick der Bildung der Ableitung beziehen, nicht aber auf die Weise der Lebendigkeit des durchsichtigen Wortes in der Kopräsenz; in dieser braucht die Ableitung nicht erst abgeleitet, die Bildung nicht erst gebildet zu werden: sie ist schon immer gebildet und schon immer abgeleitet: *le pommier* und *le poirier* sind Elemente des überkommenen Sprachschatzes nicht anders als *la poire* und *la pomme*. *Le pommier* und *la pomme* stehen im Bewußtsein nebeneinander, erst *innerhalb* und auf der Grundlage dieses Neben- oder Miteinanders kann, wie wir bemerkten, ein zeitliches Nacheinander mit einem Nachdruck, der von Fall zu Fall wechseln mag, bewußtseinsmäßig hervortreten. Stets ist die Abhängigkeit, die im kopräsenten Nebeneinander gegeben ist, das primäre Faktum: *le pommier* (→ *la pomme*).

Das durchsichtige Wort weist in Form und Inhalt auf ein Grundwort; von ihm her gewinnt es inhaltliche Lebendigkeit *le pommier* (→ *la pomme*). Die Inhaltsdefinition des durchsichtigen Wortes muß also die Abhängigkeit seiner Seinsweise in der Sprache hervortreten lassen. Es darf nicht wie ein undurchsichtiges Wort, das für sich selber steht, definiert werden. Wir betrachten eine Definition, die diesen Tatbestand zugrundelegt, als bewußtseinseigen: sie sucht im Sinne der ›adaequatio ad linguam‹ die tatsächliche Seinsweise des durchsichtigen Wortes in sich aufzunehmen und abzubilden. Es ist klar, daß innerhalb unserer Betrachtung nur solche

Definitionen zulässig sind. Der Inhalt des durchsichtigen Wortes ist stets in bezug auf sein Grundwort zu definieren, umgekehrt darf das Grundwort nicht in Beziehung auf das von ihm abhängige durchsichtige Wort definiert werden: *le pommier* ist im Blick auf *la pomme*, nicht aber *la pomme* im Blick auf *le pommier* zu beschreiben. Definitionen, die davon abweichen, können begrifflich korrekt und sachlich vollständig sein, sie sind aber, indem sie die Richtung der Bewußtseinsabhängigkeit verfehlen, bewußtseinsfremd und daher sprachwidrig.

Die Definition beispielsweise, die der »Petit Larousse« für *la pomme* anbietet, ist keine sprachliche Definition: »fruit comestible du pommier, dont on connaît plus de 10 000 variétés...«; zutreffender ist – in diesem Sinne – seine Definition von *le pommier*: »genre d'arbres de la famille des rosacées, dont le fruit, ou pomme, est une drupe à pépins.« Dagegen sind die Definitionen im »Dictionnaire fondamental« von Gougenheim sprachgemäß: *pommier* »arbre qui produit des pommes«; *cerisier* »arbre qui produit des cerises«.[86] Die Namen der Früchte werden hier immer ohne Bezug auf den Baum definiert: *pomme* »fruit assez gros et dur«, *poire* »fruit assez mou et sucré«, *cerise* »petit fruit rouge foncé«. Diese Definitionen mögen unvollständig sein (sie werden im übrigen von einer Zeichnung begleitet), in ihrem Ansatz sind sie richtig, denn sie behandeln *pomme, poire, cerise* als undurchsichtige Wörter, die somit nicht auf andere zurückführbar sind. Bei den Namen der Früchte und denen der Bäume verhält es sich grundsätzlich so, daß die letzteren von den ersteren abhängen: *le pommier* (→ *la pomme*), oder spanisch *el manzano* (→ *la manzana*). Daraus braucht nicht zu folgen, daß in diesen Sprachen, d. h. in der Vorstellung ihrer Sprecher, die Frucht, nicht aber der Baum, dominiere, die Frucht also nicht so sehr als Produkt des Baumes als vielmehr der Baum als Produzent der Frucht ›gefühlt‹ werde: diese (nicht eindeutig zu beantwortende, wohl auch ein wenig müßige) Frage ist von der hier aufgeworfenen durchaus verschieden. Wir behaupten lediglich, daß die Namen der Bäume – als *Wörter* – von denen der Früchte herkommen und daher – als *Wörter* – in der genannten Weise zu definieren sind.[87]

Wenn wir bestimmte Wörter der Sprache als durchsichtig bezeichnen, d. h. ihnen Durchsichtigkeit als Eigenschaft zusprechen und die Durchsich-

---

[86] Besonders einleuchtend sind in diesem Sinne auch die beigefügten Beispielsätze: »les pommiers sont chargés de pommes«, »le cerisier est couvert de cerises«.

[87] Vgl. dagegen, für das Italienische, E. Coseriu: »En italien, par exemple, les noms de fruits se présentent en général (du point de vue strictement synchronique) comme des dérivés féminins des noms des arbres fruitiers, qui sont normalement masculins (*melo-mela, pero-pera, ciliegio-ciliegia, prugno-prugna*

tigkeit als eine sprachliche Tatsache unter anderen thematisieren, dürfen wir keinen Augenblick vergessen, daß es sich bei diesem Ausdruck um eine M e t a p h e r handelt. Der Sprachwissenschaftler, der bei der gedanklichen Durchdringung und der Beschreibung seines Gegenstandes auf Metaphern kaum verzichten kann, steht immer in der Gefahr, ihrer Suggestion zu erliegen. Je unangemessener die Metapher war, desto verhängnisvoller ist dieses Erliegen. Metaphern sollen Hilfen für das Denken und für die Darstellung des Gedachten sein: sie erlauben uns, das Begriffliche ›vorzustellen‹. Aber auch glückliche, erhellende Metaphern – diese vielleicht in besonderem Maße – neigen dazu, sich zwischen das erkennende Subjekt und die Dinge zu stellen, die es zu erfassen gilt; sie lähmen, indem sie die Dinge verdecken, die Erkenntnis, wo diese sich frei und beweglich glaubt: aus der Denkhilfe wird blinder Zwang.

Mit der Metapher ›Durchsichtigkeit‹ meinen wir einmal die Tatsache der bewußtseinsmäßigen Abhängigkeit bestimmter Wörter – als Wörter – von bestimmten anderen, zum anderen die Tatsache, daß diese Abhängigkeit, vermöge der formalen Ähnlichkeit zwischen dem abhängigen Wort und seinem Grundwort, von d e n S p r e c h e n d e n s e l b s t gefühlt wird. Das abhängige Wort wird bei der Anwendung der Metapher in Analogie etwa zu einer gläsernen Wand gesehen, die dem Betrachter Durchsicht auf das hinter ihr Befindliche gewährt: das durchsichtige Wort gewährt Durchsicht auf das ›hinter‹ ihm stehende Grundwort. Da jedoch das durchsichtige Wort vor allem anderen ein Wort ist, ist es mit der Glaswand nicht in jeder Hinsicht vergleichbar. Diese – das gehört zum Wesen ihrer Transparenz – tritt als solche nicht in Erscheinung, es sei denn, sie wäre getrübt, also eben in ihrer Transparenz gemindert: die Glaswand ist nur, insofern sie durchsichtig, d. h. insofern sie – in gewisser Weise – gerade nicht ist. Vom derivationell abhängigen Wort läßt sich solches in keiner Weise sagen: dieses ist immer etwas, nie ist es nur eben durchsichtig und stets besitzt es, mit Sartre zu sprechen, »la densité des choses«. Die ›Dichte‹ des Wortes darf die Metapher nicht in Vergessenheit bringen: trotz seiner

---

etc.) (Pour une sémantique diachronique structurale, S. 167). Natürlich wird man psychologisch argumentierend sagen können, daß im Verhältnis der Vorstellungen von Baum und Frucht diese ›dominiere‹: die Frucht, wenn sie eßbar ist, wird das primäre Interesse finden, der Baum dagegen nur insofern, als jene an ihm hängt; auch gibt es viele Menschen, die etwa genau wissen, was eine Birne ist, sie vielleicht häufig essen, aber mit dem ›Birnbaum‹, von der Tatsache abgesehen, daß er Birnen trägt (diese ergibt sich aus dem Namen selbst) keine Vorstellung verbinden; demgegenüber ist es höchst unwahrscheinlich, daß jemand den Birnbaum auf das genaueste kennt und unterscheidet, ohne zu wissen, was eine Birne ist.

vermittelten Lebendigkeit steht *le pommier* als Wort gleichberechtigt neben *la pomme*.

Der auf die Seinsweise bestimmter Wörter bezogene Begriff der Durchsichtigkeit enthält drei verschiedene Elemente, die sich gegenseitig bedingen. Zunächst die Vorstellung des Wortes, woraufhin die Durchsicht erfolgt, die das durchsichtige Wort gewährt. Das Objekt des durchsichtigen Wortes – wir haben es zur Genüge hervorgehoben – ist das Grundwort, von dem es abhängt. Zum zweiten impliziert Durchsichtigkeit ein Subjekt, das die Durchsicht realisiert. Es ist also zu zeigen, für wen das durchsichtige Wort durchsichtig ist. Zum dritten schließlich impliziert der Begriff der Durchsichtigkeit, daß hier nicht so sehr ein in der Sprache feststellbares Etwas gemeint ist, sondern ein auf diese bezogener Akt:

Das Subjekt der Durchsichtigkeit, welches durch das durchsichtige Wort auf das Grundwort hindurchsieht, ist nicht erst der Sprachwissenschaftler, sondern es sind die Sprechenden selbst: für ihr Bewußtsein ist das durchsichtige Wort durchsichtig. Die Durchsichtigkeit ist ein Wissen, das – vor jeder wissenschaftlichen Untersuchung, die sich darauf richten mag –, schon im naiven Sprachbewußtsein lebendig ist. Da, wie gezeigt, Sprache und Sprachbewußtsein zusammengehören, kann man auch sagen: das Subjekt der Durchsichtigkeit des durchsichtigen Wortes ist die Sprache selbst. Die Betrachtung greift hier lediglich etwas auf, das in der Sprache – gänzlich unabhängig von ihr – lebendig ist. Unnötig hervorzuheben, daß die so verstandene Durchsichtigkeit nichts weniger als ein bloßes Begleitwissen ist, sie gehört vielmehr zu den konstitutiven Bestandteilen des Sprachbesitzes selbst und hängt auf das unmittelbarste mit seiner Verfügbarkeit zusammen; es gibt keinen Sprachbesitz ohne eine sichere, wenn auch vielleicht ganz implizite Kenntnis der Tatsachen, die zur Erscheinung der derivationellen Wortabhängigkeit gehören. Wiederum zeigt sich hier, daß das Bewußtsein, welches sich auf die Sprache richtet, zur Sprache selbst als ihr Konstituens gehört.[88]

Das dritte der im Begriff der Durchsichtigkeit enthaltenen Elemente ist die Akthaftigkeit der Erscheinung. Greifen wir erneut zu unserem Beispiel. In Wörtern wie *pommier* (→ *pomme*), *poirier* (→ *poire*), *cerisier* (→ *cerise*), *abricotier* (→ *abricot*) usw. ähneln die Formen der einzelnen

---

[88] In der zitierten Stelle über Chamisso spricht Thomas Mann von der »Reflexwirkung der Wörter untereinander«. Hierzu gehört gewiß auch das Wissen von den Durchsichtigkeiten. Es ist aber bemerkenswert, daß in dieser hinsichtlich der Wörter und der dabei zu berücksichtigenden Punkte so vollständigen Stelle die Durchsichtigkeit nicht eigens genannt wird: die Tatsache zeigt, wie wenig das explizite Sprachwissen des Dichters mit der expliziten Kenntnis des Sprachwissenschaftlers zusammenfällt.

Baumbezeichnungen jeweils den Formen der Bezeichnungen für die zugehörige Frucht; zum anderen aber ähnlen sich die Formen der Baumbezeichnungen auch untereinander: sie alle enden mit demselben Suffix und unterscheiden sich bloß durch das in ihnen enthaltene Wort für die Frucht. Was wir also im Verhältnis dieser Wörter zu ihrem jeweiligen Grundwort und im Verhältnis dieser Wörter zueinander beobachten, ist die R e g e l m ä ß i g k e i t der Form dieser Wörter im Blick auf ihren Inhalt: das inhaltlich Zusammengehörende findet sich auch formal gleich ausgedrückt. Es besteht zwischen diesen Wörtern eine formale Kohärenz, die ihrer inhaltlichen entspricht »on constate tout simplement«, sagt Coseriu, »la régularité de l'expression par rapport au contenu... c'est-à-dire on établit au fond un fait d'expression.«[89] Eine solche Kennzeichnung ist gewiß zutreffend, sie wäre jedoch in dem Augenblick unvollständig, wo sie vermeinte, das eigentliche Wesen der Durchsichtigkeit ergriffen zu haben: sie ließe in der Tat ihren entscheidenden Zug außer acht. Die Durchsichtigkeit besteht nicht eigentlich in der formalen Ähnlichkeit zwischen dem durchsichtigen Wort und seinem Grundwort, in der Regelmäßigkeit der Beziehung zwischen Inhalt und Form, sondern in dem Akt der Reflexion auf diese Ähnlichkeit und Regelmäßigkeit, in der Tatsache also, daß die Sprache selbst, vor aller Sprachwissenschaft, diese Ähnlichkeit thematisiert und sich ihrer inne wird. In anderen Worten: Durchsichtigkeit besteht darin, daß die Sprache selbst es ist, die – durch das durchsichtige Wort hindurch – auf das Grundwort sieht. So ist Durchsichtigkeit nicht nur und nicht eigentlich ein in einer Sprache vorfindbares ›Etwas‹, sondern von der Art eines Aktes. Durchsichtigkeit ist nicht: sie g e s c h i e h t; sie ist eine in der Sprache – das heißt: in den Sprechenden – wirkende Tätigkeit; kein »totes Erzeugtes«, sondern »Erzeugung«; kein »Ergon«, sondern »E n e r g e i a«. Wenn Jean Dubois die morphologische Motivation als »rapport... immédiatement perçu par le locuteur« definiert, so hat er damit, ohne es zu wollen, die Erscheinung der Durchsichtigkeit auf eine ebenso knappe wie treffende Formel gebracht: Durchsichtigkeit ist in der Tat nicht so sehr »un rapport« als vielmehr »un rapport p e r ç u« oder besser »l a p e r c e p t i o n d ' u n r a p p o r t«.[90]

---

[89] Pour une sémantique diachronique structurale, S. 168. Unter »expression« versteht Coseriu nach der (unglücklichen) Terminologie L. Hjelmslevs die Lautgestalt, den Signifikanten des Wortes, bzw. deren »Ebene« in der Sprache.

[90] Für diesen Autor ist die Motivation freilich nur eines der Kriterien für die ›Disponibilität‹ eines Suffixes. »Un suffixe est disponible lorsque dans la double série des lexèmes de base et des lexèmes suffixés le rapport est immédiatement perçu par le locuteur...« (Dérivation suffixale, S. 9). Das Problem der »dérivation suffixale« hat Dubois von der falschen Seite aus angegriffen.

Wir denken, wenn wir hier von ›Erzeugung‹ sprechen, nicht in erster Linie an das Produzieren neuer Bildungen nach dem Muster bereits vorhandener, obwohl dies gewiß auch dazugehört. Die ungebührlich in den Vordergrund gerückte Tatsache, daß in der Kopräsenz neue Bildungen entstehen, die ›Produktivität‹ bestimmter Bildungsmuster, ist sekundär gegenüber dem in einem Akt vorwissenschaftlicher Reflexion ergriffenen Wissen von der derivationellen Abhängigkeit: sie hat dies Wissen zur Voraussetzung. Insofern die Wortbildungslehre die ›neuen‹ Bildungen beharrlich als die eigentlich oder gar einzig interessanten betrachtet, ist sie im Unrecht. Dies geschieht häufig – auch in synchronisch orientierten Werken – mit einer Insistenz, die wiederum verrät, daß die Betrachtung sich aus der historischen Präokkupiertheit nicht völlig gelöst hat.[91] Daher erhalten die Darstellungen oft einen anekdotischen Zug; über die Betrachtung einzelner, peripherer Erscheinungen gelangen sie nicht zu einem kohärenten Bild der zentralen, für das Sprachleben konstitutiven Tatsachen, die hier im Spiele sind. Wichtiger als *alunir* ›auf dem Mond landden‹ und Verwandtes sind Wörter wie *l'année, le chanteur, voleter, pâlot, la délicatesse, doucement, la cigarette-filtre*: ihre Seinsweise und ihre Leistung als durchsichtige Wörter gilt es zu erfassen und zu beschreiben; sie stellen die eigentlich interessanten, weil auf das Zentrum des Sprachgeschehens zielenden Fragen.

Hinsichtlich der durchsichtigen Wörter ist sogleich auch zu bemerken, daß sie ihre Durchsichtigkeit mehr oder weniger oder auch ganz verlieren können. Wortdurchsichtigkeit ist nicht ein für allemal als solche gegeben: sie kann erblinden. Nehmen wir das deutsche Adjektiv *freundlich*: offensichtlich meinte es die Eigenschaft, die den Freund unter den übrigen auszeichnet (man vergleiche: *väterlich* → *Vater*, *königlich* → *König* usw.), für die gegenwärtige Kopräsenz aber hat sich *freundlich* von *Freund* ganz gelöst, *Freund* ist aus dem Adjektiv geschwunden und hat darin gleichsam nur seine leere Hülse zurückgelassen: in einer Beschreibung des Inhalts »freundlich« darf in der Tat der Inhalt »Freund« nicht erscheinen.[92] Nur mit einer Anstrengung, die sich gegen die Sprache stemmt, so wie sie

---

[91] H. Marchand: »Word formation deals with the making of words insofar as they are n e w formal and lexical units and are built as syntagmas« (On the analysis of substantive compounds and suffixal derivatives not containing a verbal element, in: Indogerm. Forschungen 70 (1966), S. 117). Wir würden dagegen sagen: Die Wortbildungslehre befaßt sich mit Wörtern, insofern sie durchsichtig sind.

[92] G. Wahrig umschreibt: »wohlwollend, leutselig, herzlich; zutraulich; gutgemeint; liebenswürdig; gefällig; heiter, licht, ansprechend, heimelig« (Deutsches Wörterbuch, Gütersloh 1968).

gegenwärtig ist, ist *freundlich* wieder mit *Freund* zu verbinden; Richard Wagner:

>Sieh ihn dort,
>den treusten aller Treuen
>blick' auf ihn,
>den freundlichsten der Freunde.[93]

Es kommt hier eine höchst bedeutsame Erscheinung zur Geltung, die bei der Untersuchung der Durchsichtigkeiten nicht übersehen werden darf: das durchsichtige Wort hat – allein vermöge seines Charakters als Wort – die Tendenz, sich aus der durch seine Durchsichtigkeit bedingten Abhängigkeit ganz oder ein Stück weit zu lösen.[94] Daraus folgt, daß es in jeder Kopräsenz mehr oder weniger viele Wörter gibt, von denen sich nicht eindeutig sagen läßt, ob sie durchsichtig oder undurchsichtig sind.[95] Es ergibt sich aus der Natur dieser Erscheinung selbst, daß ein festes Kriterium, das für j e d e n Fall eine sichere Entscheidung erlaubte, nicht zur Verfügung stehen kann: wir können auch hier unseren Gegenstand nur so nehmen, wie er ist. Wer für die Sprachbeschreibung ausschließlich solche Kriterien fordert, kann unmöglich auf seine Rechnung kommen, denn es gehört nun einmal zur ›natürlichen‹ Sprache, daß sich in ihr immer wieder G r e n z f ä l l e, Fälle, die sich so oder so einordnen lassen, finden.[96]

---

[93] Tristan und Isolde, II, 3 (König Marke zu Tristan, nachdem er diesen mit Isolde angetroffen: »nach tiefer Erschütterung, mit bebender Stimme«). Es geht uns hier vor allem um die Wirkung dieser Wendung auf den gegenwärtigen Sprecher.

[94] M. Wandruszka spricht von der »Kraft zur Vereinzelung und Verselbständigung des Worts« (Etymologie und Philosophie, S. 860). Diese Erscheinung wird von der Wortbildungslehre, und zwar gerade von der ›modernen‹, in aller Regel nicht ausreichend gewürdigt.

[95] Fremdsprachliche Betrachter überschätzen oft das normalerweise im Sprachbewußtsein Lebendige; so A. Sauvageot über deutsch *Unwetter*: »Pour l'Allemand, la tempête est conçue comme le négatif du temps ordinaire: Unwetter« (Portrait, S. 88). Hierzu der Humorist H. Spoerl: »Wetter ist ein Gesprächsstoff, der nie ausgeht... Ich habe noch keinen Tag ohne Wetter erlebt. Und wenn überhaupt kein Wetter mehr ist, dann ist es ein Unwetter, dann fällt ein Kirchturm um, und man kann erst recht darüber sprechen« (Man kann ruhig darüber sprechen, Berlin o. J., S. 108).

[96] Zwischen den durchsichtigen und den undurchsichtigen Wörtern steht eine Gruppe von Wörtern, die gerade im Französischen zahlreich sind und die wir als ›partiell durchsichtige‹ bezeichnen möchten. Wir denken hier nicht an Wörter (wie die eben genannten), die man entweder als durchsichtig oder als undurchsichtig ansehen kann, sondern an solche, die weder als eigentlich undurchsichtig noch als eigentlich durchsichtig zu betrachten sind: *le cordonnier, l'instituteur, l'orateur, l'écuyère, la vocation, la charité, préférer, envahir,*

Welche f o r m a l e n Verfahren besitzt die Sprache, um Wortdurchsichtigkeit herzustellen? Wenn wir uns an das Französische halten, so sind drei – in ihrer Leistung und Häufigkeit recht verschiedene – Verfahren zu nennen. Das erste besteht darin, daß in e i n e m Wort z w e i oder mehr Wörter enthalten sind: *la cigarette-filtre*. Bei diesem Typ – unter den denkbaren Möglichkeiten gewiß die nächstliegende – handelt es sich demnach um die sogenannten ›Wortzusammensetzungen‹. Das erste der beiden Wörter, welche die Zusammensetzung enthält, ist im Französischen (im Unterschied zum Deutschen) das Primärwort; es ist dasjenige Element, das für sich allein das Designatum der Bildung als ganzer intendiert; es ist deren Repräsentant *la cigarette-filtre = une cigarette*. Von einem ›Grundwort‹ wie bei *pommier* kann man hier nicht sprechen.[97] Dem zweiten Verfahren sind Wörter wie *le pommier* und *revoir* zuzurechnen. Diese Wörter enthalten erstens ein Wort, das Grundwort, und zweitens ein eigentümliches, in seiner Natur nicht leicht greifbares Element, das obschon wortartig, nicht als Wort zu betrachten ist. Dies Element, Affix genannt, ist dem Wort insofern nicht unähnlich, als es wie das Wort einen Inhalt und also mit diesem das eigentümliche Miteinander von Form und Inhalt gemeinsam hat. Es ist aber insofern kein wirkliches Wort, als es allein, ohne an ein Wort unmittelbar gebunden zu sein, in einem Satz nicht erscheinen kann. Damit wiederum hängt zusammen, daß der Inhalt eines Affixes der Natur des Wortinhalts nicht einfach gleichzustellen ist.[98] Insofern – nur insofern – muß der Typ *cigarette-filtre* von dem Typ *pommier* oder *revoir*

---

réitérer. Das Wort *le cordonnier* ist nicht durchsichtig wie das Wort *l'épicier* (→ *l'épice*), denn es hat mit *le cordon* nichts zu tun (Gougenheim: »celui qui fait et surtout qui répare les chaussures«); es ist aber auch nicht undurchsichtig wie *la lune*, denn es gehört nach seinem Ausgang und seinem Inhalt in gewissem Sinne zu dem Muster von *l'épicier*. Wir müssen uns hier damit begnügen, die Existenz dieses interessanten Zwischentyps hervorzuheben und betonen, daß wir diese Wörter nicht einfach dem undurchsichtigen Typ gleichsetzen, nur weil sie dem durchsichtigen nicht gleichgesetzt werden können.

[97] Der Ausdruck ›Zusammensetzung‹ ist von uns in einem rein formalen Sinn gemeint; inhaltlich sind diese Wörter nicht bloße ›Zusammensetzungen‹ der Inhalte ihrer Konstituenten. Ich werde davon ausführlich handeln in einem im Druck befindlichen Buch (Untersuchungen zur spanischen und französischen Wortbildung).

[98] So H. Marchand: »A dependent morpheme cannot be treated on the same footing with an independent word« (The categories and type of present-day English word-formation, Wiesbaden 1960, S. 85). Ich erlaube mir auch hier einen Hinweis auf ein im Druck befindliches Buch von mir (Durchsichtige Wörter), das diese Frage ausführlich behandelt.

grundsätzlich getrennt werden. Aus diesem Grunde ist aber auch die Tatsache, ob in dem durchsichtigen Wort dieses Typs das Affix vor das Grundwort oder nach ihm zu stehen kommt, zunächst unerheblich: *pommier* und *revoir* unterscheiden sich gemeinsam von *cigarette-filtre*, weil beide neben dem Grundwort nicht ein weiteres Wort, sondern ein Affix enthalten. Das dritte formale Verfahren wird durch ein Substantiv wie *la marche* vertreten: die hierher gehörenden durchsichtigen Wörter enthalten ihr Grundwort formal in der Weise, daß sie ein Teil, ein rumpfartiger Auszug aus diesem sind; sie sind hinsichtlich ihrer Lautung nicht mehr, sondern weniger als das Wort, an dem sie inhaltlich hängen. Es handelt sich hier durchweg um Substantive, die sich an ein Verbum als ihr Grundwort lehnen. Was diesen Substantiven gegenüber ihren Verben ›fehlt‹, ist das Infinitivsuffix; dieses Suffix ist nicht nur ein Bestandteil des verbalen Paradigmas: es kennzeichnet als dessen allgemeine Nennform das Verbum als solches. Gegenüber diesem dritten Typ – traditionell als ›regressive‹ oder ›umgekehrte‹ Ableitung, modern als ›Nullableitung‹ gekennzeichnet – haben die beiden ersten gemeinsam, daß in ihnen die Durchsichtigkeit vermöge einer formalen Zusammensetzung zustande kam und als solche lebendig ist.[99] Ihr gemeinsames Kennzeichen ist die Zerlegbarkeit, die ihnen als Zusammenfügungen, besser, als ›Zusammengefügtheiten‹ – im Formalen wie im Inhaltlichen – eignet. Diese beiden Typen lassen sich unter dem – formal zu verstehenden – Ausdruck K o m p o s i t i v e zusammenfassen; ihnen wären die Wörter des dritten Typs als die S u b t r a k t i v e entgegenzustellen. Das Festhalten an dem grundsätzlichen Unterschied zwischen Wort und Affix, das uns dazu führte, die Wortzusammensetzungen von den Affixbildungen zu trennen, braucht uns nicht daran zu hindern, dasjenige zu sehen, was durchsichtigen Wörtern wie *cigarette-filtre* und *pommier* gemeinsam ist: der zusammengesetzte Charakter.

Den Begriff der Durchsichtigkeit definieren wir zusammenfassend wie folgt: Durchsichtigkeit ist die – durch die Sprechenden selbst vorwissenschaftlich ergriffene – derivationelle (das heißt: formal und inhaltlich

---

[99] Vgl. K. Nyrop, Grammaire historique, S. 5; Grammaire Larousse du français contemporain, Paris 1964, S. 49; D. Kastovsky, Old English deverbal substantives derived by means of a zero morpheme, Diss. Tübingen, Esslingen 1968, S. 31–53. Wir halten es für unnötig, hier von einem »Null-Morphem« zu sprechen. Das subtraktive Verfahren ist ein gegenüber der Affigierung eigenständiges formales Verfahren, durchsichtige Wörter herzustellen. Hier von einem »Null-Morphem« oder gar einem »Nulldeterminatum« zu reden, heißt, mit Pascal gesprochen, um der Symmetrie der Darstellung willen »falsche Fenster« in die Hauswand setzen.

bestimmte) Abhängigkeit eines Wortes – als Wort – von einem oder von mehreren anderen Wörtern. Im Französischen kann diese Abhängigkeit formal als Wortzusammensetzung (Wort + Wort), als Affixzusammensetzung (Grundwort + Affix, Affix + Grundwort) oder als Subtraktivbildung (Grundwort – Suffix) realisiert sein. Auch innerhalb der Kopräsenz ist die Durchsichtigkeit unstabil: ihr steht die – durch seinen Wortcharakter bedingte – Tendenz des durchsichtigen Wortes entgegen, sich aus seiner Abhängigkeit zu lösen und sich so – im Sinne einer spezifischen »Lexikalisierung« – zu vereinzeln.

In seiner Abhängigkeit sagt das durchsichtige Wort etwas aus über sich selbst und über das Ding, das es benennt. Das durchsichtige Wort ist ein sprechendes Wort, ein Wort, das in seinem bloßen Nennen bereits spricht. Vielleicht ist hierin die Wurzel der Wortdurchsichtigkeit – als einer Erscheinung, die prinzipiell zur Sprache gehört und also ein echtes sprachliches »Universale« ist – zu erblicken: es geht um die Schaffung des sprechenden Worts, des Namens, der nicht nur nennt, sondern über das Ding, das er in seinem Nennen heraushebt, etwas sagt. Ein eindrucksvolles, musterhaftes Beispiel findet sich an einer ehrwürdigen Stelle.

Im zweiten Kapitel der biblischen Genesis wird erzählt – und dies muß, hinsichtlich der Sprache, durchaus als ›Aufklärung‹, als ein Stück ›Entmythologisierung‹ begriffen werden –, daß nicht Gott, sondern daß der Mensch, daß Adam es war, der den Dingen ihren Namen gegeben hat: »Er, Gott, bildete aus dem Acker alles Lebendige des Feldes und allen Vogel des Himmels und brachte sie zum Menschen, zu sehn wie er ihnen rufe, und wie alles der Mensch einem rufe, als einem lebendigen Wesen, das sei sein Name.«[100] Jahwe läßt hierin den Menschen frei gewähren, und in dieser Freiheit, der Würde der Namengebung, tritt hervor, daß Jahwe sein »Ebenbild« über »alles Lebendige« als Herrscher setzt.[101] Nun aber gebricht es dem Menschen, wie sich zeigt, unter all den Wesen um ihn her an einer »Hilfe, ihm Gegenpart«. So schafft Gott dem Menschen das Weib, und der Mensch gibt auch diesem den Namen. Adam benennt das Weib mit einem durchsichtigen Wort: »Er, Gott, baute die Rippe, die er vom Menschen nahm, zu einem Weibe und brachte es zum Menschen. Der

---

[100] Gn 2, 19. Wir zitieren nach der Übersetzung von Martin Buber und Franz Rosenzweig (Die fünf Bücher der Weisung, Köln 1954, S. 14).
[101] Vgl. Gn 1, 28 (ibid., S. 11). Einige Namen *(Tag, Nacht, Himmel, Erde, Meer)* hatte Jahwe selbst gegeben; in ihrer Nennung (»Gott r i e f dem Licht: Tag! und der Finsternis r i e f er: Nacht!) besteht die Zeugung der Wirklichkeit, auf die sie zielen: der Unterschied zwischen dem Nennen Gottes und dem des Menschen zeigt sich hier.

Mensch sprach: Diesmal ist sies! Bein von meinem Gebein, Fleisch von meinem Fleisch! Die sei gerufen Ischa, Weib, denn von Isch vom Mann, ist sie genommen.«[102] Der Sinn dieses durchsichtigen Namens, auf den Adam beim Anblick des Weibes wie von selbst zu verfallen scheint, wird also ausdrücklich genannt: die formale Ähnlichkeit der Namen, das Hervorgehen des einen aus dem anderen, soll die engste Zusammengehörigkeit des mit ihnen Bezeichneten – »ein Fleisch« – hervortreten lassen. Vielleicht dürfen wir weitergehen und sagen, daß für den Verfasser der Erzählung die derivationelle Abhängigkeit des Namens *Ischa* von dem Namen *Isch* die reale Abhängigkeit des Weibes vom Manne, ihren – bei aller Gleichrangigkeit – sekundären, ›abgeleiteten‹ Charakter widerspiegelt. Jedenfalls ist das Wort *Ischa* das Musterbeispiel einer Wortdurchsichtigkeit: ein neues, sprachlich nicht ergriffenes ›Ding‹ tritt in den Blick (Eva ist, verglichen mit den übrigen Wesen, das schlechthin ›Neue‹): das ›Ding‹ wird nicht durch ein aus dem Nichts geschaffenes undurchsichtiges Wort benannt, sondern seine sprachliche Ergreifung und Aneignung geschieht von einem schon bestehenden Worte her. Es entsteht ein sprechendes Wort.

Dieses Verfahren ist für die Sprache natürlich und selbstverständlich; das ›Wissen‹, das es voraussetzt, entspringt nicht erst einer philosophisch-abständigen Betrachtung: es gehört, schon v o r jeder Betrachtung, der Sprache selber an.[103] Während der Begriff der Motivation auf das Bewußtsein des Sprachwissenschaftlers oder des sprachkritischen Philosophen zu beziehen ist, bezieht sich der Begriff der Durchsichtigkeit auf das Bewußt-

---

[102] Gn 2, 22–23 (ibid., S. 14). Luther übersetzt, sich des Sinnes dieser Namensgebung klar bewußt: »man wird sie M ä n n i n heißen, darum daß sie vom M a n n e genommen ist.« Die Erzählung läßt im Dunkeln, wie Adam selbst zu seinem Namen gekommen ist: hat er ihn sich selbst gegeben? Auch dieser Name ist ja eine durchsichtige Bildung: »denn nicht hatte regnen lassen Er, Gott, über die Erde, und Mensch, A d a m, war keiner, den Acker, A d a m a, zu bedienen« (Gn 2,5); hierbei handelt es sich wohl um eine »Volksetymologie« (vgl. C. Tagliavini, Glottologia I, 5. Aufl. Bologna 1963, S. 19f.). Wie aber steht es mit dem Namen *Isch* und wie verhält sich dieser zu dem Namen *Adam*? – Bekanntlich besteht ein gewisser Unterschied zwischen der hier angeführten zweiten Erzählung und der ersten, jüngeren, die das 1. Kapitel bringt; dort heißt es, weniger »maskulinistisch«, nur: »Gott schuf den Menschen in seinem Bilde, ... männlich, weiblich schuf er sie« (Gn 1, 27; ibid., S. 11).

[103] Wir sind daher mit W. Porzig nicht einverstanden, der zu *Ischa* erklärt: »Solche Ableitungen eines Namens aus einem anderen, durch die etwas über die Beziehungen zweier Dinge, über die Herkunft oder die Aufgabe des so benannten Dinges ausgesagt wird, finden sich nun überall, wo man auf die Sprache aufmerksam wird, über sie nachzudenken beginnt« (Das Wunder der Sprache, S. 14).

sein der Sprechenden; Durchsichtigkeit ist, gegenüber der Motivation, das primäre, weil bewußtseinseigene, Kriterium für die Unterscheidung der Wörter hinsichtlich ihrer Formen. Nicht von außen her ist es an die Sprache herangetragen: es ist ihr selbst entnommen.

Was wir in diesem Kapitel anstrebten, war eine inhaltsbezogene, bewußtseinseigene Untersuchung und Einteilung der Wortformen: unser Interesse richtete sich auf das – für das Sprachbewußtsein höchst bedeutsame – Verhältnis zwischen den Inhalten der Wörter und ihren Formen. Die drei Typen von Wörtern, die in dieser Hinsicht zu unterscheiden waren, die undurchsichtigen, die durchsichtigen und die lautsymbolischen, haben wir in ihren allgemeinen Zügen gekennzeichnet. In einer folgenden Arbeit werden wir uns ausschließlich und ausführlich mit den durchsichtigen Wörtern beschäftigen: in ihr werden wir den Begriff der Durchsichtigkeit, den wir in diesem Kapitel nur allgemein bestimmen konnten, durch die – für die Sprache insgesamt – zentralen Begriffe P r o g r a m m und N o r m präzisieren, und wir werden, an Hand von Textbeispielen, besonders aus dem Französischen und dem Spanischen, die drei verschiedenen Funktionen – Ausgriff, Verschiebung und Variation –, die › L e i s t u n g e n ‹ des durchsichtigen Wortes für die Sprache und für das Sprechen, herausarbeiten.

Schriftenverzeichnis

(Arbeiten, auf die nur verwiesen wurde, sind nicht aufgeführt; umgekehrt sind einige Arbeiten verzeichnet, die im Text nicht ausdrücklich genannt wurden)

Albrecht, E.: Sprache und Erkenntnis. Logisch-linguistische Analysen. Berlin 1967

Ammann, H.: Die menschliche Rede. Sprachphilosophische Untersuchungen. 2 Teile. Nachdruck. Darmstadt 1962 (erstmals 1925)

Aristoteles: De interpretatione. In: Aristoteles: Kategorien – Lehre vom Satz (Organon I/II). Hamburg 1962

Baldinger, K.: Die Semasiologie. Versuch eines Überblicks. Berlin 1957 (= Deutsche Akademie der Wissenschaften zu Berlin. Vorträge und Schriften. 61)

Baldinger, K.: Structures et systèmes linguistiques. In: Travaux de linguistique et de littérature publiés par le Centre de philologie et de littératures romanes de l'Université de Strasbourg V (1967), S. 123–139

Bally, Ch.: Traité de stylistique française. 2 Teile. 3. Aufl. Genf-Paris 1951 (erstmals 1909)

Bally, Ch.: Linguistique générale et linguistique française. 4. Aufl. Bern 1965 (erstmals 1932)

Bally, Ch.: L'arbitraire du signe. Valeur et signification. In: Le français moderne VIII (1940), S. 193–206

Bally, G : Einführung in die Psychoanalyse Sigmund Freuds. Hamburg 1961

Benveniste, E.: ›Structure‹ en linguistique. In: Benveniste, E.: Problèmes de linguistique générale. Paris 1966, S. 91–98

Bierwisch, M.: Strukturalismus. Geschichte, Probleme und Methoden. In: Kursbuch V (Mai 1966), S. 77–152

Bittner, G.: Sprache und affektive Entwicklung (erscheint)

Bloch, E.: Tübinger Einleitung in die Philosophie. 2 Teile. Frankfurt 1963, 1964

Bloomfield, L.: Language. 8. Aufl. London 1965 (erstmals 1933)

Bocheński, I. M.: Die zeitgenössischen Denkmethoden. München 1954

Bollnow, O. F.: Sprache und Erziehung. Stuttgart 1966

Brenner, Ch.: Grundzüge der Psychoanalyse. Frankfurt 1967

Bühler, K.: Sprachtheorie. Die Darstellungsfunktion der Sprache. 2. Aufl. Stuttgart 1965

Chomsky, N.: Aspects of the theory of syntax. Cambridge/Mass. 1965

Coseriu, E.: Sincronía, diacronía e historia. El problema del cambio lingüístico. Montevideo 1958

Coseriu, E.: Teoría del lenguaje y lingüística general. Madrid 1962

Coseriu, E.: Pour une sémantique diachronique structurale. In: Travaux de linguistique et de littérature publiés par le Centre de philologie et de littératures romanes de l'Université de Strasbourg II (1964), S. 139–186

Coseriu, E.: Structure lexicale et enseignement du vocabulaire. In: Actes du premier colloque international de linguistique appliquée, Nancy 26.–31. 10. 64. Nancy 1966, S. 175–217

Coseriu, E.: Les structures lexématiques. In: Zeitschrift für französische Sprache und Literatur. Beiheft I (Neue Folge) 1968, S. 3–16

Engler, R.: Théorie et critique d'un principe saussurien: l'arbitraire du signe. In: Cahiers F. de Saussure 19 (1962), S. 5–66

Engler, E.: Compléments à l'arbitraire. In: Cahiers F. de Saussure 21 (1964), S. 25–32

Freud, S.: Vorlesungen zur Einführung in die Psychoanalyse. In: Gesammelte Werke XI. Frankfurt 1948

Freud, S.: Neue Folge der Vorlesungen zur Einführung in die Psychoanalyse. In: Gesammelte Werke XV. Frankfurt 1961

Freud, S.: Das Unbewußte, Schriften zur Psychoanalyse. Frankfurt 1960

Freud, S.: Die Psychopathologie des Alltagslebens. Frankfurt 1954

Freud, S.: Die Traumdeutung. Frankfurt 1961

Freud, S.: Abriß der Psychoanalyse. Frankfurt 1953

Freud, S.: Der Mann Moses und die monotheistische Religion. Frankfurt 1964

Frey, G.: Sprache – Ausdruck des Bewußtseins. Stuttgart 1965

Frey, G.: Die Mathematisierung unserer Welt. Stuttgart 1967

Freytag, gen. Löringhoff, B. Baron von: Logik. Ihr System und ihr Verhältnis zur Logistik. 2. Aufl. Stuttgart 1957 (erstmals 1955)

Gabelentz, G. von der: Die Sprachwissenschaft. Ihre Aufgaben, Methoden und bisherigen Ergebnisse. Zweite, vermehrte und verbesserte Auflage, herausgegeben von Dr. Albrecht Graf von der Schulenburg. Leipzig 1901 (erstmals 1891)

Gardiner, A.: The theory of speech and language. 2. Aufl. Oxford 1960 (erstmals 1932)

Gauger, H.-M.: Über die Anfänge der französischen Synonymik und das Problem der Synonymie. Diss. Tübingen 1960

Gauger, H.-M.: Determinatum und Determinans im abgeleiteten Wort? In: Wortbildung, Syntax und Morphologie. Festschrift zum 60. Geburtstag von Hans Marchand. Den Haag-Paris 1968, S. 93–108

Gauger, H.-M.: Die Semantik in der Sprachtheorie der transformationellen Grammatik. In: Linguistische Berichte I (1969), S. 1–18

Gauger, H.-M.: Durchsichtige Wörter (erscheint)

Gauger, H.-M.: Untersuchungen zur spanischen und französischen Wortbildung (erscheint)

Geckeler, H.: Zur Wortfelddiskussion. Untersuchungen zur Gliederung des Wortfeldes alt-jung-neu im heutigen Französisch. Diss. Tübingen 1969

Gipper, H.: Der Inhalt des Wortes und die Gliederung des Wortschatzes. In: Duden Grammatik der deutschen Gegenwartssprache. Mannheim 1959, S. 392–429

Gleason, H. A.: An introduction to descriptive linguistics. Revised ed. New York 1961 (erstmals 1955)

Glinz, H.: Ansätze zu einer Sprachtheorie. Düsseldorf 1962 (= Beihefte zum ›Wirkenden Wort‹. 2)

Glinz, H.: Worttheorie auf strukturalistischer und inhaltsbezogener Grundlage. In: Proceedings of the Ninth International Congress of Linguists. Den Haag 1954, S. 1053–1062

Glinz, H.: Über Wortinhalte, Wortkörper und Trägerwerte im Sprachunterricht. In: Iral I (1963) S. 42–49

Gougenheim, G.: Dictionnaire fondamental de la langue française. Stuttgart-Paris 1958

Habermas, J.: Erkenntnis und Interesse. Frankfurt 1968

Hartmann, P.: Das Wort als Name. Struktur, Konstitution und Leistung der benennenden Bestimmung. Köln 1958

Heidegger, M.: Sein und Zeit. 11. Aufl. Tübingen 1967 (erstmals 1927)

Heidegger, M.: Über den Humanismus. Frankfurt o. J.

Heidegger, M.: Unterwegs zur Sprache. Pfullingen 1959

Husserl, E.: Logische Untersuchungen. Zweiter Band: Untersuchungen zur Phänomenologie und Theorie der Erkenntnis. 5. Aufl. Tübingen 1968 (erstmals 1901)

Husserl, E.: Cartesianische Meditationen. Den Haag 1950

Jaspers, K.: Die Sprache. München 1964 (Auszug aus: Von der Wahrheit. 2. Aufl. München 1958)

Jespersen, O.: Language. Its nature, development and origin. London 1954 (erstmals 1922)

Kamlah, W./Lorenzen, P.: Logische Propädeutik. Vorschule des vernünftigen Redens. Mannheim 1967

Katz, J. J.: The philosophy of language. New York-London 1966

Katz, J. J./Fodor, J. A.: The structure of a semantic theory. In: Language 39 (1963), S. 170–210 und in: J. A. Fodor/J. J. Katz: The structure of language. Readings in the philosophy of language. Englewood Cliffs/N.J. 1964, S. 479–518

Kainz, F.: Psychologie der Sprache. Bd. 1–5, 1. Stuttgart 1954–1965

Kronasser, H.: Handbuch der Semasiologie. Kurze Einführung in die Geschichte, Problematik und Terminologie der Bedeutungslehre. Heidelberg 1952

Kubie, L. S.: Neurotische Deformationen des schöpferischen Prozesses. Hamburg 1966

Leisi, E.: Der Wortinhalt. Seine Struktur im Deutschen und Englischen. 2. Aufl. Heidelberg 1961

Lerot, J.: Zur formalen Bedeutungslehre. 2 Teile. Diss. Löwen 1967

Liebrucks, B.: Sprache und Bewußtsein. Bd. 1–4. Frankfurt 1964–1969

Lipps, H.: Untersuchungen zu einer hermeneutischen Logik. Frankfurt 1938

Lipps, H.: Die Verbindlichkeit der Sprache. 2. Auflage. Frankfurt 1958 (erstmals 1944)

Löwith, K.: Hegel und die Sprache. In: Neue Rundschau 76 (1965), S. 278–297

Lyons, J.: Introduction to theoretical linguistics. Cambridge 1968

Malkiel, Y.: Genetic analysis of word formation. In: Current trends in linguistics III. Den Haag-Paris 1966, S. 305–364

Marcuse, H.: Der eindimensionale Mensch. Neuwied-Berlin 1967

Martinet, A.: Eléments de linguistique générale. Paris 1960

Martinet, A.: A functional view of language. Oxford 1961

Menne, A.: Einführung in die Logik. Bern 1966

Merleau-Ponty, M.: Signes. Paris 1960

Mirambel, A.: Sur la notion de ›conscience linguistique‹. In: Journal de psychologie normale et pathologie 55 (1958), S. 266–301

Nida, E. A.: Morphology. The descriptive analysis of words. 2. Aufl. Ann Arbor 1962 (erstmals 1949)

Nyrop, Kr.: Grammaire historique de la langue française III. Leipzig-New York-Paris 1908

Ogden, C. K./Richards, I. A.: The meaning of meaning. A study of the influence of language upon thought and of the science of symbolism. 10. Aufl. London 1960 (erstmals 1923)

Oksaar, E.: Semantische Studien im Sinnbereich der Schnelligkeit. ›Plötzlich‹, ›schnell‹ und ihre Synonymik im Deutschen der Gegenwart und des Früh-, Hoch- und Spätmittelalters. Stockholm-Uppsala 1958 (= Acta Universitatis Stockholmiensis. Stockholmer germanistische Forschungen. 2)

Petit Larousse. Paris 1965

Porzig, W.: Das Wunder der Sprache. Probleme, Methoden und Ergebnisse der modernen Sprachwissenschaft. 4. Aufl. Bern-München 1967 (erstmals 1950)

Pottier, B.: Systématique des éléments de relation. Paris 1962

Saussure, F. de: Cours de linguistique générale. Nachdruck der 3. Aufl. Paris 1964 (erstmals 1916)

Sauvageot, A.: Portrait du vocabulaire français. Paris 1964

Scharfenberg, J.: Sprache, Geschichte und Überlieferung bei Sigmund Freud. In: Dialog über den Menschen. Eine Festschrift für W. Bitter zum 75. Geburtstag. Stuttgart 1968, S. 36–46

Scharfenberg, J.: Sigmund Freud und seine Religionskritik als Herausforderung für den christlichen Glauben. Göttingen 1968

Schmidt, W.: Lexikalische und aktuelle Bedeutung. Ein Beitrag zur Theorie der Wortbedeutung. Berlin 1963 (= Schriften zur Phonetik, Sprachwissenschaft und Kommunikationsforschung. 27)

Schulz, W.: Das Problem der absoluten Reflexion. Frankfurt 1963

Schulz, W.: Wittgenstein. Die Negation der Philosophie. Pfullingen 1967

Spang-Hanssen, H.: Recent theories on the nature of the language sign. Kopenhagen 1954 (= Travaux du cercle linguistique de Copenhague. 9)

Stenzel, J.: Sinn, Bedeutung, Begriff, Definition. (Nachdruck.) Darmstadt 1958 (erstmals 1925)

Stenzel, J.: Philosophie der Sprache. München 1934 (= Sonderausgabe aus dem ›Handbuch der Philosophie‹)

Stern, G.: Meaning and change of meaning with special reference to the English language. (Nachdruck.) Bloomington 1931 (erstmals 1921)

Trier, J.: Deutsche Bedeutungsforschung. In: Germanische Philologie. Ergebnisse und Aufgaben. Festschrift für Otto Behaghel. Heidelberg 1934, S. 173–200

Trier, J.: Der deutsche Wortschatz im Sinnbezirk des Verstandes. Die Geschichte eines sprachlichen Feldes. Bd. 1: Von den Anfängen bis zum Beginn des 13. Jahrhunderts. Heidelberg 1931

Ullmann, S.: Précis de sémantique française. Bern 1952 (= Bibliotheca romanica. Series prima: manualia et commentationes. 9)

Ullmann, S.: The principles of semantics. 2. Aufl. Oxford 1957 (erstmals 1951)

Ullmann, S.: Semantics. An introduction to the science of meaning. Oxford 1962

Urban, W. M.: Language and reality. London 1939

Wandruszka, M.: Etymologie und Philosophie. In: Etymologica. Walther von Wartburg zum 70. Geburtstag. Tübingen 1958, S. 857–871

Wandruszka, M.: ›Poésie et sonorités‹ und das Problem der phonetischen Motivation. In: Romanistisches Jahrbuch 16 (1965), S. 38–48

Wandruszka, M.: Die maschinelle Übersetzung und die Dichtung. In: Poetica. Zeitschrift für Sprach- und Literaturwissenschaft I (1967), S. 3–7

Wandruszka, M.: Der Ertrag des Strukturalismus. In: Verba et Vocabula. Ernst Gamillscheg zum 80. Geburtstag. München 1968, S. 619–638

Wandruszka, M.: Sprachen – vergleichbar und unvergleichlich. München 1969

Wartburg, W. von: Einführung in Problematik und Methodik der Sprachwissenschaft. Zweite, unter Mitwirkung von Stephan Ullmann verbesserte und erweiterte Auflage. Tübingen 1962 (erstmals 1943)

Weisgerber, L.: Die Bedeutungslehre – ein Irrweg der Sprachwissenschaft? In: Germanisch-Romanische Monatsschrift 15 (1927), S. 161–183

Weisgerber, L.: Die Erforschung der Sprach-›zugriffe‹. I. Grundlinien einer inhaltbezogenen Grammatik. In: Das Ringen um eine neue deutsche Grammatik. Aufsätze aus drei Jahrzehnten (1929–1959). Herausgegeben von H. Moser. Darmstadt 1962, S. 21–35

Weisgerber, L.: Die vier Stufen in der Erforschung der Sprachen. Düsseldorf 1963 (= Sprache und Gemeinschaft. Grundlegung. 2)

Wittgenstein, L.: Philosophische Untersuchungen. Frankfurt 1967 (erstmals 1958)

Wissemann, H.: Untersuchungen zur Onomatopoiie. I: Die sprachpsychologischen Versuche. Heidelberg 1954

Namenverzeichnis

Abramczyk, I. 107
Alemany Bolufer, J. 39f.
Alonso, Dámaso 89
Aristoteles 48, 53, 71f.
Augustinus, A. 1, 22, 75

Bally, Ch. 10, 11, 12, 16, 47, 48, 90, 94f., 104, 110, 114
Bally, G. 22, 24, 34, 56
Beneviste, E. 17, 93, 98
Binding, R. G. 110
Bloch, E. 24, 38
Bloomfield, L. 41, 48, 49, 54, 55, 58, 80, 86
Bocheński, I. M. 7, 56, 57
Bollnow, O. F. 22, 46, 51, 57, 68, 72, 74, 79, 80
Bopp, F. VII
Bréal, M. 82
Brenner, Ch. 7
Brentano, F. 24
Breuer, J. 33
Brøndal, V. 53
Bühler, K. 52, 54, 57f., 60, 61, 70, 72, 111f.

Carnap, R. 41
Cassirer, E. 16, 107
Cato, M. P. 27
Cela, C. J. 50
Chabal, R. 61, 64
Chamisso, A. von 28
Chomsky, N. 2, 4, 41f., 78
Coseriu, E. 2f., 6, 8, 9f., 40, 48, 54, 110f., 117f., 120

Dauzat, A. 9
Delattre, P. 49
Delbouille, P. 110
Descartes, R. 22, 23f.
Dornseiff, F. 18
Dubislav, W. 57
Dubois, J. 19, 82, 120
Duchažek, O. 82
Durkheim, E. 5f.

Engler, R. 14, 90f., 92f., 101
Entwistle, W. J. 20
Etiemble 48

Flechtner, H.-J. 43
Fodor, J. A. 79
Freud, S. 6f., 19, 21ff., 32ff., 56, 60f., 72ff., 83, 88
Frey, G. 40
Freytag gen. Löringhoff, B. Baron von 57, 86

Gabelentz, G. von der 2, 19
Gadamer, H.-G. 102, 105ff.
Galichet, G. 47
Gardiner, A. 61, 99
Gauger, H.-M. 2, 25, 32, 71, 75f., 78, 82, 111
George, S. 22
Géraldy, P. 22
Gilson, E. 22
Gipper, H. 71
Giraudoux, J. 83
Gleason, H. A. 46, 48
Glinz, H. VIII
Godel, R. 93, 98

Goethe, J. W. 84
Gombocz, Z. 62ff.
Gougenheim, G. 66f., 85, 87, 117, 123
Grammont, M. 101
Guiraud, P. 96

Haag, E. 107
Habermas, J. 41
Hall, R. A. 40
Hegel, G. W. F. 51, 53
Heger, K. 82
Heidegger, M. VIII, 7, 20f., 22, 25, 27, 50, 72, 74, 76f., 108
Heine, H. 30
Hempel, H. 52
Herbart, J. F. 32
Hiorth, F. 45
Hjelmslev, L. 120
Hofmannsthal, H. von 78
Hofstätter, P. 21, 32
Hopkins, G. M. 24
Humboldt, W. von VII, 8, 50, 68
Husserl, E. 6, 22, 24, 73, 80

Iordan, I. 104

James, W. 32
Jaspers, K. 21, 31, 35
Jespersen, O. 66, 84

Kainz, F. 35
Kant, I. 25, 51
Kastovsky, D. 124
Katz, J. J. 5, 73, 79
Kierkegaard, S. 23
Koopmann, S. 108
Kubie, L. S. 32, 35f.

Lapesa, R. 89
Lázaro Carreter, F. 17
Leibniz, G. W. 32, 76f.
Leisi, E. 45, 47, 56
Lévi-Strauss, C. 41
Liebrucks, B. 40
Lipps, H. 72f., 74f.
Lloyd, P. M. 40

Löwith, K. 8, 21f., 24, 27, 51, 53f., 58, 76, 103, 107
Lorenzo, E. 89
Lucidi, M. 93
Lukian 18
Luther, M. 126

Malkiel, Y. 15, 18, 48
Mallarmé, S. 73
Mann, G. 82
Mann, Th. 14, 20f., 30, 47, 102f., 119
Marchand, H. 121, 123
Marcuse, H. 71
Martinet, A. 4, 13f., 48f., 89
Mayáns y Siscar, G. 29
Mayer, C. 35
Mayer, H. 84
Mehringer, R. 35
Meillet, A. 17
Melanchthon, Ph. 18
Melville, H. 54
Menne, A. 86
Menzerath, P. 89
Merleau-Ponty, M. 6, 9, 67
Meyer-Eppler, W. 89
Meyer-Lübke, W. 9, 16, 29
Mirambel, A. 40
Montherlant, H. de 71
Morciniec, N. 54, 80
Motsch, W. 16
Müller, W. 82

Nida, E. A. 42
Nyrop, K. 109, 111, 124

Ockham, W. von 58
Ogden, C. K. 61, 74
Oksaar, E. 68
Orr, J. 81, 104
Ortega y Gasset, J. 79

Parmenides 106
Pascal, B. 54, 124
Paul, H. 16
Paul, J. 87

Pichon, E. 104
Pindar 107
Pisani, V. 104
Platon 90, 106f.
Pongratz, L. J. 24
Porzig, W. 27, 35, 49, 107, 126
Pottier, B. 71, 80

Rabelais, J. 83
Reichenbach, H. 41
Richards, I. A. 61, 74
Rilke, R. M. 112f.
Rohrer, C. 48f., 81
Russell, B. 41

Sachs, H. 36
Sallustius Crispus, C. 71
Sartre, J.-P. 23, 42, 84, 118
Saussure, F. de 2, 4ff., 10ff., 17ff., 48, 51f., 56, 58, 62ff., 67f., 73, 78, 90ff., 104f., 110, 113
Sauvageot, A. 5, 16, 20, 47, 52, 89f., 98, 109f., 112, 122
Schmidt, W. 79
Schulz, W. 23ff., 41, 50
Sechehaye, A. 94f.
Seiffert, L. 68
Shaw, G. B. 66
Sieberer, A. 109
Söll, L. 82
Sokrates 42, 107
Spang-Hanssen, H. 45
Spitzer, L. 20
Spoerl, H. 122

Stegmüller, W. 24
Steinbuch, K. 42f.
Steinthal, H. 90
Stenzel, J. 54, 75, 76ff.
Stern, G. 60
Stockwell, R. P. 47f.

Tagliavini, C. 126
Thukydides 71
Togeby, K. 17, 45
Tomasi di Lampedusa, G. 82
Trier, J. 67

Ullmann, S. 11, 20, 45f., 49, 52, 54, 60, 62ff., 69, 71, 75, 82, 90, 95, 100, 101, 103f., 108f., 112f.

Valéry, P. 27, 75
Vendryes, J. 104
Viñaza, Conde de la 29

Wagner, R. 122
Wahrig, G. 121
Wandruszka, M. IX, 59, 68, 89, 110, 113, 122
Wartburg, W. von 3, 5, 10, 16, 39, 97, 100
Weinrich, H. 63
Weisgerber, L. 5, 49, 61, 67f.
Wissemann, H. 100, 110
Wittgenstein, L. 41, 79

Xenophon 90

KONZEPTE
der Sprach- und Literaturwissenschaft

Folgende Bände werden in Kürze erscheinen:

Benedetto Croce
    Die Dichtung. Einführung in die Kritik und Geschichte der Dichtung und der Literatur. Mit einem einführenden Vorwort von Johannes Hösle

Peter Salm
    Drei Richtungen der Literaturwissenschaft.
    Scherer – Walzel – Staiger

Uriel Weinreich
    Erkundungen zur Theorie der Semantik

Hubert Paul Hans Teesing
    Das Problem der Perioden in der Literaturgeschichte

Helmut Henne
    Prinzipien und Probleme der Lexikographie

Roman Ingarden
    Über den Gegenstand und die Aufgaben der Literaturwissenschaft

Weitere Bände sind in Vorbereitung. Der Verlag erteilt gern Auskünfte.